清华元史

第四辑

刘迎胜　姚大力　主编

商务印书馆
The Commercial Press
创于1897

2018年·北京

图书在版编目（CIP）数据

清华元史. 第4辑 / 刘迎胜，姚大力主编. — 北京：商务印书馆，2018

ISBN 978-7-100-16481-8

I. ①清… II. ①刘… ②姚… III. ①中国历史－元代－文集 IV. ①K247.07-53

中国版本图书馆CIP数据核字（2018）第189187号

清华元史

第四辑

刘迎胜　姚大力　主编

────────────────

商 务 印 书 馆 出 版
（北京王府井大街36号　邮政编码 100710）
商 务 印 书 馆 发 行
三河市尚艺印装有限公司印刷
ISBN 978 - 7 - 100 - 16481 - 8

────────────────

2018年11月第1版　　　开本 787×960　1/16
2018年11月第1次印刷　　印张 21

定价：78.00 元

目 录 Contents

论 文

述　评

译　介

论　文

陈桱《通鉴续编》引文与早期蒙古史料系谱

刘迎胜（清华大学）

《圣武亲征录》（以下简称《亲征录》）明洪武初设局修《元史》时未用。清乾隆间修《四库全书》时，馆臣"以其序述无法，词颇塞涩，译语互异"，未予著录，仅存其目于《史部·杂史类》中。钱大昕始重视之，为作跋尾。[1]清道光以后，学者或作校勘，或寻原抄，成果堪称丰富。而清季洪钧因出任驻俄、荷、德、奥四国公使之机，在长驻欧洲期间，发现蒙古史研究除他所熟知的汉文史料与从《永乐大典》中抄出的《元朝秘史》之外，伊斯兰文献中亦有丰富的史料。他请人翻译帝俄科学院出版的贝勒津汇集的波斯史家拉施都丁的《史集》，归国后出版了《元史译文证补》，成为继19世纪英国学者霍渥思依据东西史料研究蒙古史之后，在东方开创蒙元史研究新流派的最著名代表。

据王国维先生自述，他早年注意到张尔田、何秋涛、文廷式等人对《亲征录》的研究，后来在嘉兴沈曾植座上，见明弘治旧抄说郛本《亲征录》，在汇集各本的基础上，他所作的《〈圣武亲征录》

---

[1] 王国维：《〈圣武亲征录〉校注序》，载《观堂集林》第十六卷，中华书局1959年版，第3册，第796页。

校注》，迄今为学界所用。而王国维先生出于前贤其右之处，在于他在校注中，除利用《元史·太祖纪》和《元朝秘史》与此书互证之外，还注意到洪钧所介绍的《史集》，并在其序言中勾勒出早期蒙古史料的谱系。王国维先生称《秘史》为《亲征录》之"祖祢"，波斯文《史集》则系其"兄弟"，而《太祖纪》则为《亲征录》之"子姓"。[1] 王国维先生引领风气之先可见一斑。

若按史料文种分类，则《亲征录》与《太祖纪》皆汉文，《秘史》与《史集》则非汉文。《史集》为国人所知的历史已简在前述。至于《秘史》，明初宋濂等人修《元史·太祖纪》时，所据者主要为元十三朝《实录》中的《太祖实录》，未利用元廷所藏皇家秘籍《脱卜赤颜》。至正二十八年元顺帝逃出大都时，曾携有《脱卜赤颜》的某个抄本，后来在《黄金史》中保存了其相当部分的内容。但《脱卜赤颜》也还有某种文本留在大都，为明所接收。宋濂等人虽未认识到其价值，但却为明礼部用为教育蒙古语翻译的教材，这就是后来抄入《永乐大典》中的《元朝秘史》。

近年来，国内史学界发现，元末陈桱的《通鉴续编》中有一段记录成吉思汗祖先历史的文字。考之较详者为已故黄时鉴先生，他在面对新史料时，也首先想到的是这种史料与既有史料之间的关系问题，他写道：

......

第二，太宗两朝的一大部分资料与《圣武亲征录》相同，

---

[1]　王国维：《〈圣武亲征录〉校注序》，载《观堂集林》第十六卷，第797页。

但间或有多出的文字，间或专名的用词不一，而凡与《圣武亲征录》不一之处，比对《元史》太祖、太宗本纪，或竟一致，或又有异。因而可以认定，不论这些资料是否出自《亲征录》，除了《亲征录》，必另有一种其他史源。由于当时还不存在《元史》，而出自这种史源的资料又与《元史》本纪近似，故这种史源与《元史》本纪的史源当是同一的。这种史源的最大可能就是《五朝实录》。除太祖、太宗两朝外，将《通鉴续编》所载睿宗、定宗、宪宗三朝的资料与《元史》本纪比对，基本情况也是有同有异，也可以印证这个假设。推而延之，忽必烈时期的资料的一个史源可能是《世祖实录》。

第三，有的资料与《亲征录》、《元史》所载不一，却又与拉施德丁《史集》的记载相同，这也表明它们的史源有可能是《五朝实录》，因为《五朝实录》与《史集》有渊源关系，即两者当均出自蒙文《脱卜赤颜》。（原注24：参见洪业《〈蒙古秘史〉源流考》[William Hung, The Transmission of the Book Known as the Secret History of the Mongols]，原载《哈佛亚洲学志》第14卷第3—4期合刊，1951年；拙译见《中国元史研究通讯》1982年第2期。）

由以上的分析可知，《通鉴续编》所载的蒙古史料，有一些是很具价值的。

那么，陈樏如何能够得到源自《五朝实录》之类的资料呢？关于这个问题，我们目前还不能充分论证。这里有一条线索。在陈樏交往的人中间，有可能使他得到相关资料的是周伯琦。周伯琦历任翰林修撰、宣文阁监书博士兼经筵官、崇文监丞、翰林待制兼崇文少监、翰林直学士、崇文太监兼经筵官，他的职位可能使他一度读到元廷所藏的实录。周伯琦与陈樫之父陈泌交游，陈泌本人也曾任校官，他又为《通鉴续编》作序，而且他与陈樫在宋正统论的观点上相一致，彼此之间交谊自也不浅。通过周伯琦，陈泌、陈樫父子可能得知某些元朝实录的资料。当然，这只是一个推测，未得实证。但无论如何，陈樫撰著《通鉴续编》显然掌握了某些源自元廷史宬的资料，这是此书本身足以明示的。[1]

上述黄时鉴先生的研究，对陈樫叙述重点关注的是成吉思汗时代的记述，而未注意到其有关蒙古先祖部分。本文拟以陈樫引文中成吉思汗先世部分为基础，考察王国维所勾勒的蒙古早期史料系谱。在讨论之前，先据录元至正本《通鉴续编》陈樫引文，校以四库本对应文字。对于陈樫引文原存错误，凡能订正处，括以圆括号（），其后方括号［］内为订正文字。

> 蒙古太祖皇帝即位于斡难河初，天后阿兰寡居北漠，屡有光明照其腹，一乳三子，长曰孛（完）［寒］合（右吉）［荅合］、次曰孛合撒赤、季曰孛敦察儿。其后子孙蕃衍，不相统摄，各自为部，曰合荅吉；曰散肘；曰吉押，又谓之扎即剌氏。居于乌桓之北，与畏罗、乃蛮、九姓回鹘故城和林接壤。世奉

---

[1] 黄时鉴：《〈通鉴续编〉蒙古史料考索》，载中华书局编辑部编：《文史》第 33 辑，中华书局 1990 年版，第 213 页；收入氏著：《黄时鉴文集 I》，中西书局 2011 年版，第 136、137 页。

贡于辽、金，而总同于达旦。烈祖讳叶速垓，字敦察儿之九世孙也。攻塔塔儿部，获其部长帖木真，还次于跌里温盘陀山而生子。烈祖因以帖木真讳之，是为太祖皇帝。烈祖卒，太祖皇帝年幼，其部众多归于族人泰赤乌部。泰赤乌合七部人，凡三万攻之。太祖皇帝与其母月伦太后，率部人为十三翼，大战于答阑班朱思之野。泰赤乌等败去，太祖皇帝因得少安。时泰赤乌部地广民众，而无纪律。其下谋曰："帖木真衣人以己衣，乘人以己马，真吾主也！"因悉归太祖皇帝，泰赤乌部遂微。既而太祖皇帝为塔儿忽台所执，其部人梭鲁罕失刺密释太祖皇帝，且命子赤老温委质焉。未几，塔塔儿部叛金，太祖皇帝自斡难河帅众，会金师同灭之，以功授太祖皇帝为察兀秃鲁，犹中国之招讨使也。太祖皇帝以克烈、乃蛮二部强盛，事之甚谨。乃蛮反侵掠之。太祖皇帝求援于月儿斤部，月儿斤杀其使。太祖皇帝怒，与战于朵蛮盘陀山。月儿斤大败。太祖皇帝还居于塔刺速之野。诸部为克烈所败者，多归焉。已而，克烈王可汗暴戮其族，王可汗之弟也力可荅刺不能堪，叛归乃蛮部，共立亦难赤为可汗，以兵败王可汗，尽取其众，王可汗出走。太祖皇帝以其与烈祖垓有好，自怯绿连河迎之，会于土兀（速）[刺]河，结为父子。因攻灭里乞、兀都夷二部，掠其赀财，以给王可汗。王可汗部众亦稍有归者。太祖皇帝遂与共攻乃蛮部杯禄可汗，战于黑辛八石，尽取其众。王可汗渐强，因害太祖皇帝之得人，欲图太祖皇帝。太祖皇帝辞去，次于萨里川[1]，而

---

[1]　此名四库本未改。

王可汗移居于土兀剌河。王可汗之子亦剌哈等率众至，为乃蛮部所掠。王可汗复遣人告太祖皇帝，攻乃蛮以报之。太祖皇帝即遣博儿术、博儿忽、木华黎、赤老温四人，将兵赴之，遂尽夺其所掠，归于王可汗。太祖皇帝复与母弟槊只合撒儿攻乃蛮，大败其众而还，乃蛮部因是衰弱。太祖皇帝乃会王可汗于萨里川[1]不鲁吉崖，复率众攻泰赤乌部，大战于斡难河。泰赤乌部长亢思败走，于是弘吉剌等五部会盟，将攻太祖皇帝及王可汗。太祖皇帝迎战于杯亦剌川，大败之。而王可汗之弟扎阿绀孛等怨王可汗残忍，逃降乃蛮。王汗以众居于忽八海牙山，太祖皇帝居于彻彻儿山。塔塔儿部与弘吉剌等七部亦怨槊只合撒儿侵掠，会于犍河[2]，共立扎木（台）［合］部长为菊儿可汗，将攻太祖皇帝。太祖皇帝率众与诸部，战于海剌儿帖尼火鲁罕之野，败之。菊儿可汗遁去，弘吉剌部遂降于太祖皇帝。自王可汗为下所逐，太祖皇帝奉之五年而益勤。金泰和二年秋，乃蛮杯禄可汗率六部之众，攻太祖皇帝及王可汗。太祖皇帝与战于（门）［阒？阙？］亦坛之野，会大雪，乃蛮军溃而去。冬，太祖皇帝居于阿不扎阙忒哥儿山，王可汗居于别里怯沙陀中。太祖皇帝求婚于王可汗，王可汗不许。由是，太祖皇帝踈之。菊儿可汗闻之，往说王可汗之子亦剌哈，言太祖皇帝将行不利于王可汗。亦剌合信之，遂以兵焚太祖皇帝牧地。泰和三年（春？），王可汗与亦剌哈谋遣使，诈以定婚，召太祖皇帝。太祖皇帝以

---

[1]　此名四库本未改。
[2]　此名四库本未改。

为诚然而往。王可汗之牧马人乞失力与弟拔歹知其谋，以告太祖皇帝。太祖皇帝乃止，而帅众与王可汗战于合兰只之野。王可汗屡败，矢中亦剌哈之颊，乃敛兵。大祖皇帝次于斡儿弩兀，有骑四千六百，因循哈勒合河而进，至董哥泽，遣阿儿海致言于王可汗曰："昔汝菊律可汗谓汝夺其兄忽儿扎忽思杯禄可汗之位，而肆杀戮于昆弟，故逼汝于哈剌温之隘。汝穷迫无计，以百骑来依我先人。我先人偕汝以雪耻，备历险阻，以破其国。菊律可汗仅以身免，走死河西。我先人尽以其土地人民归汝，结为按答，故我事汝如父。嗣，尔汝有穷厄，我尽心以救恤，使汝得至。于今我何负于汝，而欲加害于我哉？"王可汗大惭，欲止。亦（哈剌）[剌哈]不肯，曰："彼能胜我，听取我国。若我胜彼，当亦取其国耳。"因进兵。太祖皇帝与木华黎、博儿（木）[朮]、博儿忽、赤老温饮水于班朮河，誓必报其雠。遂大会属部于斡难河源，而进击王可汗于彻彻儿运都山，大败之。王可汗与亦剌哈以数骑逸至捏群兀孙河，乃蛮部人执王可汗杀之。亦剌哈奔西夏，亦为人所杀，克烈遂亡。太祖皇帝以乞失力、拔歹有功，命为千户，赐号苔剌罕。因大猎于帖麦垓川，宣布号令而还。乃蛮太阳可汗遣月忽难告于王孤部长阿剌忽思曰："近闻东西有称王者。日月在天，了然可知。世岂有二主哉？君能益吾右翼。夺其矢乎？"阿剌忽思遣人，以其言告于太祖皇帝，具以所部附之。泰和四年春，太祖皇帝大会属部于帖木垓川，谋攻乃蛮。以虎别来、哲别二人为前锋，与乃蛮太阳可汗、灭儿乞部长脱脱、克烈部长扎阿绀孛、斡亦剌部长忽都花别吉并扎木合、朵儿班、塔塔儿、哈塔斤、散只兀（立）[？]部战于按台。太阳可汗败死，诸部悉溃。太祖皇帝益以盛强。泰和五年，遂攻西夏，破力吉里寨，及洛思城，大掠而还。至是，大会诸部长于斡难河之源，建九游白旗，遂自号为成吉思可汗。先是，金主遣卫王允济往靖州，受太祖皇帝之贡。允济奇太祖皇帝状貌，归言于金主，请以事除之，金主不许。太祖皇帝闻而憾之。蒙古灭乃蛮，执盃禄汗以归。[1]

一、陈樫引文中有关早期蒙古历史的文字

笔者在研究中，将陈樫引文的内容分为 99 句，并逐条与《太祖纪》、《亲征录》与《史集》比较。因篇幅限制，这一部分从略。笔者注意到，在陈樫引文与《亲征录》之间，有某种规律性差异，如：

1. 凡陈樫纪年用金泰和年处，《亲征录》则以甲子纪年表示。

2. 除札木合之外，陈樫引文专名中凡用"扎"字处，《亲征录》作"札"，如陈樫所称之扎木合，《亲征录》称札木合；"垓"字《亲征录》作"该"。

3. 王可汗，《亲征录》作"汪可汗"。

4. 先人，《亲征录》作"先君"。

这些特点，显示陈樫引文之祖本，与《亲征录》之祖本间有密切关系。

---

[1] 《亲征录》："复发兵征乃蛮。盃禄可汗飞猎于兀鲁塔山莎合水上，捡之。"

二、当代蒙元史学界有关蒙古早期历史史料的认识

表 1　当代蒙元史学界有关蒙古早期历史史料的认识框架

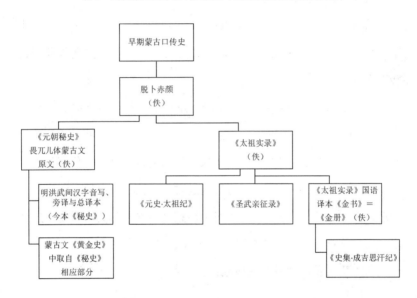

但是这一认识能否解释我们在研究中遇到的问题呢？

（一）成吉思汗六世祖母的名字

《金册》为元廷送往伊利汗国的国史，是 13 世纪末波斯史家拉施都丁编写《史集》时的主要依据文献之一。笔者在《〈史集·部族志·札剌亦儿传〉研究》中讨论《史集》所记成吉思汗的六世祖母مونولون（Mūnūlūn），认为在《元史》卷一《太祖纪》中作"莫拏伦"，而在《元朝秘史》中写为"那莫仑"，两者的差别明显为首音节与第二音节互置所致。

《秘史》所记的名字那莫仑的蒙语原名为 Nomolun，其中之 nomo 在蒙古语中意为鼹鼠，-lun 为阴性后缀。值得注意的是，《秘史》为蒙古宫廷必阇赤所作，且其原本以畏兀儿体蒙古文拼写，故不太可能拼错其先祖妣之名。

从《史集》所记 مونولون（Mūnūlūn）名字中三个长元音均拼写出来的情况看，可能不是直接从蒙古文转写，而是从汉文名称莫拏伦转译而来。[1]

已故亦邻真教授曾判断，《金册》是《亲征录》的译本。[2]

《元史》卷十四《世祖纪》至元二十三年十二月，翰林承旨撒里蛮奏言："国史院纂修太祖累朝实录，请以畏吾字翻译，俟奏读然后纂定。"《成宗纪》大德八年二月，撒里蛮"进金书《世祖实录节文》一册，汉字《实录》八十册"。可见所谓《金书》当为《实录》之译本。而拉施都丁修《史集》时所据之《金册》，是否是这里所提到的汉文《太祖实录》的畏兀儿体蒙古文译本《金书》呢？[3]

（二）《亲征录》中有关太宗征金的奇特地名错误

《亲征录》："又克昌州、廓州、嵩州、曹州、陕州、洛阳、濬州、武州、易州、邓州、应州、寿州、遂州、禁州等来降。"

对照《元史·太宗纪》："遂下商、虢、嵩、汝、陕、洛、许、郑、陈、亳、颍、寿、睢、永等州。"

[1] 中国蒙古史学会编：《蒙古史研究》第 4 辑，内蒙古大学出版社 1993 年版。

[2] 亦邻真：《莫那察山与〈金册〉》（蒙古文），载《亦邻真蒙古学文集》，内蒙古人民出版社 2001 年版，第 382、383 页；汉译见《西域历史语言研究集刊》第 2 辑，科学出版社 2009 年版。

[3] 陈得芝：《元史·太祖纪》会注稿。

清人何秋涛已注意到："考金时河南无昌、潹、易、应、遂、禁等州，疑昌、潹即商、虢之音讹，应即颍之音讹，遂即睢之音讹，禁即永之音讹。余未详也。"

也即上述《亲征录》之一连串地名应订正为："昌（商）州、廓（虢）州、嵩州、曹州、陕州、洛阳、潹州、武州、易州、邓州、应（颍）州、寿州、遂（睢）州、禁（永）州等来降。"

《亲征录》中的这些错误，何秋涛已经发现是由于"音讹"，也即因为同音或音近而误写造成的。我们知道，古代文献在传抄过程中，是有可能因音近而误写一两个字的，但通常这种错误不集中出现。可是在《亲征录》中，我们看到的是，在同一段列举的地名中，同时出现五个类似的错误，肯定不那么简单。我们应当问，《亲征录》为什么会发生这样的错误？

我想，有无这种可能性，即可能至少《亲征录》中的这一部分记载所据之原始资料不是汉文，换言之，错误会不会是在从非汉文史料翻译这一批地名时，译者不明其中某些地名之所指，而径取音译所致？

由于《元史》的《太祖纪》与《太宗纪》系直接取自《实录》，这说明《实录》中无此错误。由此证明《亲征录》与《实录》之间不是源与流的关系，其资料要较《实录》更为原始。

三、陈樎记录引起的进一步疑问

如果只看上述陈樎记载中的阿兰豁阿诸子以外的部分，会得出陈樎写《通鉴续编》时所据资料是一种与《亲征录》有非常密切关系的资料，也即与《元朝秘史》没有什么关系。以图表表示如下：

表 2 《通鉴续编》史源框架之一

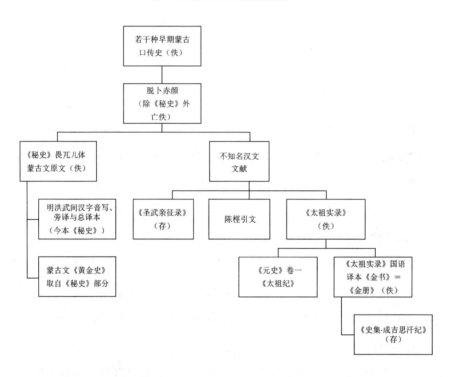

但《通鉴续编》中提供的阿兰豁阿诸子的世系却说明，至少在这一部分问题上，陈桱的资料与《亲征录》和《太祖实录》没有关系，反而应与《秘史》有某种关系，不同于《金册》，于是陈桱的这一段记载在有关蒙古早期历史的史料框架中的位置应改为：

表 3 《通鉴续编》史源框架之二

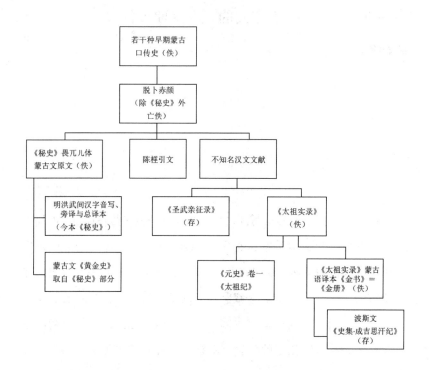

对王国维先生早期蒙古史料系谱的订正，不但体现了史料研究的继承性，也是史学进步的应有之义。蒙元史早期重要汉、蒙、波斯史料的史源与其间的传承关系，还有待于进一步研究。

伊利汗国成立前后伊朗与汉地关系史新考
——记 1258—1265 年间的三次遣使事件

陈春晓（中国社会科学院）

1252 年，旭烈兀受蒙哥汗之命率兵"征西域素丹诸国"[1]，几年内，大军先后攻灭盘踞祃拶答而（Māzandarān，今译马赞德兰）的木剌夷国，推翻报达（Baghdād，今译巴格达）的黑衣大食政权，并一度占领了苫国（Shām，今叙利亚）的部分地区。他征服的这些地区，构成了后来伊利汗国的大体疆域。然而在旭烈兀西征之初，他只是作为蒙哥合罕派出的代表，率领着从各支蒙古军队中抽出的五分之一的人马向西征服。这些即将征服的土地当时并未被许诺给旭烈兀，他在伊朗一直是以合罕"代理人"的身份实施统治。直到蒙哥去世、忽必烈与阿里不哥争位之际，忽必烈为了得到旭烈兀的支持，才将"自阿母河至苫国及密昔儿遥远边境的土地"投桃报李地赐封给了他。[2] 自此之后，旭烈兀控制下的"伊朗之地"[3] 才正式成

---

[1] 《元史》卷三，中华书局 1976 年版，第 46 页。

[2] Rashīd al-Dīn Fażl Allāh, *Jāmi' al-Tavārīkh*, vol. 3, ed. by 'A. 'A. 'Alī Zāda, Baku: Farhangistān-i 'Ulūm-i Jumhūr-i Shuravī-i Sūsīyālistī-yi Āzarbāyjān, 1957, p. 90（下称"苏联集校本"）；拉施特：《史集》第三卷，余大钧译，商务印书馆 1986 年版，第 94 页（下称"汉译本"）。

[3] 在当时的波斯语文献中，这片东至阿母河、西至小亚西亚、南至波斯湾、北至高加索的广大领土，常常被称作"伊朗"（Īrān）或"伊朗之地"（Īrān Zamīn）。

为他的合法领地。伊利汗国成立后不久，旭烈兀就去世了，长子阿八哈继任汗位，并得到了忽必烈的认可。

关于伊利汗国建立前后伊朗与汉地的政治交往情况，汉文史料记载较为简略，但在波斯文献中可以找到不少两国间遣使往来的记载。过去学者主要依靠伊利汗国的官方史书《史集》来获取史料，本文将主要补充另外两种波斯史料的记载，来考察蒙哥与忽必烈交替之际，伊朗与汉地的政治交往关系。这两种波斯史料是沙班卡剌伊（Muḥammad b. ʻAlī Shabānkāraʼī）的《世系汇编》（*Majmaʻ al-Ansāb*）和穆斯妥菲·可疾维尼（Ḥamd Allāh Mustawfī Qazvīnī）的长篇史诗《武功纪》（*Ẓafar-nāma*）[1]。这两种史料的作者皆为伊利汗国时代的诗人、学者，他们在参考《史集》之外，各自另有史料来源，因而这两部作品具有独特的史料价值。本文将把这两种文献与《史集》的记载相结合，对 1258—1265 年间的伊朗与汉地的三次遣使事件给予考察，评述那一时段两国之间的政治关系。

一、告捷遣使

1258 年 2 月，旭烈兀的军队攻下了报达城，推翻了黑衣大食哈里发政权。至此时，旭烈兀西征的主要任务已经完成[2]，于是他派出使臣前往中国向蒙哥合罕告捷。这件事情在汉文和波斯文史料中皆

---

[1] 关于《武功纪》的介绍，参见乌苏吉：《哈姆杜拉·穆斯图菲〈胜利之书〉所记蒙古人对中国的占领——与〈史集〉的对比研究》，王诚译，载朱玉麒主编：《西域文史》第 8 辑，科学出版社 2013 年版，第 245—258 页。

[2] 《元史》记载，宪宗三年（1253）"夏六月，命诸王旭烈兀及兀良合台等帅师征西域哈里发八哈塔等国"（《元史》卷三，第 47 页）。

有记载。《元史》记载宪宗八年（1258）二月"诸王旭烈兀讨回回哈
里发，平之，禽其王，遣使来献捷"[1]。汉文史料记载仅此一句，十
分简略，相比之下，波斯文献关于此事的记载则要详细得多。《史
集·旭烈兀汗纪》载[2]：

　　〔旭烈兀〕把一些（战争中获得的）礼物和财富以及征服、
胜利的喜讯送去蒙哥合罕御前，向他报告了征服伊朗王国的情
况和将要出征密昔儿、苫国的事情。异密忽剌出（Hūlājū）带着
这封信前去，合罕得闻这一喜讯大喜。

《五族谱·旭烈兀异密名录》中记载忽剌出的事迹时，也称其
"为了奏告征服伊朗之地的喜讯，被派去了合罕处"[3]。除《史集》、
《五族谱》这两种波斯官方文献之外，《武功纪》也记载了这件事，
且对事情的细节也有详细的记述[4]：

　　他（旭烈兀）将三分之一的战利品献给世界的君王蒙哥合
罕，并决定从伊朗派出一名信使前往蒙哥合罕处，去向他报告
世界的情形和状况。从众人中选出了一名信使，他知道如何与
君王交流。他（旭烈兀）命人撰写一封书信，从伊朗送至那座

---

[1]《元史》卷三，第 51 页。

[2]《史集》苏联集校本，vol. 3，p. 65；汉译本，第三卷，第 72 页。

[3] *Shu'ab-i Panjgāna*, Istanbul: Topkapı Sarayı Müzesi Kütüphanesi, MS. Ahmet III 2937, f. 139a.

[4] Ḥamd Allāh Mustawfī Qazvīnī, *Ẓafar-nāma*, vol. 2, ed. by Naṣr Allāh Pūrjavādī & Nuṣrat Allāh Rastigār, Tehran: Markaz-i Nashr-i Dānishgāhī; Wien: Verlag der Österreichischen Akademie der Wissenschaften, 1999, p. 1232.

高贵宫廷中的伟大君王、伊朗、突朗及中国的英明统治者蒙哥。

　　《武功纪》不仅记述了旭烈兀遣使告捷的起始，可贵的是，它还详录了旭烈兀呈给蒙哥的这封信的内容。书信以"借助神（Khudā）的力量……在祖父成吉思汗的光辉和蒙哥合罕的赐福和命令下"开头，可以想见原文应是"长生天气力里，大福荫里护助里"之语，信中汇报了自己的军队先平定了木剌夷诸堡，又推翻了报达的哈里发政权，然后征服了毛夕里（Mawṣil）、鲁木（Rūm）等地区。在汇报完自己已经完成的军事成就后，旭烈兀报告说，现在正要率军攻打苫国，之后还要进军密昔儿、非洲（Ifrīqīya）和安达卢西（Andarus），一直到世界的极西之境，毁灭世上所有的君主。到那时，世界所有土地都将属于成吉思汗的后裔。[1]

　　《武功纪》记载，信使非常迅速地到达了蒙哥合罕处，蒙哥接到信后非常高兴，称赞旭烈兀干得好，随即命一位蒙古书记官（dabīr）撰写回信。回信同样以上帝之名和成吉思汗的护佑开头，表达了自己收到捷报的喜悦，称赞旭烈兀大军的骁勇善战。信末还感叹了末代哈里发木思塔昔木（Mustaʿṣim）不肯投降而自取灭亡之事。蒙哥表示赞同旭烈兀继续西进的计划，鼓励他要让所有的君王成为他们的奴仆。他说："我现在要向东进军，击垮敌人的名号；你则从彼方率军西进，毫不留情地消灭一切敌人。你从西边，我从东边，让我们的大军如闪电般向前！"《武功纪》这段记载的最后写道，敕书盖上了红色的印玺，信使快马加鞭乘驿西行，返回旭烈兀跟前复命。[2]

---

[1]　Mustawfī Qazvīnī, *Ẓafar-nāma*, vol. 2, pp. 1232, 1233.

[2]　Mustawfī Qazvīnī, *Ẓafar-nāma*, vol. 2, p. 1233.

在《元史》和《史集》的官方简短记载之外，《武功纪》为这次告捷遣使事件补充了大量细节描述，这为了解旭烈兀西征时期，他与汉地蒙古汗廷间的关系提供了有用的信息。

首先，《武功纪》对此事件完完本本的叙述，明确了旭烈兀与蒙哥的这次通使顺利完成的事实。旭烈兀的信使忽剌出，带着蒙哥的玺书返回了伊朗。

其次，通信的内容圈定了这次遣使事件发生的时间。旭烈兀遣出忽剌出的时间，是在征服报达、毛夕里和鲁木之后，攻打苦国之前，即是 1258 年的春夏之际。使者返回的时间，根据蒙哥回信中提到的他即将东进的细节，可知当时他应该正在进攻川蜀，我们知道蒙哥率领征宋西路军于 1258 年冬季进入四川，于 1259 年 8 月殁于四川合州。由此可知，忽剌出可能是在 1258 年年末见到的蒙哥，最晚在蒙哥去世前启程返回伊朗。所以这次告捷遣使往返的时间是在 1258—1259 年间。

最后，《武功纪》记载了旭烈兀给蒙哥合罕奉献战利品的情况。关于蒙古军队的战利品分配，周思成在其《13 世纪蒙元帝国军队的战利品获取和分配方式详说》一文中，提出蒙古军在征服战争中逐渐形成了以"等级"、"份额"、"先占"和"均分"四种原则为框架的战利品分配制度。而"等级"原则和"份额"原则保证了大汗对战争所得战利品具有的最高优先权。[1] 彼时旭烈兀是作为出征宗王统治伊朗的，因此他需要不远万里地将战利品运回蒙古上缴给蒙哥。而"固定份额"是如何规定的，史料记载不一。木法匝儿

---

[1] 周思成：《13 世纪蒙元帝国军队的战利品获取和分配方式详说》，载刘晓、雷闻主编：《隋唐辽宋金元史论丛》第 7 辑，上海古籍出版社 2017 年版，第 347—358 页。

（Mufaḍḍal ibn Abī al-Faza'il）的《马穆鲁克算端史》中记载："他们（旭烈兀军队）将战利品分为五份，两份送给合罕，两份分给军队，一份归于拔都家族。拔都死后，别儿哥继立，旭烈兀便不把他的那一份给他了。"[1] 而《武功纪》则给出了另一种分配方法："当所有的财宝都聚集起来后，它们被分成三份。一份归属君王自己，……第二份由胜利之王全部分给了军队，第三份被献给了世界之主蒙哥合罕。"[2] 尽管两种史料对旭烈兀家族和拔都家族的份额记载有所出入，但分给蒙哥和军队的份额大体一致，可以得知旭烈兀献给蒙哥的战利品至少为三分之一。那么这部分战利品是否运抵中国呢？《史集》、《五族谱》和《武功纪》皆未交代结果。但《世系汇编》交代了这批财富的下落。据其记载，这批战利品并未送抵，因为当这支队伍行至阿母河时，旭烈兀已得到了蒙哥去世的消息，于是下令让他们返回。[3] 由此可知，肩负送信任务的忽剌出与运送战利品的队伍并不是同行的。显然送信告捷的使者速度很快，一年便往返中国与伊朗；而运输队伍则迟缓得多，直到 1260 年旭烈兀得知蒙哥去世时，还未行至阿母河。蒙哥死后，忽必烈与阿里不哥因争夺蒙古合罕之位爆发了战争，通往东方的道路被阻断，而当时谁能成为蒙古帝国新的统治者，一时间难见分晓，蒙古内部的利益分配面临着重新洗牌的

[1] Mufaḍḍal ibn Abī al-Faza'il, *Moufazzal Ibn Abil-Fazail: Histoire des Sultans Mamlouks*, Texte Arabe Publié et Traduit en français par E. Blochet, Turnhout (Belgique): Éditions Brepols, 1982, p. 445；参见 Bertold Spuler, *Die Mongolen in Iran: Politik, Verwaltung und Kultur der Ilchanzeit 1220-1350*, Leiden: E. J. Brill, 1985, p. 220；刘迎胜：《旭烈兀时代汉地与波斯使臣往来考略》，原载《蒙古史研究》第 2 辑，此据作者《蒙元帝国与13—15 世纪的世界》，生活·读书·新知三联书店 2013 年版，第 17 页。

[2] Mustawfī Qazvīnī, *Ẓafar-nāma*, vol. 2, p. 1232.

[3] Muḥammad b. 'Alī Shabānkāra'ī, *Majma' al-Ansāb*, ed. by Mīr Hāshim Muhaddis, Tehran: Amīr Kabīr, 1984, p. 263.

局面。此时的旭烈兀作为被蒙哥合罕派出的西征领袖，无法预测今后何去何从，于是在政治上保持静默的同时，下令召回了原本要献给蒙哥的战利品。

二、忽必烈与阿里不哥争位时期的遣使

宪宗九年七月（1259 年 8 月），蒙哥合罕殁于四川合州。1260 年春，一支以失秃儿（Shīktūr）为首的使团来到了当时正在叙利亚前线作战的旭烈兀处，向他禀告了蒙哥去世的消息。[1] 直至此时，旭烈兀才知道蒙古帝国的大本营已经改换天地，他的两位兄弟阿里不哥与忽必烈正在为合罕之位斗争得如火如荼。有关阿里不哥与忽必烈的斗争及正统问题，学界已论述颇丰，本节仅讨论旭烈兀在这场兄弟阋墙中的态度和作为。

从 1259 年 8 月蒙哥去世到 1264 年阿里不哥最终投降忽必烈这五年中，旭烈兀与阿里不哥、忽必烈几方的遣使情况，关系到旭烈兀对待阿里不哥与忽必烈争位的态度问题。刘迎胜曾对他们的往来关系做过考辨，认为蒙哥合罕去世近一年后，旭烈兀才接到使者的报丧，是因为当时阿里不哥和忽必烈忙于争位，或为了减少竞争对手，所以都不约而同地对旭烈兀封锁了蒙哥去世的消息。失秃儿使团应是在 1260 年春阿里不哥宣布即位后，派往旭烈兀处的。因为在阿里不哥与忽必烈争斗之初，他控制着汉地通往西域的道路。[2] 笔者

---

[1]　《史集》苏联集校本，vol. 3, p. 70；汉译本，第三卷，第 76 页。

[2]　失秃儿，刘迎胜译作"失乞秃儿"。刘迎胜：《旭烈兀时代汉地与波斯使臣往来考略》，载刘迎胜：《蒙元帝国与 13—15 世纪的世界》，第 24 页。

认同失秃儿使团来自于阿里不哥的这一推断，除了阿里不哥控制通道的原因外，还因 1260 年夏，阿里不哥不断声称他得到了旭烈兀、别儿哥等宗王的支持。[1] 不论这种舆论造势之辞是否为真，至少可以说明阿里不哥确实曾与旭烈兀联系。失秃儿一行很可能就是为此派出的使团，使团所肩负的任务，不只是报告蒙哥合罕去世的消息，更重要的是向旭烈兀说明当时二王相争的状况，拉拢旭烈兀支持自己。正是由于阿里不哥遣使去了旭烈兀处，他才会大肆宣扬自己获得了旭烈兀的支持。

那么旭烈兀对待阿里不哥和忽必烈二人的态度又如何呢？《史集》记载，失秃儿使者面见了旭烈兀之后，旭烈兀为蒙哥的噩耗和阿里不哥的动乱感到忧心。[2]《史集》作为官修史书，其立场是与官方保持一致的。而《武功纪》对忽必烈与阿里不哥战争的描述，则用词显得中立得多 [3]：

> 两个显赫的兄弟为了皇位斗争。他们的追随者被杀戮，军士成批地死去。为使他们的领袖得到宝冠，人们在刀剑下丧生。在这两位突兰（Tūrān）忽思老（Khusrū）之间，每天都充满战争、仇恨和冲突。为了王权而内战，这令世界的中心感到困惑。双方的士兵在这混乱中被大量杀死，国家事务陷入混乱。在那些日子里，军队给这片土地带来了伤害。

---

[1]　《史集》汉译本，第二卷，第 294、296 页。

[2]　《史集》苏联集校本，vol. 3, pp. 70, 71；汉译本，第三卷，第 76、77 页。

[3]　Mustawfī Qazvīnī, *Ẓafar-nāma*, vol. 2, p. 1237.

　　"忽思老"是波斯传统中对君主的称呼，而"两位忽思老"的表述则很值得注意。刘迎胜在其《元初朝廷与西北诸王关系考略》一文中曾提到马穆鲁克史家乌马里将阿里不哥称作是蒙哥和忽必烈之间的皇帝，从而推断忽必烈与阿里不哥之间并非孰为正统的问题，而是一位皇帝取代另一位皇帝的帝位交替。[1]《武功纪》的"两位忽思老"也显示出相似的倾向。即使这一称呼不足以说明作者承认两者都是蒙古的大汗，但至少能反映出作者对他们的平等态度。而对二王之争的文学描写，则体现出他始终保持着的中立口吻。《武功纪》接着记述道[2]：

　　　　当旭烈兀听到了这个消息，全世界都变得黑暗。他为自己的兄长悲伤，总是把头埋在双手之间。他寝食难安，精神抑郁。他头晕目眩，心中哀痛。

　　蒙哥、忽必烈、旭烈兀和阿里不哥本为一母同胞，一时间长兄的猝然离世，和同胞兄弟的自相残杀，使旭烈兀陷入悲伤、忧心的情绪中。在感情因素之外，当时旭烈兀只接到了阿里不哥一方的消息，而未与忽必烈方面取得联系，因而他无法全面了解当时汉地和蒙古的局势，更无法对支持哪方做出决断。而且，旭烈兀西征前还在蒙古地区驻留了大批家眷、辎重，他不得不考虑其留守人员的立场。因为消息的闭塞，旭烈兀在这时不可能立即给出明确的态度，

---

[1]　刘迎胜：《元初朝廷与西北诸王关系考略》，原载《中国民族史研究》，中国社会科学出版社 1987 年版，此据作者《蒙元帝国与 13—15 世纪的世界》，第 39、40 页。

[2]　Mustawfī Qazvīnī, *Zafar-nāma*, vol. 2, p. 1237.

更大可能性是持观望态度。但由于阿里不哥先与旭烈兀取得联系，旭烈兀在事态不明的情况下，也可能会倾向与他联系的阿里不哥，至少不会立即反对他。所以阿里不哥才会在战争早期称已获得旭烈兀的支持。旭烈兀与忽必烈通信的阻塞可能一直维持到 1260 年年底忽必烈第一次打败阿里不哥、阿里不哥向忽必烈请和为止。

《史集》记载，在阿里不哥第一次战败后向忽必烈投降时，他遣使去见忽必烈说 [1]：

> 我们这些人因为无知犯下了罪过，做了错事。我的兄长，您可以发号施令，无论您让我到任何地方，我都将前往，不再违背兄长的命令，待我的牲畜肥壮后，就前来效力。别儿哥、旭烈兀和阿鲁忽也将前来，我正等待他们的到来。

忽必烈回复阿里不哥的使者道 [2]：

> 旭烈兀、别儿哥和阿鲁忽到那里（阿里不哥处）时，要他们务必派遣使者来，他们的使者一到，我们就可以定下应在何处集会，你们务必要谨守自己的诺言。如果你能在他们到达之前就来，就更好了。

从这两段对话可以看出，截至此时，忽必烈还没有与旭烈兀等

---

[1] Rashīd al-Dīn Fażl Allāh, *Jāmiʿ al-Tavārīkh*, Istanbul: Topkapı Sarayı Müzesi Kütüphanesi, MS. Revan 1518（下称 "《史集》伊斯坦布尔本"），f. 200b；汉译本，第二卷，余大钧、周建奇译，商务印书馆 1985 年版，第 298 页。

[2] 《史集》伊斯坦布尔本，f. 201a；汉译本，第二卷，第 298 页。

远方的宗王取得直接联系，而是通过阿里不哥向他们传递消息。大概是在这次阿里不哥投降之后，旭烈兀才与忽必烈取得了联系。《世系汇编》的一段内容反映了旭烈兀与忽必烈最初通使的情况[1]：

> 当哈里发被消灭后，其周边地区伊剌克（'Arāq）、毛夕里、迪牙别克儿（Diyār Bakr）都归降了，西方诸国也顺服了他。于是他下令：从阿哲儿拜占（Āẕarbayjān，今译阿塞拜疆）向钦察行进，一直连通到其兄弟蒙哥合罕御前。过了两三年，他还未能见到合罕，便接到了蒙哥合罕去世的消息。
>
> 据说使者携带了全部的财富和大量的珍奇异宝行至阿母河边（Āmūya[2]），当过质浑河时，使者从驿站接到消息，旭烈兀下令命他返回。使者听从命令回去了，并带回了财富。旭烈兀另外遣使前往继承了蒙哥之位的他的兄弟忽必烈合罕跟前，并带去吊唁蒙哥和庆祝忽必烈即位的信。忽必烈回信中对他给予了大量的慰问、称赞和荣誉。

结合《史集》和本文上一节告捷遣使中所做的分析，可以大致勾勒出这段时期发生的主要史实的时间线。旭烈兀完成对报达、毛夕里、迪牙别克儿的征服是在 1258 年，此后命令向钦察进军，指的是与别儿哥作战。两三年后即 1260 年至 1261 年，他接到了蒙哥去世的消息，根据《史集》我们知道时为 1260 年春夏之际，失秃儿使团见到了旭烈兀。此后，旭烈兀下令召回给蒙哥运送战利品的队伍，

---

[1] Muḥammad b. 'Alī Shabānkāra'ī, *Majma' al-Ansāb*, p. 263.

[2] Āmūya，既是阿母河的名字，也是阿母河边一城镇名，此处为后者。

并向忽必烈派出使者祝贺他即位。按照《世系汇编》的说法，旭烈兀遣使忽必烈必然是在得知忽必烈登基之后。根据《史集》的记载，旭烈兀政治的天平开始倾向忽必烈，时在 1261 年上半年阿里不哥第一次战败向忽必烈请和后，此时他恢复了与忽必烈的通信，并明确了支持忽必烈即位的态度。《史集》载[1]：

> 此时，旭烈兀和阿鲁忽都倾向合罕一边，不断地相互派遣大量使者。旭烈兀汗派去使者，责备、劝阻阿里不哥，他还遣使合罕处。同样，阿鲁忽也派遣了使者。

由此看来，从 1260 年旭烈兀接到蒙哥去世的消息，到 1261 年旭烈兀遣使忽必烈支持其即位，旭烈兀大约有一年时间态度暧昧不明。对他而言，阿里不哥和忽必烈谁当合罕并没有那么重要，但他们引发的战争却是蒙古内部的一场灾难。尽早平息战争，结束蒙古内部的厮杀，恢复与东方的畅通，才是旭烈兀所希冀的。阿里不哥第一次战败后，其实力已经落于劣势，因此促使阿里不哥尽早认输，是最快结束这场内斗的方式。此时旭烈兀与忽必烈恢复了通使，并明确了立场。对忽必烈而言，为巩固优势，进一步争取旭烈兀等诸王的支持，他派出使臣对诸王给予了领土承诺。《史集》记载他派使者前往阿鲁忽和旭烈兀处，向他们宣布[2]：

> 从质浑河畔到密昔儿门户，蒙古军队和大食之地，由你旭

---

[1]《史集》伊斯坦布尔本，f. 201a；汉译本，第二卷，第 299 页。
[2] 同上。

烈兀掌管，你要好好守护，以维护我们祖先的英名。从金山那
一侧至质浑河的人民与兀鲁思，交予阿鲁忽看管。

刘迎胜指出，这段记载表明忽必烈放弃了自成吉思汗以来大汗
对阿母河以南土地的直接领有权，把它交给旭烈兀，以换取旭烈兀
在政治上站在自己一边。[1] 即在此之前，旭烈兀是作为合罕的代理
人代为管理伊朗等被征服地区，而恰逢二王争夺合罕位的历史际遇，
使得旭烈兀获得了建立独立汗国的机会。

旭烈兀明确支持忽必烈后，希望能早日平息这场内讧。他采取
了召回次子出木哈儿（Jūmqūr）的措施。出木哈儿是旭烈兀留在蒙
古看守斡耳朵的负责人，蒙哥合罕时，他在蒙哥跟前效力。蒙哥死
后，由于阿里不哥接管了蒙哥的部众，因而出木哈儿归属阿里不哥
麾下，他曾奉阿里不哥之命与忽必烈作战。早期由于旭烈兀对二王
之争持观望态度，因此没有阻止出木哈儿为阿里不哥效力。但在最
后他将出木哈儿召回，命他脱离阿里不哥。《史集》记载 1264 年 1
月，出木哈儿随阿里不哥讨伐阿鲁忽时，以到撒麻耳干治病为借口，
脱离了阿里不哥。[2] 刘迎胜曾提出旭烈兀在与忽必烈建立联系后，并
未立即召回出木哈儿的原因不明。[3] 笔者推测，这是由于旭烈兀与忽
必烈取得联系时，阿里不哥已向忽必烈请和，立下了不再反对忽必

---

[1] 刘迎胜：《旭烈兀时代汉地与波斯使臣往来考略》，载刘迎胜：《蒙元帝国与 13—15 世
纪的世界》，第 24、25 页。文中，作者将这段记载的时间断于 1262 年春，阿鲁忽叛
阿里不哥之后，但仔细阅读《史集·忽必烈合罕纪》可以知道，这发生在阿里不哥第
一次请和之后，第二次起兵之前，即 1260 年冬至 1261 年秋之间。

[2] 《史集》伊斯坦布尔本，f. 202a；汉译本，第二卷，第 304 页。

[3] 刘迎胜：《旭烈兀时代汉地与波斯使臣往来考略》，载刘迎胜：《蒙元帝国与 13—15 世
纪的世界》，第 25、26 页。

烈的承诺。因此在当时看来，战争已经结束，那么出木哈儿留在阿里不哥跟前，也没有多大问题。直到 1261 年秋天，阿里不哥不听劝阻，再次发动叛乱后，旭烈兀对阿里不哥与忽必烈能和平解决争端失去信心，才派人送信给出木哈儿，命他脱离阿里不哥。

　　尽管旭烈兀表示支持忽必烈，但他与阿里不哥的关系并不交恶。阿里不哥彻底失败后，去向忽必烈认罪。他以罪人的身份，肩披大帐的门帘进行觐见仪式（tikshimīshī kardand）。当时在场的有一位旭烈兀派去的使者成忽儿（Jinkqūr），他回去后将此事记录下来，旭烈兀知道后，派人向忽必烈传话说："如此这般地让我们的族人（ūrūgh）行使觐见之礼，使我们的诸兄弟（āqā va inī）[1] 都蒙受了耻辱，这怎么能符合札撒呢？"忽必烈听从了旭烈兀的指责，此后一年未让阿里不哥前来。[2] 由此可见，旭烈兀后来虽支持忽必烈即位，但他对阿里不哥还保有兄弟之情。事实上，旭烈兀与阿里不哥的私人关系十分亲密。旭烈兀出征西域之前，阿里不哥与宗王们在和林大摆筵席为他送行。[3] 旭烈兀最后选择支持忽必烈，更多的是出于政治上的考虑和对当时局势的判断。而在处置阿里不哥的问题上，旭烈兀的态度对忽必烈多少有所影响。《史集》载，在忽必烈处决了阿里不哥的心腹后，一直在等待旭烈兀、别儿哥和阿鲁忽前来共同审判阿里不哥，但几位宗王皆迟迟不到，忽必烈最终与其他宗王异

---

[1] 金浩东指出，蒙古人指属于同一氏族成员时经常使用 aqa de'ü（诸兄弟），在《史集》中，突厥语形式 āqā va inī 频繁出现。《史集·部族志》记载："如果有我的亲族中的某一人违犯法令，没有全体兄弟的合议不能处罚他。"见金浩东：《蒙古帝国与"大元"》，载姚大力、刘迎胜主编：《清华元史》第 2 辑，商务印书馆 2013 年版，第 25 页。

[2] 《史集》伊斯坦布尔本，f. 202b。

[3] 志费尼：《世界征服者史》第三卷，何高济译，商务印书馆 2010 年版，第 680 页。

密们审判，决定释放阿里不哥。忽必烈遣使征求三位宗王对审判的意见，更重要的是请他们来参加忽里台大会。旭烈兀得到释放阿里不哥的判决后，决定一年后出发前往蒙古。但未及出发，阿里不哥、别儿哥和旭烈兀皆相继去世。

以上梳理了阿里不哥与忽必烈争位时期，旭烈兀与阿里不哥和忽必烈的遣使往来及其对二王的态度。总结而言，旭烈兀在蒙哥去世近一年后才从阿里不哥派出的失秃儿使团处得知消息，此后一年他对拥戴哪位兄弟继承合罕之位态度不明。在阿里不哥第一次战败投降后，旭烈兀开始明确支持忽必烈。尽管他在即位问题上站到了忽必烈的阵营中，但他本人与阿里不哥的关系并没有交恶，更多地是以劝阻、调停的立场对待阿里不哥。并在阿里不哥彻底失败后，为他争取宽恕的可能。

旭烈兀在整个二王争位时期态度的变化，很大程度上受使者情报的影响。他早期政治态度暧昧，与东西方道路受阻致使事态不明不无关系。《马可·波罗行纪》所记述的马可·波罗的父亲（尼古拉）和叔叔（马飞）第一次前往中国时在不花剌城滞留三年的事实，侧面印证了这一时期东西方交通阻断的情况[1]：

> 当这两兄弟来到这座城市（不花剌）后，他们既不能前进丝毫，因为道路已被阻断，亦不能返回，因为鞑靼人之间正在大战，于是他们在这座城市驻留了三年。

---

[1] A. C. Moule & Paul Pelliot, *Marco Polo, The Description of the World*, vol. 1, New York: AMS Press INC., 1976, p. 76.

尽管行纪原文说当时不花剌是在八剌的统治下，但根据穆勒、伯希和的推算，老波罗们最迟在 1262 年到达不花剌，1265 年春离开那里。而八剌控制不花剌要在 1266 年之后，当是他们返程途经不花剌时留下的记忆的混淆。[1] 这段记载中所描述的前方道路阻断，显然是忽必烈与阿里不哥战乱造成的，而后方鞑靼人之战指的是发生在 1262—1264 年间的旭烈兀与别儿哥之战。马可·波罗的记述体现的正是当时东西方陆路交通的阻塞情况。

三、册封遣使

旭烈兀统治末期，恰逢阿里不哥和忽必烈争位的契机，使得旭烈兀家族获得了对伊朗之地的领主权，标志着伊利汗国的正式建立。1265 年 2 月 8 日，旭烈兀去世，长子阿八哈继任伊利汗位。关于阿八哈即位的过程，《史集》提供了较为详细的记载 [2]：

> 在相当于伊斯兰教历 663 年 5 月 19 日的忽客儿年，阿八哈汗驻营于察合秃（Chaghātū）〔河〕畔。……哀悼仪式举行后，所有的后妃、宗王、驸马们聚在一起，举行了有关他即位的会议。……其中失克秃儿那颜曾由旭烈兀汗授以遗嘱并委以必里克。孙札黑阿合在其他异密们之前证明阿八哈汗有权继承汗位，他（阿八哈汗）表示拒绝，并逊让于其诸弟。诸弟一起

---

[1] A. C. Moule & Paul Pelliot, "The Introduction", *Marco Polo, The Description of the World*, vol. 1, pp. 22, 23.

[2] 《史集》汉译本，第三卷，第 102、103 页。

跪拜说：我们是臣下，我们认为你是父亲的继承者。阿八哈说：
"忽必烈合罕是长房，怎能不经他的赐诏就登临〔汗位〕呢？"
宗王和异密们说："你是宗王们的长兄，通晓古老的习俗、法规
和吉祥的传说，旭烈兀汗在世时就已让你作汗位继承人，别人
怎能坐上汗位呢？"全体都真心实意地同意了。相当于 663 年
9 月 3 日（1265 年 6 月 19 日）的牛年顺〔？〕月 5 日星期五，
按照纳昔剌丁·徒昔（愿真主宽恕他！）择定的日子，在室女
星座照耀下，阿八哈汗在彼剌罕（Barāhān）地区察罕纳兀儿
（Chaghān nāur）湖畔即位，举行了即位的全部仪式。

上述记载显示，在议立新汗的时候，阿八哈曾提出汗位继承要
请示忽必烈的必要性，但随后众人的劝进之语和即位仪式的举行，
似乎又暗指阿八哈众望所归，当时未得忽必烈许可，就在伊朗宗亲
贵族的推选下即位了。[1] 不过接下来的记载显示，伊利汗国确就阿八
哈即位一事遣使忽必烈 [2]：

　　他（阿八哈）在遵循宴饮庆祝即位的习俗后，着手安排国
　　家和军队的大事。尽管他是王冠和王位的拥有者，但在忽必烈
　　合罕陛下的急使送来以他名义颁发的玺书前，他端坐在椅子上
　　治理国家。

---

[1] 参见 Thomas T. Allsen, *Culture and Conquest in Mongol Eurasia*, New York: Cambridge
University Press, 2001, p. 25。
[2] 《史集》汉译本，第三卷，第 103、104 页。

　　"端坐在椅子上"一语意为阿八哈未坐在伊利汗的王座上，而是坐在普通的椅子上摄政，直至合罕的册封使团到来。那么这个使团是什么时候来到伊朗的？《史集》记载说五年后的 669 年 3 月 20 日（1270 年 11 月 6 日），元朝使团到达伊朗，不久后阿八哈第二次登上了王位 [1]：

　　　　合罕的使臣们来到，他们带来了赐给阿八哈汗的诏旨（yarlīgh）、王冠（tāj）、礼物，让他继承自己的光荣的父亲成为伊朗地区的汗，沿着父祖的道路前进。669 年 4 月 10 日星期三（1270 年 11 月 26 日），相当于马年……月，他在察合秃地方按照合罕圣旨，第二次登上汗位。

　　按照《史集》的记载，阿八哈曾举行了两次即位仪式，第一次是在先汗去世后不久，由蒙古宗亲、异密集会推选后举行的，第二次是元朝册封使团到来后举行的。根据这些记载，研究者多认为阿八哈是由伊朗方面选定后呈报给忽必烈的新汗，他第一次即位时并未得到忽必烈的认可，直到数年后元朝册封使团抵达伊朗后，他才真正具有了继承伊利汗国王位的合法性。[2] 然而，《史集》之外的其他波斯史料却多有显示，在旭烈兀去世后，伊利汗国即为新汗人选一事遣使忽必烈，忽必烈当即任命阿八哈为旭烈兀的继承者。也就是说，阿八哈的第一次即位，就已经获得了忽必烈的认可。

[1] 《史集》汉译本，第三卷，第 136、137 页。

[2] Bertold Spuler, *Die Mongolen in Iran: Politik, Verwaltung und Kultur der Ilchanzeit 1220-1350*, p. 221；Thomas T. Allsen, *Culture and Conquest in Mongol Eurasia*, p. 25；徐良利：《伊儿汗国史研究》，人民出版社 2009 年版，第 85 页。

《瓦撒夫史》（*Tārīkh-i Vaṣṣāf al-Ḥażrat*）记载[1]：

　　当战争结束、岁月如常后，他（旭烈兀）去世了。他们商
讨要从诸子中选出一位继承汗位。旭烈兀有十二个儿子，每一位
都闪耀在天宫帝星中，如松柏般屹立于君王的草地上。他们是：
阿八哈、玉疏木忒（Yushmut）、秃卜申（Tubsīn）、忙哥帖木儿
（Munku Tīmūr）、耶思答儿（Yizdār）、弘吉剌台（Qunghirātāy）、
阿泽（Ājāy）、铁失（Takshī）、贴古迭儿（Tikūdār）、朮失怯卜
（Jūshkib）、也速迭儿（Yisūdār）、出木哈儿（Jūmqār）。如诗云：
　　　令你头戴皇冠，脚踏王座。
　　然而稳固而永恒的统治、公正的印章、正义之剑、左右人
马皆归于阿八哈。阿儿浑阿合、完泽哈敦和其他哈敦、诸王、
那颜，遵照成吉思汗的法令聚集在一起，然后派出使者前往合
罕御前汇报此事，并询问汗位之所归。他们共同呈上一封书信，
一致同意听从命运的安排，拥护阿八哈的令旨。

穆斯妥菲·可疾维尼在其《选史》（*Tārīkh-i Guzīda*）中也记载道[2]：

　　在阿八哈的父亲〔去世〕之后，按照忽必烈合罕的旨意，

---

[1]　Vaṣṣāf al-Ḥażrat, *Geschichte Wassaf's*, vol.1, tr. & ed. by Hammer-Purgstall, Wien: Verlag der Österreichischen Akademie der Wissenschaften, 2010, Persian text, p. 102, German translation, p. 98. Vaṣṣāf al-Ḥażrat, *Tārīkh-i Vaṣṣāf al-Ḥażrat*, vol. 1, Bombay: Muḥammad Mahdī Iṣfahānī, 1853, pp. 52, 53.

[2]　Ḥamd Allāh Mustawfī Qazvīnī, *Tārīkh-i Guzīda*, ed. by 'Abd al-Ḥusayn Navāyī, Tehran: Amīr Kabīr, 1960, p. 91.

君主之位被授予了他，他的名字被写在圣旨的标题上。他在回历 663 年 9 月登上了王位。

如果说《瓦撒夫史》和《选史》的记载对遣使忽必烈的时间和过程还不太明确的话，那么《武功纪》则以充分的细节叙述了这一事件，进而证明旭烈兀去世后，伊利汗国和元朝之间曾完成了一次迅疾的出使，这次出使确定了阿八哈接替旭烈兀继任伊利汗的合法性 [1]：

> 许多显贵欲让玉疏木忒成为世界之王，也有一些人推选阿八哈。他们围绕此事讨论了许久，最后全体做出了一致的决定，派一名聪慧、勇敢的异密到英明的忽必烈那里，向他汇报众人商讨的意见，并请他做出裁决。每一位支持者，都希望自己支持的宗王登上王位。
>
> 失烈门（Shīrimūn）被委以此任，他是一位能言而聪慧的异密。众人共同约定，一百天供其往返。勇猛的异密迅疾如风，从昌盛、幸福的贴必力思城（Tabrīz）出发，来到了中都（Jungdū）忽必烈处。他汇报了情况，得到了回复。他从皇帝那儿领到一道圣旨，上面写着荣耀的阿八哈之名。骄傲的异密九十日便回到了贴必力思的宗王面前。他连去带回三个月，完成了三年的路程。
>
> 忽必烈的圣旨到了："王位交给幸运的阿八哈，他应成为世界之王。我将那个国家（指伊朗）全权授予他，愿幸运伴随着

---

[1]　Mustawfī Qazvīnī, *Ẓafar-nāma*, vol. 2, pp. 1266, 1267.

这位国王。"在忽必烈汗公正的裁决下，阿八哈成为伊朗之王。月亮也俯首于王冠之前。663 年，幸运之星的旗帜升起，在吉祥的斋月第三天，国王开始了对这个国家的统治。

《武功纪》的描述为我们充分了解阿八哈的即位过程提供了宝贵的信息。

首先可知，旭烈兀死后，阿八哈可能并不是新汗的唯一人选，尽管他无疑是最有优势的候选人。玉疏木伣是旭烈兀第三子，跟随旭烈兀西征来到伊朗，在征服战争中立下不少功劳。他曾为谋求伊利汗之位而有所活动，这在《史集》中也有含蓄的体现。《史集》记载旭烈兀去世后，玉疏木伣前来探寻情况，在发现自己没有即位的机会后，返回了驻地。[1]

其次，《武功纪》的记载让我们重新考量阿八哈汗位的获得与忽必烈的关系。伊利汗国为推选新汗之事遣使忽必烈已是不争的事实，使者名字的出现增加了记载的可信度。失烈门是西征大将搠里蛮（Jūrmāghūn）之子，其本身也是地位很高的大异密。由他担任信使出使元朝，体现出这次遣使任务之紧要。关于伊利汗国汗位继承与元朝大汗的关系，施普勒曾评价说："这些被征服的土地被授予了旭烈兀家族，所以大汗必须尊重其汗位继承权。他唯一可以干涉的机会是在其发生争端时介入。尽管如此，直至 1295 年，更准确地说是在 1294 年忽必烈去世之前，他们的汗王都要得到大汗的承认。"[2]然而《武功纪》的记载使我们看到，在阿八哈即位之际的这次遣使

---

[1]　《史集》苏联集校本，vol. 3，p. 100；汉译本，第三卷，第 102 页。

[2]　Bertold Spuler, *Die Mongolen in Iran: Politik, Verwaltung und Kultur der Ilchanzeit 1220-1350*, p. 221.

并非只是想得到忽必烈对他们已经选定的新汗的"承认"，而是要请忽必烈做主为他们决定谁为新汗。如果这一记载真实，阿八哈的确是在多个候选人中被忽必烈选定，并且是在使者将这一旨意带回伊朗后才宣布即位的，那么《史集》中阿八哈所说的"忽必烈合罕是长房，怎能不经他的赐诏就登临〔汗位〕"之语就并非只是一句谦辞了。彼时旭烈兀家族刚刚获得独立汗国的地位，而这一地位是以支持忽必烈战胜阿里不哥的政治投资获得的，因此伊利汗国的合法性就与忽必烈作为蒙古合罕的合法性紧密相连。伊利汗国和元朝的建立，标志着旭烈兀家族与忽必烈政治联盟的形成。面临着汗国独立后的第一次汗位交替，阿八哈及伊朗的蒙古集团对汗位的合法性有着特殊的重视。他们通过对大汗忽必烈意见的尊重，来巩固刚刚从他那里获得的属国的地位。因而在阿八哈即位这一问题上，忽必烈表现出的影响力恐怕也超出了我们以往的认知。

再次，关于这次遣使，《武功纪》记载了一个匪夷所思却又具有相当可信度的细节，即失烈门仅用了三个月便往返了伊朗和中国，这大大超出了我们对两国之间交通速度的认知经验。中国与伊朗间的陆上交通，通常单程需耗时一年左右。但信使往往能发挥出较快的速度。例如本文第一节谈到的告捷遣使，使者忽剌出从去到回大约就只用了一年。除了《武功纪》的记载之外，已知两国之间速度最快的一次通行是常德的出使，从蒙古高原到伊利汗廷单程历时四个月。对比而言，失烈门的九十日往返速度，着实令人难以置信。然而这条记载又具有相当的可信度。因为作者可疾维尼很显然清楚地知道两国间正常的交通速度应是多少，九十日往返有多么的超乎想象，所以他特意强调说失烈门是用三个月完成了三年的路程。这说明这个"九十日"并非是作者运用的夸张修辞，而可能是对真实事件的记录。此外作者还提到一百天往返的约定，也就是说，如果失烈门的出使失败了，未能及时带回忽必烈的旨意，那么伊利汗国方面就要另做安排。这次出使速度之惊人，正是由彼时伊利汗国的汗位虚位以待，伊朗方面急于得到元朝皇帝的意见来确立新汗所致。所以从逻辑完整性上看，限时出使是合情合理的。那么，从现实角度判断，骑手有没有可能完成这一壮举呢？根据党宝海对元代乘驿速度的研究，疾驰一昼夜至少 500 里，最快可达 800 里。[1] 若按 500 里 / 天的速度计算，从贴必力思到汗八里约为 8000 公里—9000 公里，单程 35 天左右可达。若要 90 天往返，平均每日则需行 350 里—400 里。当时阿里不哥之乱已平，东西方道路重新通畅，即使失烈门不可能如驿传那样日夜兼行，这一速度理论上也是可以达到的。也就是说，九十日内往返在理论上是可能的。而且，《史集》记载阿八哈第一次即位的时间与《武功纪》失烈门九十日往返的时间暗合。《史集》记载，从阿八哈在宗亲大会中提出即位要得到忽必烈的同意，到阿八哈第一次即位，其间恰好有三个多月的时间空档。对此拉施都丁未做解释。现在结合《武功纪》的说法，这三个月很可能正是失烈门出使元朝的时间，待失烈门带着忽必烈的圣旨返抵伊朗后，阿八哈才举行了即位仪式。如果三个月往返中国是真实的，那么此例便可大大刷新我们以往对中伊之间陆路交通速度的认知。而这次紧急遣使，无疑是目前所见中伊交通史上行进速度最快的一次。

最后，关于《史集》所记 1270 年忽必烈册封使团的到来和阿八

---

[1] 党宝海：《蒙元驿站交通研究》，昆仑出版社 2006 年版，第 239、240 页。

哈第二次即位。根据《武功纪》的记载可知，失烈门的出使是非常紧急的，所以他带回伊朗的可能只有一道圣旨。而元朝对藩国新汗的封赏（王冠、印玺、礼品等）不可能立即备好带回，所以要另派正式的使团送达。那么，正式的册封使团为何迟至五六年后才到达伊朗呢？这与中亚再次爆发战争有关。阿八哈即位后不久，阿里不哥去世，他原本的支持者海都发起反叛，元朝西北重燃战火，忽必烈派皇子那木罕出征讨伐。同年，察合台兀鲁思汗王阿鲁忽去世，汗位先后从木八剌沙转入八剌手中，引起了海都、忙哥帖木儿的反对，三方力量在中亚地区不断冲突，最终于 1269 年春天在塔剌思集会上达成同盟，共同对付元朝和伊利汗国。1270 年 4 月八剌入侵呼罗珊，阿八哈进行反击并在 7 月最终击败了他。同年 11 月，合罕使团到来，对阿八哈进行了册封和赏赐。忽必烈使团这时抵达伊朗，与阿八哈战胜八剌有关。根据《武功纪》的记载，忽必烈在赐封阿八哈的圣旨中，明确表彰了阿八哈战胜八剌的功绩，并再次认定阿八哈是旭烈兀的优秀继承人，将伊朗之地授予他。[1]这说明忽必烈是在 7 月阿八哈战胜八剌之后派出了册封使团，三四个月后抵达了伊朗。[2]《武功纪》还记载说阿八哈再一次举行即位仪式后，让使者携带进献给忽必烈的各种珍稀宝物回到中都（即汗八里）。[3]笔者认为，忽必烈此次遣使，名义上是为阿八哈完成迟来的册封，实际上更是为了加强与伊利汗国的同盟关系，共同对付察合台汗国和窝阔台汗国。

　　事实上，在合罕使团到来之前，元朝并未完全失去与伊利汗国的

---

[1] Mustawfī Qazvīnī, *Ẓafar-nāma*, vol. 2, p. 1281.

[2] 这个行进速度与常德西使的速度一致，常德从和林出发，三个月抵达伊朗北部祃掞答而。这表明在驿道顺畅情况下，三四个月的单程属于正常速度。

[3] Mustawfī Qazvīnī, *Ẓafar-nāma*, vol. 2, p. 1281.

联系。《史集》记载 1270 年 4 月，阿八哈汗在沙鲁牙即（Sharūyāz，后来的孙丹尼牙）时，从忽必烈合罕处派来的一名叫帖怯彻（Tikājik）的使者前来觐见。这名使者在途中被八剌截获拘留，后伺机逃跑，换了十匹马奔来，到来后他向阿八哈汗报告了他所目睹到的八剌一方的情况。[1] 这表明当时中亚段交通因为八剌控制而并不顺畅，但驿道还可以正常使用。这也表现在《马可·波罗行纪》的记载中 [2]：

　　当伟大的君主授命于两兄弟及其所遣往教皇处的他的贵族（baron）及使团后，又命人授予他们镌刻有皇家印记和按照他们的惯例铭文的金牌，上书：三位使者来自伟大合罕处，所到其治下的任何地方，官员必须供应其所需食宿，安排舟船、马匹和人役护卫他们前行至下一站，〔提供〕其所可能经行之路途中所需一切物资。当这三位使者——尼古拉阁下、马飞阁下和另外一名使者，将一切必备行装准备妥当后，他们告别了他们伟大的君主。他授予他们此物，他们携带着诏书和金牌，乘马踏上旅途。

　　他们骑行二十日后，与两兄弟同行的使者——鞑靼贵族豁哈塔勒（Cogatal）患病而无法前行，留在名为 Alau[3] 的城中。当尼古拉阁下和马飞阁下看到他们的同伴——那位患病的贵族过了许多天还因病痛无法继续前行时，对他们来说似乎只能与他分别了。于是带着他的祝愿和许多建言，他们离开他又重新踏上征程。我要告诉你，仅凭他们持有的一面具有君主权威的

---

[1]　《史集》苏联集校本，vol. 3，p. 120；汉译本，第三卷，第 120 页。

[2]　A. C. Moule & Paul Pelliot, *Marco Polo, The Description of the World*, vol. 1, pp. 79, 80.

[3]　伯希和根据贝内代托（Benedetto）的意见指出，这可能是一处笔误。Paul Pelliot, "Alau", *Notes on Marco Polo*, vol. 1, Paris: Imprimerie Nationale, 1959, p. 26.

金牌，他们行至各处所受到了热情的关怀和尊贵的服务，他们的所有需求都被满足，侍卫护送他们。我还能告诉你什么呢？他们骑行多日，终于抵达小亚美尼亚的刺牙思（Laias）[1]城。我要告诉你，他们从离开伟大合罕的领地后，艰难抵达刺牙思用了整整三年。这是因为恶劣的天气使他们无法骑马，严寒、暴雪、冰霜，时而降落的大雨使河道涨水。许多地方道路艰难，无法通过，致使他们到达刺牙思如此延迟。

马可·波罗的父亲和叔叔第一次返回欧洲的时间是 1266 年至 1269 年，这正是窝阔台汗国、察合台汗国与钦察汗国冲突不断的时期，但马可·波罗的记载反映出即使发生战争，驿站仍然正常运转。在他的记述中，元朝皇帝的牌子在整个蒙古帝国境内（包括敌对势力）是完全具有效力的。而牌子所代表的提供一切方面帮助的旨令也都切实得到执行。帖怯彻和波罗兄弟的例子都说明，八刺封锁道路的行动，可能只是针对那些具有传递情报倾向的元朝使臣，而其他人员仍可使用驿道往来。但同时应该注意到，战乱还是一定程度上阻碍了驿道的畅通性。马可·波罗所说的影响老波罗行进速度的"道路艰难"，除了天气原因外，可能还因汗国之间战乱使得驿道未能得到较好维护。

---

[1]　位于地中海亚历山大勒塔湾（Gulf of Alexandretta）附近，属叙利亚。参见 Paul Pelliot, "Laias", *Notes on Marco Polo*, vol. 2, Paris: Imprimerie Nationale, 1963, pp. 760, 761.

谶谣中所见之"达达"、"回回"和"汉儿"
——《元典章》"乱言平民作歹"条解读[*]

刘海威（美国南加州大学）

　　族群关系研究是元史研究中的一个重点。《元典章》是元代前、中期典章制度和案例裁决的资料汇编，是元代社会史、法律史研究领域最重要的史料。在《元典章·刑部》中，记录了一则回回人向元朝政府诬告汉人的案例，涉及回回人、汉人和蒙古人的关系。前辈元史名家杨志玖、蔡美彪、陈得芝和党宝海诸先生曾从不同角度征引过这则案例。日本学者柳田节子、高桥文治及中国学者钟焓对这则案例的文本进行过讨论。本文在前人讨论的基础上，对这则案例的文本进行详细分析，结合其他元代史料，对案例中提到的谶谣传说的背景进行解读，期望能够为元代族群关系的研究提供新的信息。

一、文本内容

　　这则案例，载《元典章》卷四一《刑部三》，条目名曰"乱言平

---

* 　在《元典章》文本理解方面，本文得到宫海峰教授指点。获益良多，特致谢忱。

民作歹",内容如下:

　　至大三年九月□日,福建宣慰司承奉江浙行省劄付:准尚
书省咨:

　　刑部呈:"于至大三年三月二十五日,蒙都堂均旨,分付到
木八剌告指乱言文状一纸,仰本部约请尚书省断事官怀都、詹
事院断事官朵儿只一同归问明白,连衔呈省。奉此,依上约请各
官到部,一同归问,得木八剌状招:'既是回回人氏,庄农为业,
自合守分过日。却不合于至大三年三月十九日,为知官司捉获贴
里等谋歹,将首告人给与官赏,及怀恨本村住坐人马三等时常指
攀木八剌应当一切杂泛差役,因此将木八剌幼小听得妄传词话,
自行捏作乱言事情,虚摭马三:于至大元年六月二十日,有马三
就于甸内锄田处,对木八剌道:(住)[往]常时,汉儿皇帝手里
有两个好将军来,杀底这达达剩下七个,走底山洞里去了。上头
吊着一个驴,下面一个鼓儿,听得扑通通响,吓得那人不敢出
来。您杀了俺,几时还俺?那将军道:日头月儿厮见呵,还您。
如今日月厮见也,这的是还他也。又虚捏:于当月二十日,有本
庄住人小甲,就于甸内锄田处对木八剌言说:如今真定府(皆)
[背]后河元曲吕来,直了也。汉儿皇帝出世也,赵官家来也,
汉儿人一个也不杀,则杀达达、回回,杀底一个没。又妄指拦
十:于当年十二月内不记日上灯前后,就于伊家对木八剌说道:
簸箕星下界也,达达家则有一年半也。又虚供:在先累次前来赴
省陈告,为是不识人等将木八剌当拦,以此还家,不曾陈诉。如
此乱言。木八剌又亲笔写到文字一纸,意望官司将各人拷问坐

罪，木八剌请受官员。'又招：'既于三月十九日，止曾对阿蓝沙到俺村里汉儿人每谋反语句，又不合虚招：将上项言语对阿蓝沙说，本人道：好，咱每告去。又不合于三月二十四日，就隆福宫前问不得名校尉道：官里有那无？太子有那无？太后有那无？多少怯薛歹？蒙将木八剌拿住，于木八剌沿身搜出木八剌亲笔捏合乱言文字，与一干人等面对得木八剌逐项虚诳不实罪犯。'及取讫阿蓝沙'既是木八剌说称村里汉儿人谋反，不行告首'招伏。议得：木八剌比例于市曹杖断一百七下，阿蓝沙拟决四十七下相应。呈奉尚书省判送：'准奏事房付：至大三年三月十八日奏将来：木八剌小名的人，告讫马三、拦十等人每，写立着文字，说大言语。么道，说有。奏呵，差的买买去，将他每已招了的典刑了，转递号令者。再似这般发露的，好生问得端的，招了呵，尚书省官人每、忽剌出等提调着典刑了，转递号令者。么道，圣旨了也。钦此。'覆过，奉都堂钧旨：'木八剌所招罪犯，连送刑部，钦依施行，余准所拟。就行各处照会。'奉此。依上将木八剌于市曹依典刑讫。除已依上施行，各处照会外，据行省地面，宜从都省行移照会相应。具呈照详。"得此。照得先谓帖里、八扎哈牙等作歹，一干人等明正典刑讫，告人已经升赏。为此，一等不畏公法小人，贪图功赏。似此乱言人数，俱已典刑了当。若不遍行，诚恐愚民不知，枉遭刑宪。都省咨（该）[请]遍行合属，禁治施行。[1]

---

[1] 陈高华等点校：《元典章》卷四一《刑部三》，中华书局、天津古籍出版社 2011 年版，第 1401—1403 页。

对于这则史料，前辈学者多有征引。杨志玖先生曾使用这则案例，论证在元代回回人的心目中，只有汉人会造反，回回人没有反叛元朝的意愿。[1]陈得芝先生利用这则材料，论证元代部分回回人与汉人混居，已经能够熟练使用汉语。[2]蔡美彪先生在论证《蒙古秘史》和《史集》中的词汇"赵官"代指宋朝皇帝时，引用了这则案例。[3]党宝海教授则将这则案例中的第一则谶谣与加宾尼的记录相比对，认为回回人所说的这则谶谣并非完全捏造。[4]

这则案例中，回回人木八剌列出了三段谶谣，分别是"汉儿将军杀达达"、"汉儿皇帝出世"和"簸箕星下界"。本文接下来对这三个谶谣一一进行解读。

二、"汉儿将军杀达达"谶谣的解读

日本学者柳田节子、高桥文治和中国学者钟焓均曾对第一则谶谣进行过分析。他们的解读大相迥异，分歧主要集中于达达幸存者与汉儿将军以下的对话："（达达幸存者）'您杀了俺，何时还俺？'（汉儿将军）'日头月儿厮见呵，还您。'"

对话中"还"的含义，柳田节子认为是偿还的意思，即达达人问

[1] 杨志玖：《关于元代回族史的几个问题》，载元史研究会编：《元史论丛》第4辑，中华书局1992年版，第7页。

[2] 陈得芝：《元代多元文化社会的言语文字二题》，载陈得芝：《蒙元史与中华多元文化论集》，上海古籍出版社2013年版，第183—193页。

[3] 蔡美彪：《〈元朝秘史〉与〈史集〉中的赵官》，《中国史研究》2009年第4期，第101—104页。

[4] 党宝海：《外交使节所述的早期蒙金战争》，载姚大力、刘迎胜主编：《清华元史》第3辑，商务印书馆2015年版，第159—187页。

汉儿将军，汉人杀了这么多达达人，达达人什么时候能报仇雪恨？[1]
高桥文治认为，"还"是回家的意思，即达达人是问："我们躲在山洞
里，什么时候才能回家？"[2]中国学者钟焓不同意上述两种意见：

> 理解这句话的关键是如何认识其中的动词"还"的含义。
> 此前柳田节子认为它表达的是由"归还"之意引申出的"偿还
> 性命"。而高桥文治则将其理解为达达人的"返归"。然而，这
> 两种理解均与原文的整个语境不合。试想，当时的情况是，业
> 已经历了近于全体覆灭惨状的七个达达人好不容易才幸免于难，
> 逃入山洞以求活命，可谓尚处在极度惊恐不安的状态下，哪里
> 还敢理直气壮地质问汉人将军将来何时偿命给达达人？而且汉
> 人将军居然还郑重作答"日头月儿厮见呵，还您"，这就更显得
> 不合情理。再结合最后的"如今日月厮见也，这的是还他也"，
> 那就成了现在是汉人引颈就刑让达达人大开杀戒的时候了，以
> 便为当初那两位将军屠戮的被害达达人偿命。这样一种理解可
> 以说与木八剌诈称的汉人即将谋反以尽屠达达人和回回人的意
> 思完全相反。同样将"还"理解成达达人的"返回"也与原文
> 含义明显不合。从通篇文字的内容上看，根本不存在达达人是
> 否从山洞中返归的问题，因为至大年间的蒙古统治者早已平定
> 南宋，统一全国多时了。[3]

---

[1] 柳田节子：《元朝治下中国农村社会における回民》，载《宋元社会经济史研究》，创
    文社 1995 年版，第 277—294 页。

[2] 高桥文治：《马潜龙太子の物语——"说唱词话"は何を语つたか》，载田仲一成等编：
    《中国近世文芸论——农村祭祀から都市芸能へ》，东洋文库 2009 年版，第 160—167 页。

[3] 钟焓：《中古时期蒙古人的另一种祖先难叙事——"七位幸免于难的脱险者"传说
    解析》，《历史研究》2016 年第 3 期，第 61 页。

钟焓接着提出了自己的解读：

其实此处的"还"是再度出现、重新回来的意思。整段对话是说逃入山洞并惊惶不安的达达幸存者心有余悸地询问汉人将军说："这次你们把我们达达人杀得如此之惨，将来什么时候还会再回来戕害我们？"后者则回答说："等到将来太阳和月亮在天空中同时出现的那一天时，我们还会再回来收拾你们（您）。"正因为整段捏造文字中先是出现了这段谶言对话，所以木八剌才会接着宣称马三特意告诉他，如今日月同时见于天空的反常天象出现了，因此预示着达达人又会像上一次那样被杀得几乎片甲不留。如此听起来自然会使蒙古官吏觉得马三散布的言论简直是罪大恶极，不容宽赦。这篇文字之所以显得有些蹩脚费解，大概源于当事人还不能熟练驾驭汉语写作。但无论如何，该段内容要表达的基本文意还是清楚的。[1]

钟焓对于这段史料的解读，有两处尚需探讨。第一，上述对话中"还"的解读比较牵强。如果"还"是再度出现、重新回来之意，不管全文文意是否贯通，语法上不能成立。这种意思下，达达人应该问："您杀了俺，何时您还？"而汉儿将军应该回答："日头月儿厮见呵，俺还。"而不是原文中的"您杀了俺，何时还俺？"和"日头月儿厮见呵，还您"。

笔者以为，这段对话中"还"的意思并不复杂，就是偿还之意。

[1]　钟焓：《中古时期蒙古人的另一种祖先蒙难叙事 ——"七位幸免于难的脱险者"传说解析》，《历史研究》2016 年第 3 期，第 61—62 页。

解读这段话的核心是理解"日月厮见"在元代语境中的意义。在元代人的意识中，日月交替出现，轮流运行，两者不会同时出现。这种表达方式，在元杂剧中经常可以看到。杂剧《救风尘》，讲述女子宋引章不顾母亲和结拜姐妹赵盼儿反对，执意嫁给浪荡公子周舍。结果婚后被周舍凌辱毒打，最后赵盼儿设计将宋引章救出。谈到宋引章为嫁周舍，不惜与自己母亲决裂时，赵盼儿唱道："（宋引章）和爷娘结下不厮见的冤仇，恰便似日月参辰和卯酉。"[1] 唱词中"参辰"指两颗星宿，参星于酉时出于西方，辰星于卯时出于东方，两颗星永不会相见。[2] 辰星又称商星。杜甫《赠卫八处士》中有诗句："人生不相见，动如参与商。今夕复何夕，共此灯烛光。"[3] 这句诗是指参商两颗星不能相见的意思。赵盼儿唱词中"日月"与"参辰"并提，是指日月无法相见之意。即宋引章为嫁周舍，不惜与自己的母亲永不见面。赵盼儿的唱词中用了"（不）厮见"这个词汇，与《元典章》中汉儿将军所用的词汇一样。可能"日月不厮见"在元代是一种常见的表达方式。

　　元杂剧中还有其他的例子。白朴杂剧《墙头马上》第三折，讲述李千金被其夫裴少俊所休，必须离开自己的一对儿女。李千金唱道："有鸾胶难续玉簪折，则他这夫妻儿女两离别。总是我业彻，也强如参辰日月不交接。"[4] 唱词中的"参辰日月"也是指不相交接、不

---

[1]　关汉卿：《赵盼儿风月救风尘》，载臧晋叔编：《元曲选》，中华书局 1958 年版，第 198 页。

[2]　参见《汉语大词典（缩印本）》"参辰"、"参辰日月"及"参辰卯酉"条，汉语大词典出版社 1997 年版，第 1094 页。

[3]　钱谦益笺注：《杜工部集》，世界书局 1936 年版，第 12 页。

[4]　白朴：《裴少俊墙头马上》，载臧晋叔编：《元曲选》，第 343 页。

相见面之意。李千金是说,虽然自己被休了,但还有可能与自己的儿女见面,还没有达到日月永不相见那么悲惨的境地。杂剧《杀狗劝夫》中,哥哥孙荣将弟弟孙华赶到破窑居住,不让孙华进门。孙华唱道:"他他他,不思忖一爷娘骨肉,却和我做日月参辰。"[1] 这里"日月参辰"也是指不相见面。辨析清楚"日月厮见"在元代语境下的含义,这则谶言就容易理解了。因为日月不会相见,汉儿将军所谓"日头月儿厮见呵,还您",就是告诉达达人,他们永远没有机会找汉人复仇。[2]

　　为什么木八剌认为,"如今日月厮见也,这的是还他也"这个消息,是犯上作乱的"大言语"呢?钟焓认为如果把"还"理解成偿还,这句话就表示汉人这个时候应该被达达人屠戮,以偿还当年汉儿将军屠杀达达人的旧债,这种情况与木八剌诬告汉人谋反的意图完全相反。这种考虑是用现代人的思维方式理解这段史料。理解这句话,仍需了解"日头月儿厮见"在元代的语义和内涵。在元代人的观念中,"日月厮见"这种现象本不会发生,但也会出现特殊情况。如前引《杀狗劝夫》中孙氏兄弟如"日月参辰",不是指两兄弟永远没见过面,而是指哥哥将弟弟赶出家门,不经常往来。如果发生"日月厮见",则是极不寻常的,也是不可能长久持续的,因为日月不可能长时间同时出现。因此木八剌诬告汉人传播"日月厮见"的谶谣的目的是明确的。他是告诉元朝政府,汉人认为达达人屠杀和统治汉人本是不可能的。现在汉人被达达人统治,是因为"日月厮见"这种不正常

---

[1] 无名氏:《杨氏女杀狗劝夫》,载臧晋叔编:《元曲选》,第 100 页。

[2] 现代汉语口语中也有类似的表达方式,比如说"如果想复仇,除非等到太阳从西边出来"。这些口语表示方法,与《元典章》中的这段对话有相近之处。

的天象出现了。但"日月厮见"这样不正常的天象很快就会消失，其潜台词是汉人认为达达人的统治很快就将结束。木八剌诬告的第三个谶言说，"簸箕星下界也，达达家则有一年半也"。这则谶言也表示达达人的统治很快会结束，意思与第一则谶言是一样的。

这种思维方式与元末反元起事群雄的口号和逻辑是一致的。元末起事的豪杰，在阐述反元原因时，往往不完全否定元朝统治的合法性，而是承认元朝的"天命"，但认为其统治不会长久，很快会被汉人所取代。如朱元璋在《谕中原檄》中所称："古云胡虏无百年之运，验之今日，信乎不谬。当此之时，天运循环，中原气盛，亿兆之中，当降生圣人，驱逐胡虏，恢复中华，立纲陈纪，救济斯民。"[1] 至正二十五年（1365），明玉珍在答朱元璋修好书信时，也声称："迩者元人运衰，中原气盛，天必降生豪杰，驱逐元虏以为生民主，是乃天意之有在也。"[2] 而隶属于徐寿辉政权的刘夏，在至正十八年（1358）向徐寿辉政权的上书中，则称："自古夷狄之君无百年之运，观于天下，国虚无人，地大不治，天心废之，其徵见矣。"[3] 以上所列反元势力的宣告，与木八剌诬告的第一个谶言，在思维方式上是一致的。

这则案例中值得探讨的第二点，是对木八剌居住地的解读。钟焓认为木八剌"原在福建乡间务农"以及"本案的事发地是在当时

[1]《明太祖实录》卷二六，吴元年（1367）十月丙寅，"中央研究院"历史语言研究所 1962 年影印本，第 1 册，第 402 页。

[2] 杨学可：《明氏实录》，载《四库全书存目丛书》，齐鲁书社 1997 年影印本，史部第 159 册，第 9 页。

[3] 刘夏：《戊戌五月拟上刘晋昭参议书》，《刘尚宾文续集》卷三，《续修四库全书》，上海古籍出版社 2002 年影印本，第 1326 册，第 136 页。

江浙行省福建宣慰司辖境内"。[1] 这种理解是不正确的。这种观点的依据大概是本段公文的开头句,"福建宣慰司承奉江浙行省劄付:准尚书省咨"。这段行文仅表示相关文件传递机构之间的关系,并不涉及木八剌的居住地。在元代公文中,二品以上的同级机构公文往来称为"咨",上级机构发给下级机构的公文发送称之为"劄付",下级机构接收上级机构下行公文的行为称之为"承奉"。本段公文的开头表明这份公文是福建宣慰司收到的来自江浙行省的下行文书,而江浙行省是转发尚书省发给他们的平行文书。

由于元代没有颁布成文法典,各级司法机构处理事务,主要依靠各种单行条令和案例。因此中书省(尚书省)经常将处理案例的公文转发给各行省,以利于各级政府和司法机构处理政务。本段史料最后,尚书省要求"除已依上施行,各处照会外,据行省地面,宜从都省行移照会相应",就是要求将这个案例转发到各个行省,各地方依据这个案例的判决精神处理类似事件。就本案而言,当时尚书省一定将公文发到了各行省,而各行省应该也把这件公文转发到了各个下属的宣慰司。福建宣慰司接收到这份文件,并不代表本案发生在福建宣慰司辖区。

这种文件传递形式,在元代非常普遍,《元典章》中还能找到不少其他例子,现仅举一例。《元典章·刑部六》记载一个案例,为宣德府知府怯来殴打虎贲司千户杨也速答儿一事。这件公文的开头为:"皇庆三年四月□日,福建宣慰司承奉江浙行省劄付:准枢密院咨:

---

[1] 钟焓:《中古时期蒙古人的另一种祖先蒙难叙事——"七位幸免于难的脱险者"传说解析》,《历史研究》2016 年第 3 期,第 61—62 页。

移准中书省照会。"[1] 宣德府在"腹里"地区[2]，并不属于江浙行省和福建宣慰司。和木八剌案公文一样，这份公文开头仅表示公文接收方为福建宣慰司。

这两份公文均显示为福建宣慰司，是因为《元典章》的刊刻地在福建，《元典章》的编撰者更容易搜集到福建宣慰司的公文。一般认为，《元典章》是"元代中期地方官府吏胥与民间书坊商贾合作编纂的产物"[3]。吏胥用之备检，书商售之牟利。目前存世的最完备、最古老的《元典章》版本为元刊本，刻于福建建阳之书坊。[4] 这就不难理解，为什么关于木八剌诬告案的通报显示为福建宣慰司收到的公文。

木八剌究竟是哪里人氏？木八剌所居住的村庄应该属于元代中书省直辖的"腹里"地区。元代的中书省，不仅是中央政府，而且还直接管辖大片地方区域。"中书省统山东西、河北之地，谓之腹里。"[5] 本案中木八剌和阿蓝沙于三月十九日决定去诬告，三月二十四在大都隆福宫门前被捕，前后行程最多为六天时间。木八剌等"庄农为业"，自然不能享受驿站铺马的便利，只能徒步行走。按常人每天步行极限一百里计算，木八剌家乡离大都最远的距离不过六百里，均在腹里地区的范围之内。

如果说以行走速度与里程论证略显迂回的话，木八剌供词中反映的信息则更加直接。木八剌在第二条诬告的谶谣中，提到"真定府（皆）[背]后河元曲吕来，如今直了也"。"曲吕"为北方方言，

---

[1]《元典章》卷四四《刑部六》，第 1510 页。

[2]《元史》卷五八《地理志一》，中华书局 1976 年版，第 1350 页。

[3]《元典章》，"前言"，第 1 页。

[4]《元典章》，"前言"，第 2 页。

[5]《元史》卷五八《地理志一》，第 1347 页。

指弯曲，今日的北京方言中还在使用，称之为"曲溜儿"[1]。木八剌所操的语言是北方方言，接近于大都附近的方言。这条信息也可以佐证木八剌的居住地离大都并不太远。

基于木八剌居住在福建宣慰司辖区的错误判断，钟焓分析木八剌所谓"汉儿皇帝出世也，赵官家来也"的谶谣，认为谶谣中汉儿皇帝不是指金朝皇帝，而是泛指有汉人血统的皇帝。[2] 本文证实木八剌并非居住在江浙行省，而是在大都附近，则这个推断就失去了意义。

需要指出的是，这里所谓的"汉儿皇帝"和赵官家，就是确指宋朝皇帝。"赵官家"指宋朝皇帝应无疑问。[3] 史料显示，在元代，无论是在原南宋管辖地区，还是原金朝的统治区域，民众起义叛乱之时，纷纷以"复宋"为口号。如至正十五年（1355）五月，"庚辰，监察御史彻彻帖木儿等言：河南诸处群盗，辄引亡宋故号以为口实，宜以瀛国公子和尚赵完普及亲属徙沙州安置，禁勿与人交通。从之"[4]。本文接下来还将论证，这些谶谣或与白莲教有关。元末白莲教徒的起义，不管是北方韩林儿、刘福通部，还是南方徐寿辉部，均以复宋为口号，并建立了以"宋"为号的政权。[5] 如果这则谶谣确实与

---

[1]　陈刚编：《北京方言词典》"曲溜儿"条，商务印书馆1985年版，第232页。

[2]　钟焓：《中古时期蒙古人的另一种祖先蒙难述事 ——"七位幸免于难的脱险者"传说解析》，《历史研究》2016年第3期，第61页。

[3]　参见蔡美彪：《〈元朝秘史〉与〈史集〉中的赵官》，《中国史研究》2009年第4期，第101—104页。

[4]　《元史》卷四二《顺帝纪五》，第900页。

[5]　《元史》明确记载，韩林儿部红巾军建立政权，国号"宋"。《元史》记载徐寿辉部建立的政权，国号为"天完"。但近年来出土的明玉珍墓志《玄宫之碑》，明确记载徐寿辉政权国号为"宋"。杨讷先生在《刘尚宾文集》中，也发现资料记载徐寿辉建立的政权国号为"宋"。参见重庆市博物馆编：《明玉珍及其墓葬研究》，1982年，内部刊行本，第11—13页；杨讷：《徐寿辉、陈友谅等事迹发覆 ——〈刘尚宾文集〉读后》，《中华文史论丛》2008年第2期，第71—94页。

白莲教徒有关，则此处"汉儿皇帝"指宋朝皇帝自然是顺理成章。

　　还有一点需要说明。钟焓认为汉儿将军与达达幸存者的对话读起来费劲，大概源于回回人木八剌不能熟练掌握汉语写作[1]，这种观点仍需探讨。如上所述，理解这段史料的关键是理解"日月厮见"在元代语境下的意义以及元代起事叛乱汉人的思维逻辑。这两点在元代都是清晰的，因此上述文字在元代应该也是清楚的。我们无法从这则史料中得出木八剌不能熟练掌握汉语写作的结论。

三、"汉儿皇帝出世"谶谣的解读

　　木八剌所诬告的第二则谶言是："当月二十日，有本庄住人小甲，就于甸内锄田处对木八剌言说：'如今真定府（皆）［背］后河元曲吕来，直了也。汉儿皇帝出世也，赵官家来也，汉儿人一个也不杀，则杀达达、回回，杀底一个没。'"这则谶言蕴藏丰富的信息，值得深入剖析。据刑部等审问得知，木八剌将"幼小听得妄传词话，自行捏作乱言事情"，说明木八剌并不是自己凭空虚构这些谶言，他只是将已经流传的谶言栽赃到本村汉人的头上。既然这些谶言能够流传，说明它们反映一定的社会和历史背景。

　　所谓"如今真定府（皆）［背］后河元曲吕来，直了也"，用现代语言解释就是，真定府背后有一条河，原来是弯曲的，现在却直了。前面已经提到，"曲吕"是当时的北方方言，指弯曲。真定府为宋时称谓，元时为真定路，即如今之河北正定，元时属中书省辖区。

---

[1] 钟焓：《中古时期蒙古人的另一种祖先蒙难述事——"七位幸免于难的脱险者"传说解析》，《历史研究》2016 年第 3 期，第 61 页。

河流不会平白无故由曲变直。所谓河流由曲变直,指河流决堤,引发洪水,致使河流改道而变直。木八刺所谓这条由弯变直的河流,应是滹沱河。"滹沱河,源出于西山,在真定路真定县南一里,经藁城县北一里,经平山县北十里。《寰宇记》载经灵寿县西南二十里。此河连贯真定诸郡,经流去处,皆曰滹沱水也。"[1] 在元代,滹沱河经常泛滥,导致灾害,而至大元年(1308)七月之灾最为严重。"至大元年七月,(滹沱河)水漂(真定县)南关百余家,淤塞冶河口,其水复滹河。"[2] "(至大元年七月)已巳,真定淫雨,(滹沱河)水溢,入自南门,下及藁城,溺死者百七十七人,发米万七百石赈之。"[3] 此次灾害,滹沱河决堤,淹没真定南关,夺冶河,正是由曲变直。木八刺所谓"元曲吕来,直了也",讲的大概是这件事。[4]

利用洪水等自然灾害宣扬天命转移,传播谶谣、鼓动起义是常见的造反策略。这则谶谣接下来所谓,"汉儿皇帝出世也,赵官家来也。汉儿人一个也不杀,只杀达达、回回,杀底一个没",就是鼓动造反的内容。而其中强调"汉儿皇帝出世也,赵官家来也",具有强烈的复宋意味,与元末白莲教组织的红巾军大起义的政治口号相当一致。

真定路附近是白莲教传播的核心地区,煽动叛乱的"大言语"

---

[1] 《元史》卷六四《河渠志一》,第 1605 页。

[2] 同上。

[3] 《元史》卷二二《武宗纪一》,第 500 页。

[4] 前文提到,《元典章》记载木八刺将"幼小听得妄传词话,自行捏作乱言事情",暗示这些谶谣流传已久。而滹沱河决堤与本案案发仅相差两年,与这段解读似乎有所冲突。笔者以为,木八刺幼小时听到的妄传词话,仅指"汉儿将军杀达达"的谶谣,这则故事应当久已流传。但河水改道的谶谣应该刚出现不久,因为流传河水改道的谶谣必须出现在有水灾的时候,否则就失去了意义。目前所见元代资料中,真定附近最严重的一次水患,就是文中所提至大元年的滹沱河水患。《元典章》在编撰过程中,有时删削过多,致使文意不易理解,在使用时必须详细辨析。

在这个地区出现并不奇怪。《元史·地理志》记载："（真定路）县九：真定，藁城，栾城，元氏，获鹿，平山，灵寿，阜平，涉县。"[1]真定路下所辖的栾城县，正是元代前期白莲教在北方传播的中心。元末发动红巾军大起义的韩山童，家乡就在栾城县。"初，栾城人韩山童祖父，以白莲会烧香惑众，谪徙广平永年县。至山童，倡言天下大乱，弥勒佛下生，河南及江淮愚民皆翕然信之。"[2]"（至正十一年）五月，颍州颍上红军起，呼为'香军'，盖以烧香礼弥勒佛得此名也。其始出赵州滦城县韩学究家。"[3]至正十一年（1351），韩山童为白莲教领袖，而至大年间（1308—1310）与至正河变之时相差四十余年，可能正是韩山童祖父主持白莲教之时。

谶谣提到的至大元年，是元代白莲教发展的关键转折点。在世祖、成宗期间，白莲教受到政府的保护，得到很大发展，其寺庙遍布各地。"历都过邑，无不有所谓白莲堂者，聚徒多至千百，少不下百人，更少犹数十，栋宇宏丽，像设严整，乃至与梵宫道殿匹敌，盖诚盛矣。"[4]但白莲教在发展的过程中，渐渐与下层的民间信仰相结合，成为下层民众反抗的工具。元政府终于于至大元年五月，"禁止白莲社，毁其人还隶名籍"[5]。元朝政府下令禁止白莲教的理由是："（白莲道人）多聚着男子妇女，夜聚明散，佯修佛事，扇惑人众作

---

[1] 《元史》卷五八《地理志一》，第1356页。

[2] 《元史》卷四二《顺帝纪五》，第891页。

[3] 任崇岳：《庚申外史笺证》，中州古籍出版社1991年版，第58—59页。权衡：《庚申外史》卷一，《续修四库全书》，上海古籍出版社2002年影印本，史部杂史类，第423册，第777页。此处滦城即栾城。

[4] 刘埙：《莲社万缘堂记》，《水云村稿》卷三，《文渊阁四库全书》，台湾商务印书馆1986年影印本，第1195册，第356页。

[5] 《元史》卷二二《武宗纪一》，第498页。

闹行有，因着这般别生事端去也。又他每都是有妻子的人有，他每的身己不洁净，与上位祝寿呵，怎生中？"[1]

至大元年五月元朝政府下令禁止白莲教。两月后，北方白莲教流传的核心地区就遭受水灾，大批河工民夫集合于河患处治河。元代，治理局部性灾害大多征用本地的民夫。如《元史》载，泰定四年（1327）工部决定治理滹沱河与治河，"拟先开治河，其真定路征民夫，如不敷，可于邻郡顺德路差募人夫"[2]。当时北方白莲教以栾城为中心，传播很广，真定路的民夫中肯定有相当部分的白莲教徒。此时白莲教刚被取缔，教众人心浮动，不知所措。此时若真有人在民夫中传播谶谣起事，也属合情合理。

木八剌诬告的内容，也反映一些信息。他诬告中提到的三个谶谣，第一个时间为至大元年六月二十日，第二个可能也在至大元年六月二十日，最后一个为至大元年十二月，均在白莲教被取缔后不久。可能木八剌了解白莲教被取缔后谣言四起的情况，才敢于用这些谣言来诬告同村汉人。

不应回避的是，这则资料中显示的日期与其他相关记载有不一致之处。木八剌编造说，小甲"于当月二十日"向他提起真定府里河水改道的谶言。结合上下文，当月二十日即至大元年六月二十日。但滹沱河决堤是在七月，六月时河水并未改道。笔者以为，以上信息不一致可能有三种原因。第一，木八剌的记忆出现错误。诬告发生在至大三年，距离至大元年已经有两年之久。木八剌对真定府的情况并非十分了解，加之已历两年，他记忆不清楚，可能误将七月

[1]　方龄贵校注：《通志条格校注》卷二九《僧道》，中华书局 2001 年版，第 730 页。
[2]　《元史》卷六四《河渠志一》，第 1607 页。

说成了六月。第二种原因，可能是书商在印刻《元典章》之前，对这份公文删节过多，导致文意不清。公文原文仅仅提到"于当月二十日"，依据上一则谶谣的时间，我们才能推断为六月二十日。但这两则谶谣被放在同一天，有些不合情理。木八剌想要使诬告听上去更可信，应该将两则谶谣放在不同的日期，放在同一天内似乎过于巧合。有可能在公文原文中，两则谶谣之间有另外一个日期，在七月之后。但书商在编辑时将这个日期删除了，致使我们误认为是六月二十日。第三，这种信息不一致也有可能是《元典章》刊刻错误造成的。本案的记录本身就存在日期前后不符的问题。如点校本《元典章》注释所示，该案最后属期为"至大三年三月十八日奏将来"，点校者认为："'三月十八日'疑有误。据上文，木八剌招供已涉及至大三年三月十九日、二十四日之事，则尚书省奏禀皇帝当在其后。"[1]因此有可能是《元典章》刊刻错误导致时间前后不一致。

　　有心者利用河水改道，制造谶谣，宣传复兴赵宋王朝，但为什么要编造杀光达达、回回的谶语呢？这也与真定和栾城附近特殊的地理位置和历史背景有关。栾城是著名"杀胡林"故事的发生地。《困学纪闻》载："杀胡林，在栾城县。唐属赵州，后属真定府。《纪异录》云：'林内射杀一狐，因以名之。'《续通典》云：'唐天后时袭突厥，群胡死于此，故以名之。'"[2]"杀胡林"因唐军歼灭突厥于此而得名，而契丹首领耶律德光暴死于此地使其更富神秘色彩。五代时，契丹首领耶律德光南侵，俘虏晋出帝石重贵，在中原称帝，但在归国途中，死于栾城。《资治通鉴》载："契丹主（耶律德光）至临城，得

---

[1]　《元典章》，第 1403 页，注 5。
[2]　王应麟：《困学纪闻》，上海古籍出版社 2008 年版，第 1188 页。

疾，及栾城，病甚，苦热，聚冰于胸腹手足，且啖之。丙子，至杀胡林而卒。国人剖其腹，实盐数斗，载之北去。晋人谓之'帝羓'。"[1]又据《新五代史》记载："初，德光之击晋也，述律（耶律德光之母）常非之，曰：'吾国用一汉人为主可乎？'德光曰：'不可也。'述律曰：'然则汝得中国不能有，后必有祸，悔无及矣。'"[2]述律太后一语成谶，德光果然死于中原杀胡林。因此杀胡林在汉人眼中，成了抗击外敌的象征。如范成大曾有诗云："太乙灵旗方北指，掔辖逃归莫南顾。猖狂若到杀胡林，郎王犹羓何况汝。"[3]回回人所诬之"汉儿人一个也不杀，则杀达达、回回，杀底一个没"，正是杀胡之义。木八剌想必听到过这个谶谣，也了解"杀胡林"的典故，因此才将这则谶谣栽赃到本村汉人头上。而编造谶谣者则是想借用耶律德光死于杀胡林的巧合，宣扬元朝天命已尽，汉人将要对达达大开杀戒。

这则谶谣利用水患造成的灾害，宣传反元复宋，其宣传手段与元末红巾军起义有相似之处。其出现时间与元朝官方禁绝白莲教的时间很接近，且流传于白莲教传播的中心区域，而该区域又有与外敌对抗的传统。因此这则谶谣很可能是白莲教徒所制造和传播的。

四、其他相关背景

这段史料中，还包含一些与当时政治、文化相关联的信息，笔

[1] 《资治通鉴》卷二八六《后汉纪》，中华书局 1956 年版，第 9356 页。参见《旧五代史》卷一三七《外国传一》，中华书局 1976 年版，第 1836 页。
[2] 《新五代史》卷七三《四夷附录二》，中华书局 1974 年版，第 903 页。
[3] 范成大：《范石湖集》卷二五《题张戡蕃马射猎图》，上海古籍出版社 1981 年版，第 356 页。

者在此一并列出。

本案中木八剌诬告的动机之一是"为知官司捉获贴里等谋歹，将首告人给与官赏"。关于贴里谋歹之事，《元史》有载："（至大三年二月）己巳，宁王阔阔出谋为不轨，越王秃剌子阿剌纳失里许助力，事觉，阔阔出下狱，赐其妻完者死，窜阿剌纳失里及其祖母、母、妻于伯铁木儿所。以畏吾儿僧铁里等二十四人同谋，或知谋不首，并磔于市；鞫其狱者，并升秩二等。"[1]畏吾儿僧铁里就是《元典章》中提到的贴里。

汉儿将军与七个达达人的故事中，汉儿将军把达达人杀得只剩下七个，跑到山洞里后，"上头吊着一个驴，下面一个鼓儿，听得扑洞洞响，唬的那人不敢出来"。这几句话比较费解。从语法上讲，"唬的那人不敢出来"，应该是指汉儿将军把驴放在鼓上，敲得洞洞响，吓得达达人不敢出山洞。但从逻辑上说应该是达达人敲鼓，吓得汉儿将军不敢进山洞，这样达达人最终存活了下来。总之，用驴儿敲鼓的实施者不明。但这并不影响对"日月厮见"对话的理解。

驴儿敲鼓的故事，可能来自元代社会常见的"悬羊击鼓"的典故。以笔者所见，"悬羊击鼓"的典故，来自南宋将军毕再遇的传说。《鹤林玉露》载："开禧用兵，诸将皆败，唯毕再遇数有功。……又尝与虏对垒，度虏兵至者日众，难与争锋。一夕拔营去，虑虏来相追，乃留旗帜于营，并缚生羊，置其前二足于鼓上，击鼓有声。虏不觉其为空营，复相持竟日。及觉欲追，则已远矣。"[2]在元杂剧中，经常出现"悬羊击鼓"的典故。杂剧《千里独行》中，就

[1] 《元史》卷二三《武宗纪二》，第523页。
[2] 罗大经：《鹤林玉露》乙编卷三，中华书局1983年版，第173页。

有相应的用法。闻知张飞将来劫营，曹将张辽语于曹操："丞相容易。俺今夜倒下个空营。着悬羊击鼓，饿马提铃。将这十万军兵，四下里埋伏了。等张飞来入的营中。俺这里一声信炮响。四下埋伏兵，尽举围上来。那其间方可拿得张飞。"[1] 可见，所谓"悬羊擂鼓"的故事，在元代流传很广，为民间戏曲所引用。

至于木八刺所诬告的第三则谣言，所谓"簸箕星下界，达达家则有一年半也"，则与元代社会认为簸箕星代表死亡和霉运有关。簸箕星即扫把星、彗星，民间认为有不祥之意。如元代高文秀的杂剧《黑旋风双献功》中，李逵的唱词中就有"若有人将哥哥厮欺负，我和他两白日便见那簸箕星"[2]。而簸箕星下界，则意味着将天下大乱，因此才会有"达达家则有一年半"之说。

结　语

完成这则案例的文本分析，我们再来看文本理解错误对钟焓论文整体观点的影响。钟文的目的是重构一个被学界忽视的蒙古族源的传说。我们知道，祖先传说一般先提到祖先历经磨难，但最终结果一定是战胜困难，为部族赢来了希望和荣耀。如《史集》所记额尔古涅—昆的传说，蒙古人的祖先最终熔化铁山，冲破障碍，到达蒙古草原，开启了蒙古民族辉煌的历史。[3] 而加宾尼版本的蒙古幸存者传

---

[1] 无名氏：《关云长千里独行》楔子，载隋树森编：《元曲选外编》，中华书局 1959 年版，第 752 页。

[2] 高文秀：《黑旋风双献功》第一折，《元曲选》，第 690—691 页。

[3] 拉施特：《史集》第一卷第一分册，余大钧等译，商务印书馆 1992 年版，第 251—252 页。

说中，蒙古人虽然被杀得只剩下七个，但后来又滋育繁盛，再也不惧怕契丹人。[1] 而汉儿将军与达达人故事的主题与以上两个故事并不相同。这则故事没有给达达人留下任何希望。故事清楚地表明，虽然达达人被汉人杀得极惨，但达达人想要找汉人复仇，像日月相见一样不可能。以主题来判断，这个故事更有可能是一个在汉人中流传的故事，诉说汉人的辉煌与荣耀。而这个汉人的故事里是否吸收了蒙古传说的因素，我们不得而知。毕竟，汉人的故事里也经常有与"七"相关的事例。因此只有首先证明这个故事来自于蒙古传说（当然经过了有利于汉人的改编），才有可能去进一步重构蒙古人"七个受难祖先"的传说。从这个角度来说，钟焓的文章尚需进一步的论证。

这则案例包含丰富的信息，许多方面还有继续挖掘的空间。本文仅是初步研究，目的是为这个文本提供一种符合逻辑的解读。对于案例中所涉及的深层次问题，比如蒙古人、回回人与汉人的法律关系等重大问题，本文没有触及，将在今后的研究中关注。

对《元典章》的解读，学界多注意其中的外来词汇和硬译体文法。本文显示，《元典章》中的许多词汇和表达方式与元代社会的俗语和典故有关。这些俗语和典故大量保存在元杂剧中。将元杂剧和《元典章》对照阅读，或可为理解《元典章》打开一扇新的窗户。

---

[1] 加宾尼：《蒙古史》，载道森编：《出使蒙古记》，吕浦译，周良霄注，中国社会科学出版社 1983 年版，第 20—21 页。参见党宝海：《外交使节所述的早期蒙金战争》，载姚大力、刘迎胜主编：《清华元史》第 3 辑，第 159—187 页。

安南陈朝王族名号新探
——以《陈秀嵲神道碑》为中心[*]

李腾飞（南京大学）

  宪宗三年（1253），忽必烈率兵平大理后北返，留兀良合台攻诸夷之未附者。至此，蒙古开始和越南陈朝接触。在此之前，陈朝一直是宋朝藩属，向宋纳贡，接受宋朝册封。宪宗七年（1257）年底，兀良合台率军侵入越南陈朝，陈朝不敌，臣服于蒙古。与此同时，陈朝继续保持和宋朝的藩属关系，这就形成了陈朝分别同宋、蒙（元）发展关系的局面。然而，在陈朝和宋、蒙（元）交涉的初期，宋方史料和蒙（元）方史料对当时陈朝国主名号却有不同的记载，并且也不同于越南史料中对应的陈朝国主名号，即使都是蒙（元）方史料，它们对安南国主名号的记载也不同：如越南史料中陈朝第一代国主名"陈煚"（陈太宗），其子名"陈晃"（陈圣宗）；《宋史》中陈朝开国君主名"陈日煚"，其子名"陈威晃"；《元史》中

* 本文所引用日文成果，山本达郎：《安南史研究I——元明两朝的安南征略》，系由室友顾聪梓翻译提供，我的导师刘迎胜和于磊老师也提供不少修改的意见。在此谨致谢忱！许有壬：《故资善大夫辅义公陈公神道碑铭》，《至正集》卷五十六，《元人文集珍本丛刊》第7册影石印本，台北新文丰出版公司1985年版。以下简称《陈秀嵲神道碑》。

陈朝第一代国主名"陈日煚"，其子名"陈光炳"。

　　研究早期蒙元和陈朝的关系，尤其是双方政治交涉，必须弄清楚当时越南陈朝的统治者是谁以及他在元史史料中对应的名号，这是分析研究元代早期中越关系最为基础的一步。因此，厘清越南史料和元史史料对应的王族名号问题也就具有十分重要的意义。日本学者山本达郎[1]对这一问题做了深入的研究（详见下文），笔者拟在其基础上，对陈朝王族名号问题进行再探讨。

一、陈日煚、陈胜名号研究

　　宪宗三年（1253），为了实现灭宋的计划，忽必烈率兵进行大迂回，穿越道路艰险的藏彝走廊征讨大理，对南宋形成"斡腹"之势。同年十二月，大理平，忽必烈回到北方，留兀良合台戍守大理并继续攻打"诸夷之未附者"。宪宗七年（1257），兀良合台遣使往谕交趾，不报。此时交趾正处于陈朝统治时期（1225—1400）。十二月兀良合台进兵交趾境，安南陈朝率兵抵抗，战争的结果是安南溃败，其国主陈日煚逃窜海岛，兀良合台入其国都，但由于气候炎热班师还。宪宗八年（1258），安南陈朝纳款内附，臣服大蒙古国。然而在记载双方冲突、安南纳款的元史史料中，安南国主的名号却有不同的记载，致使后世学者误判，发生张冠李戴的现象。现录入史料，分析如下：

---

[1]　山本达郎：《安南史研究 I——元明両朝の安南征略》，山川出版社 1950 年版。

（一）《宋史·交趾传》："嘉定五年，龙翰卒。……以其子昊旵袭封其爵位，……昊旵卒，无子，以女昭圣主国事，遂为其婿陈日煚所有。李氏有国，自公蕴至昊旵，凡八传，二百二十余年而国亡。"[1]

（二）《元史·安南传》："宋封丁部领为交趾郡王，其子琏亦为王。传三世为李公蕴所夺，即封公蕴为王。李氏传八世至昊旵，陈日煚为昊旵婿，遂有其国。……日煚窜海岛。……复遣二使招日煚来归。日煚还，见国都皆已残毁，大发愤，缚二使遣还。八年戊午二月，日煚传国于长子光昺，改元绍隆。夏，光昺遣其婿与其国人以方物来见，兀良合台送诣行在所……时诸王不花镇云南，兀良合台言于王，复遣讷剌丁往谕，使遣使偕来。光昺遂纳款，且曰：'俟降德音，即遣子弟为质。'王命讷剌丁乘传入奏。"[2]

（三）《安南志略·总序》："李氏八传无子，女昭圣袭国。宋绍定庚寅（1230），昭圣逊位于夫陈日炬，宋封安南国王。"[3]

（四）《元史·宪宗纪》：（宪宗七年）"冬十一月，兀良合台伐交趾，败之，入其国。安南主陈日煚窜海岛，遂班师。"[4]

（五）《元史·宪宗纪》：（宪宗八年）"二月，陈日煚传国于长子光昺。光昺遣婿与其国人以方物来见，兀良合台送诣行

[1] 《宋史》卷四八八《交趾传》，中华书局 1977 年版，第 14071—14072 页。
[2] 《元史》卷二〇九《安南传》，中华书局 1976 年版，第 4633—4634 页。
[3] 黎崱：《安南志略》，武尚清点校，《中外交通史籍丛刊》，中华书局 2000 年版，第 14 页。
[4] 《元史》卷三《宪宗纪》，第 50 页。

在所。"[1]

（六）《元史·兀良合台传》："丁巳年秋九月，遣使招降交趾，不报。冬十月，进兵压境。其国主陈日煚，隔江列象骑、步卒甚盛。……兀良合台入交趾，为久驻计，军令严肃，秋毫无犯。越七日，日煚请内附，于是置酒大犒军士。还军押赤城。"[2]

（七）王恽《大元光禄大夫平章政事兀良氏先庙碑铭》："丙辰岁九月，遣使招降交趾，留介不报。冬十月，进兵压境，国主陈光炳隔江列阵，象骑步卒甚盛。……治七日，军令静严，秋毫无所犯。光炳震恐崩角，请罪内附。"[3]

史料（一）、（二）前后相袭地说明了陈氏代李的经过，安南国原为李氏所有，自李公蕴传八世至昊旵，昊旵无子，以其女昭圣主国事，陈日煚为昊旵婿，陈氏遂有其国。史料（三）宋绍定庚寅，也即是绍定三年（1230），当为误，昭圣逊位其夫是在宝庆元年[4]（1225），应是宝庆乙酉。"陈日炬"，武尚清先生校注"《复本》、《元史》皆作'陈日煚'"[5]，也即是"炬"为"煚"的误写，这条史料言明李氏昭圣逊位于其夫陈日煚。综合来看，陈日煚作为李朝外戚，

---

[1]《元史》卷三《宪宗纪》，第50页。

[2]《元史》卷一二一《兀良合台传》，第2981页。

[3] 王恽：《大元光禄大夫平章政事兀良氏先庙碑铭》，《秋涧集》卷五十，《四部丛刊》景明弘治本。

[4] 陈荆和编校：《大越史记全书·本纪全书》卷四《李纪三》："乙酉天彰有道二年 宋理宗宝庆元年 十二月十一日昭皇乃降服劝进陈煚即皇帝位，改元建中元年。"（东京大学东洋文化研究所东洋学文献刊行委员会，昭和五十九年，第316页）

[5] 黎崱：《安南志略》，武尚清点校，第16页。

依靠其妻昭圣逊位而得国，而且可以断定陈日煚为安南陈朝第一代国主。史料（二）、（四）、（六）是针对这一次蒙古和陈朝战争冲突的描述，有详有略，安南陈朝第一代国主陈日煚作为陈朝统帅，不敌蒙军，战败窜海岛。

史料（二）、（五）则交代蒙陈短暂冲突后的第二年（1258），陈朝第一代国主陈日煚传位于其长子光昺，光昺遣使蒙古，纳款内附，表示臣服。按，"昺"为"炳"的异体字，陈日煚和陈光炳是父子关系，陈光炳为陈朝第二代国主。史料（七）中蒙古陈朝冲突的时间为"丙辰岁"，当为误，应是丁巳年（1257），更重要的是这条史料载1257年蒙陈战争时的安南国主为陈光炳，也就是此次战争陈朝统帅为陈光炳。据上文，宪宗七年的蒙陈战争，陈朝统帅是第一代国主陈日煚，史料（七）为什么要把陈日煚之子"陈光炳"记为当时的陈朝统帅呢？山本达郎在其主编的《ベトナム中国関係史 —— 曲氏の抬頭から清仏戦争まで》中写到"这时陈朝君主的名字被记载为日煚（太宗）的长子光昺，但是光昺乃是作为上皇的太宗（日煚）的别名，应当是在与元进行外交之时特别创造的名字"[1]。对此，陈智超先生主要依据《元史》史料（二）、（四）、（五）以及《大越史记全书》、《宋史》和《宋史全文》等如下史料提出不同的意见：

（八）《宋史·宾礼四》："淳祐三年，安南国主陈日煚来贡，加赐功臣号。十一年，再来贡。景定三年六月，日煚上表贡献，乞授其位于其子陈威晃。咸淳元年二月，加安南大国王陈日煚

---

[1] 山本达郎主编：《ベトナム中国関係史 —— 曲氏の抬頭から清仏戦争まで》，山川出版社1975年版，第86页。

功臣，增'安善'二字；安南国王陈威晃功臣，增'守义'二字，各赐金带鞍马衣服。二年，复上表进贡礼物，赐金五百两，赐帛一百匹，降诏嘉奖。"[1]

（九）《宋史全文》："景定三年六月庚戌，安南国王陈日㷆遣使入贡，表乞世袭。诏日㷆特授检校太师安南国大王，加食邑。男威晃，特授静海军节度观察处置使、检校太尉兼御史大夫、上柱国、安南国王、効忠顺化功臣，仍赐金带、器币、鞍马。"[2]

（十）《宋史·瀛国公纪》："咸淳十年十一月丁酉，加安南国王陈日㷆宁远功臣，其子威晃奉正功臣。"[3]

（十一）《大越史记全书·陈纪一》："太宗皇帝，姓陈，讳㷆，先讳蒲。为李朝祇候正，受昭皇禅。在位三十三年，逊位十九年。寿六十岁。……帝乃承之次子也，母黎氏。……时方八岁，为李朝祇应局祇候正。有从叔陈守度为殿前指挥使，帝因得入侍宫中，昭皇见而悦之。乙酉冬十二月十二日戊寅，受昭皇禅，即皇帝位，改元建中。"[4]

（十二）《大越史记全书·陈纪一》："庚子九年（宋嘉熙四）年九月二十五日，皇嫡长子晃生，立为东宫皇太子。大赦。"[5]

（十三）《大越史记全书·陈纪一》："戊午八年，（三月以后，圣宗绍隆元年。宋宝祐六年）……正月……遣黎辅陈、周博览如元。时元使来索岁币，增其职贡。纷纭不定，帝命辅陈往，以

[1]《宋史》卷一一九《宾礼四》，第2814页。

[2]《宋史全文》卷三六，《文渊阁四库全书》本。

[3]《宋史》卷四七《瀛国公纪》，第923—924页。

[4] 陈荆和编校：《大越史记全书·本纪全书》卷五《陈纪一》，第321页。

[5] 同上书，第330页。

博览副之。卒定三年一贡为常例。二月二十四日，帝逊位于皇
太子晃，退居北宫。太子即皇帝位，改元绍隆元年。……圣宗
皇帝，讳晃，太宗嫡长子也。……以天应政平九年庚子，九月
二十五日午时诞生，寻立为皇太子。太宗逊位，遂登大宝。"[1]

　　陈智超先生认为没有见到陈太宗有别名光昺的说法，《元史》明
确记载陈光昺为太宗（日煚）之子，即陈圣宗，光昺《大越史记全书》
作晃，《宋史》作威晃，犹如陈太宗之名，《大越史记全书》作煚，《宋
史》、《元史》作日煚，为传写的不同，或对内对外用名的不同。[2]可
以看出，陈智超先生对《元史》所载深信不疑。其实山本达郎早在他
的专著《安南史研究 I——元明两朝の安南征略》序编中已对安南陈朝
诸王的名号做了详细深入细致的研究。[3]遗憾的是，陈智超先生没有
参考引用这部专著，《ベトナム中国関係史》这本书虽然吸收了山本达
郎很多研究成果，但侧重论述，远没有《安南史研究 I——元明两朝の
安南征略》考证的精细。

　　山本达郎从中国史料和越南史料对当时陈朝诸王名的记载出
发，通过比较研究，找到二者时间、人物的对应。在进行对比研究
中，山本达郎发现安南史料所载的陈朝诸王一共十三人，然而中国
史料的记录却有十五人，经过对中越史料反复比较考证，山本达郎
理清了当时的统治者以及他们在安南和中国史料中分别对应的王

---

[1]　陈荆和编校:《大越史记全书·本纪全书》卷五《陈纪一》，第 340—341 页。

[2]　陈智超:《一二五八年前后宋蒙陈三朝间的关系》，原载邓广铭、程应镠主编:《宋史
　　　研究论文集》，上海古籍出版社 1982 年版；后收入氏著:《宋史十二讲》，清华大学出
　　　版社 2010 年版，第 18 页。

[3]　山本达郎:《安南史研究 I——元明两朝の安南征略》，第 2—39 页。

名（见表1）[1]，为考察中越双方政治交涉关系奠定了初步基础。针对
上文安南第一代国主陈日煚和陈光昺两个王名的关系，山本达郎先
根据史料（二）、（五）出现了光昺女婿这样的人物，然后又据史料
（十一）、（十二）圣宗晃出生于天应政平九年（1240），而他在宪宗
八年（1258）时仅十九岁，如果将他认为是光昺的话，那么其女婿
在宪宗八年被派往蒙古，从年龄上来说是困难的。[2] 通过间接的反
证来说明光昺不是圣宗晃而是太宗煚的事实；其次，又据《安南志
略·陈氏世家》："二世，太祖仲子也……以李婿袭国。昭圣后无子，
复娶其妹……大帅兀良合鲟帅师自云南经安南边邑。国人拒之。官
军击破。惧降。戊午岁（元宪宗八年，宋理宗宝祐六年）改名光昺，
遣陪臣上表，纳款，奉贡职。是岁，逊位于子陈"[3]，也就是光昺为日
煚更名的直接证据史料论证日煚、光昺同为一人，反证《元史》所
载讹误。第三，周密《齐东野语》中将安南国王记为"陈日照"[4]，山
本达郎认为这应当是"陈日煚"的误记。[5]

表1　中越史料中关于陈朝国王名称的记录

安南史料	中国史料
太祖 承	
（1）太宗 煚	（1'）日煚；（2'）光昺
（2）圣宗 晃	（3'）日烜；威晃

---

[1]　山本达郎：《安南史研究I——元明两朝の安南征略》，第38页。
[2]　同上书，第25页。
[3]　黎崱：《安南志略》，武尚清点校，第309—310页。
[4]　周密：《齐东野语》卷十九《安南国王》："安南国王陈日照者，本福州长乐邑人。"
　　　（明正德刻本）
[5]　山本达郎：《安南史研究I——元明两朝の安南征略》，第30页。

安南史料	中国史料
（3）仁宗 昑	（4'）日燇
（4）英宗 烇	（5'）日㷰
（5）明宗 奣	（6'）日爌
（6）宪宗 旺	（7'）日焯
（7）裕宗 暭	（8'）日熞
（8）杨日禮	（9'）日煃
（9）艺宗 暊	（10'）叔明
（10）睿宗 曔	（11'）端
（11）废帝 晛	（12'）炜
（12）顺宗 顒	（13'）日焜；（14'）顒
（13）少帝 奚	（15'）奚

最后，山本达郎总结到或许由于陈朝国主陈日煚向宋称臣在前，接受宋朝名号册封，再用这个名号同蒙古交涉并不合适，所以特意更名"光昺"处理和蒙古的关系；另一方面，或许是为了应对北方蒙古的威胁，陈日煚逊位其子退居上皇，同时更名"光昺"和蒙古交涉，以避免陈朝皇帝直接和蒙古接触，保护陈朝政权稳固[1]，这也是宪宗八年后《元史》中安南国王名号常以"陈光昺"出现，而《宋史》中以"陈日煚"出现的原因。综上，越南史料中安南陈朝第一代国主为陈煚，其在《宋史》中以陈日煚的名号出现；宪宗七年（1257），蒙古入侵陈朝，这一时期安南国主仍旧以陈日煚的名号出现在《元史》中；宪宗八年（1258），陈煚逊位于其子晃退居上皇，同时专门更名陈光昺处理与蒙古的外交关系，此后陈光昺一直出现

[1]　山本达郎：《安南史研究 I——元明两朝の安南征略》，第30—32页。

在《元史》本纪中，《元史》载宪宗八年，日煚传位于其长子这一点是正确的，但是将其长子记为光昺是错误的。

接下来，笔者拟以许有壬《陈秀嵘神道碑》这则史料对山本达郎的研究进行补充说明：

> 辅义公安南陈公薨五十年，犹子正议大夫、清化府路宣抚使德润以公蕆汉阳城西马湖，地湫且隘，购得善地于凤栖山，至元后戊寅十一月吉日遂更葬焉。状其行请曰："先世父拔身安南，竭诚内附。世祖皇帝灼其忠荩，爵以上公，优以禄赐，图报未究，天啬其寿，而又无子也，铭其善使有闻，不在德润乎？请既切，乃笔之曰：安南昉见《虞书》，汉唐皆郡邑之。唐末为曲颢所据，更数姓，至李，传世差久，至龙翰不振，为众叛所围，出奔归化江。外戚陈胜与从弟审起乡兵平乱，龙翰复国。胜以功官太尉，审封快路侯。龙翰卒，子昊昆嗣，以女昭圣妻胜子日照。昊昆卒，昭圣嗣位，踰年逊位于其夫陈氏，遂有国。追号胜为太祖，审为安国王，审子肃敬为武道王。武道娶程氏，生三子，长即公也，讳秀嵘，其国封文义侯。世皇既平云南，大帅兀良合觯统师出邕、桂，道安南境，将会大兵于鄂。日照惧，更名光昞，纳款于我。光昞卒，子日烜不请自立。召入觐，以疾辞。再召，始遣从叔遗爱代朝，制封遗爱安南国王，命庄椿帅师送就国，日烜不奉诏，废遗爱为庶人。朝廷有事占城，假道安南，谕使给饷又不听。镇南王以大军压境，日烜守要害拒战，屡败之。王渡江，受俘于其宫。公昆弟请于武道曰："圣元龙兴，万国臣妾，我家昧畏天之义，抗拒王师，与

其覆宗社而靡烂其民，孰若转祸为福，抱祭器以存先祀乎？"
武道从之，遂降。进季女于王，后生宗王。日烜弟益稷亦率其
属降。公奉父母北迁，次邕州，武道卒。公从益稷入见，封益
稷为安南国王，封公辅义公，官资善大夫、佩金虎符，其属授
擢有差。后复有事安南，赐公弓矢，从镇南王还其国，公以疾
留来宾，我师破罗城，日烜遁，王以暑潦班师，公从归。子嘉
议大夫、义安府路宣抚使德渐，卒于全州，诏公居汉阳。至元
二十四年五月以疾卒，享年□□。娶田氏，弟二人：大巘，其
国封明诚侯，娶黎氏，生德润。嵘，封明智侯，皆先卒。[1]

　　按，此碑铭是陈德润于后至元戊寅也即是元顺帝至元四年
（1338）托请许有壬为其伯父陈秀嵘所作，以下简称《陈秀嵘神道
碑》。《陈秀嵘神道碑》先是讲述李朝末年陈秀嵘祖父平叛有功封王以
及陈氏取代李氏的历史；然后是在北方蒙古大军的兵威下，陈秀嵘家
族降附的经过；最后是陈秀嵘降元后的侨居地以及他的后代情况。陈
氏作为安南王族，对安南的历史非常熟悉，所以此碑传达出的历史信息
可信度较强，具有极高的史料价值。不过仍有个别信息需要更改，据
《陈秀嵘神道碑》载陈秀嵘逝世于至元二十四年（1287）五月，当为误。
　　理由有二：一是碑传所载"辅义公安南陈公薨五十年，犹子正
议大夫、清化府路宣抚使德润以公葬汉阳城西马湖……至元后戊寅
十一月吉日遂更葬焉"，至元后戊寅乃是元顺帝至元四年（1338），上
溯五十年，陈秀嵘去世时间应为世祖至元二十六年（1289）；二是镇

_____

[1]　许有壬：《至正集》卷五十六，《元人文集珍本丛刊》第7册影石印本。

南王脱欢总领两次征越战争，第一次元越战争始于至元二十一年十二月，结束于二十二年（1285）五月，陈秀嵘家族在第一次元越战争中降附。第二次元越战争从至元二十四年（1287）十一月开始，二十五年（1288）三月结束。《陈秀嵘神道碑》载第二次元越战争"王以暑潦班师，公从归。诏公居汉阳"，也即是在第二次元越战争结束后陈秀嵘跟随镇南王回到元朝，侨居汉阳，可佐证《陈秀嵘神道碑》载陈秀嵘去世于"至元二十四年五月"记载有误。综上，陈秀嵘在第二次元越战争结束后侨居汉阳，于至元二十六年（1289）五月去世。

此外，《陈秀嵘神道碑》对安南陈氏王族的名号记载颇详，可补山本达郎考证之不足。碑载："外戚陈胜与从弟审起乡兵平乱，龙翰复国。胜以功官太尉，审封快路侯。龙翰卒，子昊昙嗣，以女昭圣妻胜子日照。昊昙卒，昭圣嗣位，踰年逊位于其夫陈氏，遂有国。追号胜为太祖，审为安国王。"按，陈胜为李朝外戚，以平叛居功，国主昊昙"以女昭圣妻胜子日照"，"日照"妻为"昭圣"，又是昊昙婿，这和前文"陈日煚"身份重合，二者就是同一人。其实，安南国主"陈日照"这个名号不仅在《齐东野语》、《陈秀嵘神道碑》中出现，而且也在如下宋元史料中多次出现：

> 《可斋续稿后》："其主陈日照始末，臣向年守桂，与之交邻日浅，仅闻其略，不能深知。所奉闻奏，臣前者节制建司，已尝略具条画，未准回降，乞赐施行，但有科拨军费，未敢以请，取自朝廷区处，伏乞睿照。"[1]

---

[1] 李曾伯：《可斋续稿后》卷五《回宣谕令勉谕吕镇抚及七甲兵等事奏》，《文渊阁四库全书》本。

《可斋续稿后》："臣近得边人所传，或谓陈日照已授其子，然恐未的实，杨庆成者系武翼郎借以大夫系衔，伏乞睿照。"[1]

《可斋续稿后》："臣任经略日，其伪太师十月内移牒经司，奉本朝年号称淳祐九年，近凡有公文到司，并奉本朝正朔年号，但采访得其国于宝祐五年自伪称元丰七年（1257）。今夏杨庆成往彼国，见得陈日照退位其子，伪称绍隆元年（1258）。"[2]

《宋史·欧阳守道传》："安南国王陈日照传位其子，求封太上国王，下省官议。守道谓：太上者，汉高帝以尊其父，累朝未之有改，若赐诏书称太上国王，非便。"[3]

《宋史全文》："己酉淳祐九年（1249）闰二月癸卯朔，诏安南国王陈日照，特赐效忠顺化保节守义怀德归仁功臣，依前静海军节度、观察处置等使、特进、检校太尉兼御史大夫、上柱国、安南国王仍加恩。"[4]

《佛祖历代通载》："癸酉（1213），安南主李龙翰卒，子昊昆立。其国后为江南陈日照所有，而传其子威晃。"[5]

山本达郎认为《齐东野语》中安南国王"陈日照"为"日煚"的误记，但又如何解释上述宋元史料中多次出现安南国主名为"陈日照"的情况？难道还用误记来解释？显然这是行不通的，尤其是李曾伯《可斋续稿》记载的"陈日照"名号。针对蒙古平

---

[1] 李曾伯：《可斋续稿后》卷六《贴黄》。

[2] 李曾伯：《可斋续稿后》卷七《回宣谕奏》。

[3] 《宋史》卷四一一《欧阳守道传》，第 12365 页。

[4] 《宋史全文》卷三四，《文渊阁四库全书》本。

[5] 释念常：《佛祖历代通载》卷二十一《大元》，《大正新修大藏经》本。

定大理后对南宋形成的"斡腹"之势，宋理宗从宝祐五年（1257）至景定元年（1260），先后任命李曾伯担任南宋荆湖南路安抚大使和广南制置大使，以加强南宋西南战线的防御。在此期间，李曾伯作为南宋新开辟的西南战线最高统帅，不断将边境地区的敌情（蒙古军队和使者在云南、广西和越南北部的活动）、交情（安南陈朝内部情况以及和宋陈使者往来）向南宋最高统治者——宋理宗汇报，并根据朝廷谕旨调遣军队、修筑城防、联络陈朝以防御蒙古。由此产生的大量奏申收入李曾伯文集《可斋续稿》中，这些奏申是作为直接当事人的李曾伯当时向宋理宗的报告，具有很高的史料价值。

李曾伯记录当时的"交情"安南国主逊位并称其名为"陈日照"，而且还以此名来回向宋理宗奏报。可推知，当时的南宋朝廷不存在把安南国主"陈日照"和"陈日煚"误认为是两个人的情况，而是默认为同一人，"日照"即是"日煚"。或许"照"和"煚"字同有日光、光亮之意，也或许"煚"的异体字和"照"字形相似，当时文人并没有刻意进行区分。综上，或许意义和字形相近，安南国王陈日煚名号早在南宋时就有两种相似的传写——"日煚"和"日照"。另，据前文史料（八）、（九），景定三年（1262），陈日煚逊位向宋朝乞封，传位其子威晃，宋朝封日煚安南国大王，封威晃安南国王。其实，据《可斋续稿》，李曾伯早在宝祐六年（1258）就已得知陈日煚逊位的消息，并把此情况报告南宋朝廷。

《陈秀嵲神道碑》记载的更重要的信息是安南国王"陈日煚"的父亲名"胜"[1]，陈日煚有国后追"陈胜"为太祖，这是陈朝太祖名号

---

[1]　对于陈日煚之父，武尚清据《越南史略·陈朝世谱》补作"陈承"，在《陈秀嵲神道碑》中作"陈胜"（参见黎崱：《安南志略》，武尚清点校，第 309 页注②）。

在中国史料中少有的记载。这条史料不仅可以补正上表 1 陈朝太祖"陈承"在中国史料中对应的王名，而且可以更改山本达郎对《元文类·安南》所载王名的错误认识。

> （宪宗）七年，兵次交趾北阿闉……兀良哈䚟继进……国主陈胜窜海岛。出所遣使狱中，屠其城，留九日，以热班师还。至三十七部鬼方，复遣二使招胜。胜还国，愤残，毁缚，还二使。八年，胜传国其长子光昺，光昺遣其婿以方物来见，兀良哈䚟遣讷剌丁招光昺来朝，光昺纳款。[1]

山本达郎认为这条史料中的名字"陈胜"在其他史料中完全没有见到，"胜"应当认为是"煚"的误记。[2] 据《陈秀崚神道碑》，陈胜为陈日煚之父，被追为陈朝太祖，山本达郎的这个判断在此可以更改。《元文类·安南》和《陈秀崚神道碑》是目前少有的两条记载陈朝太祖名号的中国史料，而且陈胜为陈朝太祖这一事实完全依据《陈秀崚神道碑》才能判断。单看《元文类·安南》，"七年国主陈胜窜海岛"、"八年胜传国其长子光昺"，根据其时间和事迹，"陈胜"和"陈日煚"就是同一人。由于时代和史料的局限，山本达郎没有注意到《陈秀崚神道碑》，做出"陈胜"为"陈煚"误记这个结论也是合理的。而且《陈秀崚神道碑》又载"日照惧，更名光昞，纳款于我"，也即是安南第一代国主"陈日照"（日煚）更名"光昞"，按"昞、昺"同是"炳"的异体字，"光昞"即是"光昺"，这又是一条

---

[1] 苏天爵编：《元文类》卷四十一《政典·征伐·占城》，《四部丛刊》景元至正本。

[2] 山本达郎：《安南史研究 I——元明两朝的安南征略》，第 30 页。

"光昺"为"日煚"更名的直接证据，可佐证证明山本达郎判断"陈日煚"更名"陈光昺"与蒙古交涉的正确性。

二、元代史料记载陈朝王族名号失实问题

陈桱《通鉴续编》载"壬戌（景定）三年，蒙古中统三年六月，安南国王陈日煚传国于其子威晃，诏号日煚为安南国大王，封威晃为安南国王。日煚又名胜，威晃又曰光昺云"[1]，按，《通鉴续编》是元末明初江南士人陈桱以宋年号纪年的编年体史书，景定三年（1262），安南国王日煚传国于其子威晃，封日煚为安南国大王，威晃为安南国王，上文史料（八）、（九）均可印证之，"日煚又名胜，威晃又曰光昺云"是陈桱为这条史料作的双行夹注。据前文研究，日煚和威晃分别是安南陈朝太宗煚、圣宗晃在宋朝史料中对应的名号；为了与蒙古交涉，"日煚"更名"光昺"出现在元朝史料中，陈煚的父亲陈承在中国史料中对应的名号是陈胜，虽然不清楚陈桱作注的史料依据是什么[2]，但可以准确判断其所作注是错误的。

至元二十九年（1292）九月，梁曾、陈孚使团出使安南诏谕其国主入朝[3]，三十年（1293）二月抵达安南[4]，八月奉使安南国梁曾、陈孚以安南使偕来[5]。陈孚字刚中，浙江台州临海人，《元史》卷一九〇

---

[1] 陈桱：《通鉴续编》卷二十三，《文渊阁四库全书》本。

[2] 《元文类·安南》载"胜还国，愤残，毁缚，还二使，八年，胜传国其长子光昺"和《通鉴续编》"安南国王陈日煚传国于其子威晃"相对照，笔者怀疑陈桱作注参考了《元文类·安南》这条史料。

[3] 《元史》卷一七《世祖十四》，第366页。

[4] 黎崱：《安南志略》，武尚清点校，第140页。

[5] 《元史》卷一七《世祖十四》，第373页。

有传，"其为诗文，大抵任意即成，不事雕斫" [1]。他有《陈刚中诗集》三卷以及附录一卷传世 [2]，其中《交州稿》一卷是作者南下出使安南途中记载的内容，主要是经过的地名古迹以及所见的山川草木虫鱼人物等 [3]，可以看作是一部诗体类的游记。其中所收的《安南即事》是陈孚抵达安南后作的一首五言长诗并附有注文，注文部分对安南历史记载详细，尤其是陈氏代李和陈朝王名的历史记录。笔者节录如下，以做分析：

> 安南，本汉交州，唐立都护府，梁贞明中，土豪田承美据其地，杨延艺结洪吴昌岌、昌文，互相争袭。宋乾德初，丁公著之子部领立，传子琏璿，大将黎桓篡之。桓子至忠，又为李公蕴所篡。公蕴、德政、日尊、乾德、杨焕、天祚、龙翰、昊旵，凡八传。至宋嘉定乙酉岁，陈氏始夺其国。陈本闽人，有陈京者伪谥文王，婿于李，值龙翰昏耄，不恤政事，京与弟本伪谥康王，盗国柄。昊旵冲幼，其子承篡立，僭号太上皇。死，子光炳嗣，在宋名威晃。上表内附，国朝封为安南王。死，子日烜立，在宋名日照。死，今日㷥代领其众。于是有国六十九年矣。[4]

陈孚对安南陈氏代李和陈朝王名的记载多数有误，不时发生张冠李戴。据《大越史记全书》，李高宗龙翰治平龙应五年（1209），高宗昏庸误国，部将郭卜起兵叛乱，皇太子旵逃至刘家村，闻陈李

---

[1] 《元史》卷一九〇《儒学二·陈孚传》，第 4339 页。

[2] 陈孚：《陈刚中诗集》，《四库全书》本。

[3] 梁德林：《元代诗人陈孚出使安南途经广西的诗歌创作》，《广西文史》2013 年第 1 期。

[4] 陈孚：《陈刚中诗集》卷二《交州稿·安南即事》。

女有姿色，遂娶之。李家渔业致富，傍人归之，因有众。太子既娶李女，授李明字爵位，于是陈氏兄弟集乡兵平叛，迎帝还京。六年（1210）三月，陈李为盗贼杀害，次子陈嗣庆代领其众。十月，高宗龙翰崩，皇太子昑即位，是为李惠宗。惠宗建嘉六年（1216），册陈李女为皇后，拜嗣庆为太尉辅政，授嗣庆兄承为内侍判首。十四年（1224），惠宗疾日滋，无嗣继承大统，诏昭圣公主为皇太子以传位，惠宗出家，昭圣即位，是为李昭皇。昭皇天彰有道二年（1225），李昭皇禅位于陈煚，由于陈煚时方八岁，未谙国体，国祚初开，政事多缺，便由陈煚之父陈承称上皇权摄国政。[1] 又，"帝之先世闽人或曰桂林人。有名京者，来居天长即墨乡，生翕，翕生李，李生承，世以渔为业。帝乃承之次子也"[2]。

综上，陈京为陈氏始祖，到其第三代陈李时成为李朝外戚，并依靠家族军事力量，陈氏迅速崛起。《安南即事》载"陈京伪谥文王，婿于李，值龙翰昏耄，不恤政事，京与弟本盗国柄"，很明显，"陈京"此处错载，当为"陈李"；而且"婿于李"不符合史实，事实是李惠宗娶陈李女儿，成为陈李女婿，而不是陈李成为李高宗龙翰女婿。"昊昑冲幼，其子承纂立，僭号太上皇"也不符合史实，事实是李惠宗传位于其女李昭皇，李昭皇被陈承子陈煚纂立，建立陈朝，陈煚为陈朝第一代国主，其父陈承称上皇权摄国政。按，越南史料中的"上皇"和中国史料中的"太上皇"是一个意思，这一点记载是正确的。"死，子光炳嗣，在宋名威晃。上表内附，国朝封为安南王。死，子日烜立，在宋名日照"这条史料完全和事实颠倒，

---

[1] 陈荆和编校：《大越史记全书·本纪全书》卷四《李纪三》，第309—317页。
[2] 陈荆和编校：《大越史记全书·本纪全书》卷五《陈纪一》，第321页。

据前文研究，陈承子陈㬚在《宋史》名"日煚、日照"，在《元史》中由"日煚"更名"光炳"，陈㬚子陈晃在《宋史》名"威晃"，在《元史》名"日烜"。"于是有国六十九年矣"这条记载是准确的，宋嘉定乙酉岁也即是宝庆元年（1225），到陈孚作《安南即事》的至元三十年（1293）正好是六十九年。

梳理上文对安南国王名号记载错误的史料，以元时文人所记失实的居多。《元史·宪宗纪》、陈孚《安南即事》、《元文类·安南》、陈桱《通鉴续编》就是如此，虽然《元史》是明时宋濂等所修，但《元史·宪宗纪》史料直接取材于《宪宗实录》[1]，因此可以看作是元时文人的记录。总的来说，元时文人对安南陈朝帝系传承以及国王名号的认识不仅错误而且还混乱不一致。《元史·宪宗纪》："安南主陈日煚窜海岛。八年，陈日煚传国于长子光昺"，按，光昺为日煚更名，二者是同一人，"日煚传国于光昺"不符合史实。《元文类·安南》："国主陈胜窜海岛。八年，胜传国其长子光昺"，按，陈胜为陈日煚之父，于陈朝天应政平三年（1234）去世[2]，宪宗七年（1257）的蒙陈战争，陈日煚是陈朝的最高统帅，"陈胜窜海岛"错误。八年，陈日煚传位其子日烜退居上皇，同时更名"光昺"与蒙古交涉，"胜传国其长子光昺"更是错上加错。如所周知，《元文类·安南》史料直接摘录于元文宗至顺二年（1331）编成的《经世大典》。《元文类·安南》出现"陈胜"这个名号，至少说明编修《经世大典》的文人参考了涉及"陈胜"的相关史料，并且这些史料记载"陈胜"

---

[1]　王慎荣主编：《元史探源》，吉林文史出版社 1991 年版，第 29—32 页。
[2]　陈荆和编校：《大越史记全书·本纪全书》卷五《陈纪一》："甲午三年，宋端平元年春正月十八日，上皇崩于附天宫，寿五十一。"（第 326 页）

作为当时的安南国主"战败窜海岛"、"传国其子光昺"，而《经世大典·征伐·安南》篇的作者对此深信不疑。《宪宗实录》和《经世大典·安南》记载的安南陈朝帝系传承和王名可以看作元时官方政府对安南历史的整体认知，可推知元廷对当时安南王名和传承认知的混乱和矛盾。

另外，陈孚作为出使安南的官方使者，《安南即事》中对陈朝历史和王名的错误和混乱记录也表明元朝官方政府对安南情报信息的失误和认识的混乱，不过安南国主对元和宋实行两种不同的名号已为元所知。陈桱《通鉴续编》本是以宋年号纪年的编年体史书，景定三年（1262），安南国王日煚传国于其子威晃，陈桱作注云"日煚又名胜，威晃又曰光昺"，可推知陈桱应是参考《元文类·安南》或类似的记载，虽然陈桱的判断是错误的，但可以看出陈桱已意识到安南国主采用两种名号分别和宋、元交涉的事实。《元史·安南传》虽然也是记载安南王名失实的史料，但它是《元史》馆臣在参阅各种资料的基础上对安南王名传承形成的认识。按，《元史·安南传》材料来源主要取自《经世大典》的《征伐·安南》篇，并参取《经世大典·礼典·遣使》篇汇集的文牍[1]，比较《元文类·安南》和《元史·安南传》：

> 《元文类·安南》："（宪宗七年）十二月十三日，交人败，入其国，国主陈胜窜海岛。出所遣使狱中，屠其城，留九日，以热班师还。至三十七部鬼方，复遣二使招胜。胜还国，愤残，

---

[1] 王慎荣主编：《元史探源》，第273页。

毁缚，还二使。八年，胜传国其长子光昺，光昺遣其婿以方物来见，兀良哈觲遣讷刺丁招光昺来朝，光昺纳欵。"[1]

《元史·安南传》："日暅窜海岛。得前所遣使于狱中，以破竹束体入肤，比释缚，一使死，因屠其城。国兵留九日，以气候郁热，乃班师。复遣二使招日暅来归。日暅还，见国都皆已残毁，大发愤，缚二使遣还。八年戊午二月，日暅传国于长子光昺，改元绍隆。夏，光昺遣其婿与其国人以方物来见。"[2]

虽然《元文类·安南》和《元史·安南传》都同源于《经世大典·政典·征伐·安南》，但《元文类·安南》更接近《经世大典·安南》的原貌。宋濂等修《元史》馆臣没有直接采用《经世大典·安南》记载的"国主陈胜窜海岛，陈胜传国其长子光昺"等史料，而是依据《宪宗实录》所载"安南主陈日暅窜海岛。陈日暅传国于长子光昺"，对《经世大典·安南》所载进行了名字上的更改。由此，我们至少可以判断出宋濂等馆臣倾向认可"陈日暅窜海岛、陈日暅为光昺之父"这个事实。又，王恽《大元光禄大夫平章政事兀良氏先庙碑铭》载"冬十月，进兵压境，国主陈光炳隔江列阵"，此处安南国主以"陈光炳"名号出现；宋濂等馆臣编修的《元史·兀良合台传》载"冬十月，进兵压境，其国主陈日暅，隔江列象骑"，此处国主是"陈日暅"。众所周知，《元史·兀良合台传》史料直接取材于《兀良氏先庙碑铭》，因此，笔者怀疑宋濂等馆臣此处以"陈日暅"替换"陈光炳"，并不是为了体现"日暅"、"光炳"同

---

[1] 苏天爵编：《元文类》卷四十一《政典·征伐·占城》。
[2] 《元史》卷二〇九《安南传》，第 4634 页。

是一人的用意（若《元史》馆臣知道日㷡、光炳是一人两名的事实，也就不会做出替换的更改了），相反，《元史》馆臣认为《兀良氏先庙碑铭》记载的"安南国主隔江列阵"一事是陈日㷡所为，而不是其子光炳。

接下来，我们分析元时文人对安南王名记载失实的原因。元时最早记录陈朝王名失实的史料是《宪宗实录》，《宪宗实录》今已不存，《元史·宪宗纪》可供参考。宪宗七年（1257），兀良合台侵入陈朝，国主陈日㷡战败窜海岛。[1] 这是蒙陈双方的初次接触，安南国主名号"陈日㷡"为蒙古所知并记录下来。在蒙陈接触之前，安南国主"陈日㷡"的名号最早出现在《宋史》中。[2] 宪宗八年（1258）二月，陈日㷡传国于长子光昺，光昺遣婿与其国人以方物来见，兀良合台送诣行在所[3]，这是记录陈朝王名失实的最早史料。据前文《安南志略》、《陈秀嵲神道碑》，"光昺"为"日㷡"更名，二者同是一人。同时期《大越史记全书》记载："戊午（元丰）八年正月，遣黎辅陈、周博览如元。时元使来索岁币，增其职贡，纷纭不定，帝定辅陈往，以博览副之，卒定三年一贡为常例。二月二十四日，帝传位于皇太子晃，退居北宫，太子即皇帝位，改元绍隆元年……尊上皇曰显尧圣寿太上皇帝。"[4] 按，元丰为太宗陈㷡年号，元丰八年（1258）正月，陈太宗遣使如元，二月陈㷡传位于太子晃退居上皇，

---

[1] 《元史》卷三《宪宗纪》，第50页。

[2] 《宋史》卷一二〇《宾礼四》："淳祐三年（1243），安南国主陈日㷡来贡，加赐功臣号。"（第2814页）《宋史》卷四二《理宗纪》："淳祐三年（1243）正月辛丑，诏安南国王陈日㷡元赐功臣号，特增'守义'二字。"（第829页）

[3] 《元史》卷三《宪宗纪》，第50页；《元史·安南传》更详细记载此事，日㷡传国光昺后，改元绍隆；并将光昺遣使的时间系之于夏。

[4] 陈荆和编校：《大越史记全书·本纪全书》卷五《陈纪一》，第340页。

太子即位，改元绍隆元年。对此，史臣吴士莲评论称"陈氏家法，子既长，即使承正位，而父退居圣慈宫，以上皇称，同听政，其实但传大器以定后事，备仓促尔，事皆取决于上皇，嗣主无异于皇太子也"[1]，由此我们可以得知，陈朝国主每当太子成年，便传位给太子，自己退居上皇，但嗣主没有实权，事事皆由上皇决断，宪宗八年二月陈㬌传位其子晃就是如此。综上，《宪宗实录》作者记载安南王名失实的原因：一是对陈朝特殊的上皇制不了解，陈㬌退居上皇后仍旧掌控着安南的实权，对内对外皆由上皇决断；二是退居上皇的陈㬌更名"光昺"来与蒙古进行交涉，处理两国外交关系。

《宪宗实录》作者知道宪宗八年安南国王陈日㬌逊位一事，但其并不了解陈朝实行上皇制（陈日㬌退居上皇后仍然掌控着安南的内政外交大权）以及作为上皇的陈日㬌更名"陈光昺"与蒙古交涉的事实，误以为与蒙古交涉的"陈光昺"是安南国主陈日㬌逊位的对象，故有"陈日㬌传国于长子光昺"的失实记载。入明的《元史》馆臣则依据《宪宗实录》的错误记载以讹传讹，认可了这个错误记载。而同时期逊位后的上皇继续以"陈日㬌"的名号处理与宋的外交关系，《宋史全文·理宗六》景定三年（1262）六月庚戌条[2]，《宋史·度宗纪》咸淳五年（1269）十二月戊子条[3]，咸淳八年（1272）

---

[1] 陈荆和编校：《大越史记全书·本纪全书》卷五《陈纪一》，第 340 页。

[2] 《宋史全文》卷三六《理宗六》："景定三年六月庚戌，安南国王陈日㬌遣使入贡，表乞世袭。诏日照特授检校太师安南国大王，加食邑。男威晃，特授静海军节度观察处置使、检校太尉兼御史大夫、上柱国、安南国王、效忠顺化功臣，仍赐金带、器币、鞍马。"（《文渊阁四库全书》本）

[3] 《宋史》卷四六《度宗纪》："（咸淳五年）十二月戊子，诏安南国王父陈日㬌，国王陈威晃并加食邑一千户。"（第 904 页）

十一月己巳条[1]，咸淳十年（1274）十一月丁酉条[2] 等数条记事仍出现"陈日㷆"之名即是例证，可以说宪宗八年后安南国主陈㷆分别以"陈日㷆"、"陈光昺"两个名号同宋元交涉，这也是《宋史》本纪中安南国主名号一直以"陈日㷆"出现，而宪宗八年后"陈光昺"出现在《元史》本纪中的原因。元平宋后，南宋故地为元接收，南方士人陈孚、陈樫已注意到安南国主分别用两个名号同宋元交涉的事实，但是由于元廷对安南王名及其传承等信息了解不深和记载的失误，导致二人对照记录宋元时期安南国主名号时出现错误。

三、陈审、陈建国名号研究

最后，笔者对《陈秀嵘神道碑》中和陈胜一起发兵平叛的"从弟审"稍作补充。武尚清先生依据《陈秀嵘神道碑》注释史料《安南志略·陈氏世家》："一世，陈承[3]，交趾人，李氏外戚也。李乱末，陈与弟建国击贼有功，以为太尉，建国为大将军；子尚李惠王女昭圣，因有国"。他认为"弟建国"在《陈秀嵘神道碑》中作"从弟审"，原因无他，只是把《陈秀嵘神道碑》"外戚陈胜与从弟审起乡兵平乱，龙翰复国"，和史料《安南志略·陈氏世家》对照比较，因为"陈承"对应"陈胜"，所以"弟建国"即是"从弟审"。笔者对

---

[1]《宋史》卷四六《度宗纪》："（咸淳八年）十一月己巳，诏明堂礼成，安南国王陈日㷆、陈威晃各加食邑一千户，赐鞭鞍马等物。"（第 911 页）

[2]《宋史》卷四七《瀛国公纪》："（咸淳十年）十一月丁酉，加安南国王陈日㷆宁远功臣，其子威晃奉正功臣。"（第 923—924 页）

[3] 陈承，原作"陈□"，武尚清据《越南史略·陈朝世谱》补改（参见〔越〕黎崱：《安南志略》，武尚清点校，第 309 页）。

此有不同的意见，这只是简单的对应，并没有详细的论证，理由也不充分。黎崱作为投降后寓居元朝的安南文人，其追述安南陈氏家族的发迹史，记录的陈承和其弟建国必定是在陈氏崛起过程中扮演重要角色，起着重大作用的彪炳史册的人物，他们的事迹必然会在越南史料中有所记载。据《大越史记全书》，在陈氏崛起和陈氏代李的历史进程中，除了陈太祖陈承外，还有两位人物发挥了重要作用，他们是陈嗣庆和陈守度。

陈嗣庆为陈李次子，陈承之弟，惠后之兄。[1] 李高宗治平龙应五年（1209），高宗错杀大将范秉彝引发郭卜之乱，高宗逃奔归化江，皇太子旵（李惠宗）避乱刘家村，娶陈李女（李惠宗皇后），陈氏由此成为李朝外戚。陈氏兄弟集乡兵平乱，迎帝归京。六年（1210）三月，陈李为他盗所杀，次子陈嗣庆带领其众还，十月高宗崩，皇太子旵即位，是为惠宗。惠宗建嘉四年（1214），陈嗣庆以御女（惠后）久为太后所苦，发兵请迎。六年（1216）十二月，册夫人（惠后）为皇后，拜嗣庆为太尉辅政，授嗣庆兄承为内侍判首，嗣庆与上将军潘邻调补军伍，造战器，军事稍振。七年（1217）三月，帝渐发狂，政事不决，委任陈嗣庆，天下事渐移焉。八年十月，陈嗣庆讨广威蛮，不克。十三年（1223）十二月，陈嗣庆卒，追封建国大王，以陈承为辅国太尉，赞拜不名。[2] 由上可知，陈氏家族依靠外戚和家族军事力量迅速崛起，在陈李被杀群龙无首的关键时刻，陈嗣庆独担重任，领兵作战。经过一系列斗争，陈嗣庆升任太尉，掌

---

[1] 陈荆和编校：《大越史记全书·本纪全书》卷四《李纪三》："庚午（治平龙应）六年三月，陈李为他盗所杀，次子陈嗣庆代领其众还。"（第 340 页）

[2] 同上书，第 320—324 页。

管军权，渐渐控制李朝大权，在陈氏崛起过程中贡献极大。

笔者推断上文《安南志略·陈氏世家》中"弟建国"即是陈嗣庆，原因有二：一是陈嗣庆为陈承之弟，和"弟建国"的身份相符，陈嗣庆主要负责领兵作战，统管军事，和"建国为大将军"的职位相符；更重要的一点是，陈嗣庆死后被追封"建国大王"，这也是对其在陈朝立国创业过程中所做贡献的认可，名字虽然不同，但黎崱在追述陈嗣庆时，很有可能以示尊重用死后追封的王号称呼他。另外，据史料"李初太尉之职有二：曰辅国太尉，即宰相之任也，曰太尉，不著辅国衔，与少尉皆总统兵事之官"[1]，安南李朝太尉之职分两种，一是"辅国太尉"，相当于宰相的职务；二是不著辅国衔的太尉和少尉一样都是总统兵事的官职。

对于"陈嗣庆为太尉辅政"，《钦定越史通鉴纲目》载："建嘉六年冬十二月，立皇后陈氏，以后兄嗣庆为太尉，承为内侍判首"[2]，在这条史料中，"嗣庆为太尉"，没有"辅政"二字，可以说"太尉辅政"并不是官职，而是陈嗣庆升任太尉，掌管军事，辅助皇帝处理政务。而陈承升任的"辅国太尉"，《钦定越史通鉴纲目》又对其作注"周去非《岭外代答》，安南官职长曰辅国太尉，犹宰相也"[3]，则可以明确"辅国太尉"是宰相之职，百官之长，和统管军事的太尉并不相干，那么《安南志略·陈氏世家》载陈承"以为太尉"，则是少了"辅国"二字，当为误；或者"以为太尉"应改为"以为宰相"

---

[1] 潘辉注：《历朝宪章类志》卷十四《官职志·官名沿革之别》，西贡保荣出版社 1957年版，第 80 页。

[2] 潘清简主编：《钦定越史通鉴纲目》正编卷五（李惠宗建嘉五、六年），广西民族学院外语学院 2005 年影印本，广西民族大学图书馆藏。

[3] 潘清简主编：《钦定越史通鉴纲目》正编卷五（李惠宗建嘉十一、十二、十三、十四年）。

才符合史实。综上，笔者判断《安南志略》中"陈建国"和陈嗣庆死后的封号"建国大王"名号相似，统管军事的经历相符，又和陈承互为昆弟，二者极有可能就是同一人。也即是越南史料中的陈朝王族"陈嗣庆"在中国史料对应的名号是"陈建国"。

《陈秀嵘神道碑》中的陈胜从弟"陈审"是否就是《大越史记全书》中的"陈嗣庆"？笔者持否定态度，一是"陈审"是陈朝太祖"陈胜"的从弟，"陈审"是太祖五服内的堂弟，而"陈嗣庆"和陈朝太祖"陈承"互为昆弟，二人是亲兄弟，"陈审"和"陈嗣庆"直系血缘身份不符；二是《陈秀嵘神道碑》记载"陈审"被追号为"安国王"，而"陈嗣庆"的封号是"建国大王"，二人的王号不同。由此判断《陈秀嵘神道碑》中的"从弟陈审"不是越南史料中的"陈嗣庆"，又据前文《安南志略》中的"陈建国"即是《大越史记全书》中的"陈嗣庆"，可以得知中国史料中的安南王族名号"陈审"和"陈建国"没有对应关系，所以武尚清先生"从弟审"即是"弟建国"这个判断是错误的。

关于《陈秀嵘神道碑》中的名号"陈审"，在越南史料中笔者没有找到类似的名号，不过却找到和其封号"安国王"相似的名号记载。据《大越史记全书》载："太宗尝欲以守度兄安国为相，守度曰'安国臣兄也，如以为贤，则臣请致仕，如以臣贤于安国，则安国不可举，若兄弟并相，则朝廷之事，将如之何'，乃止"[1]，这条材料是史官吴士莲在陈圣宗绍隆七年（1264）太师陈守度去世后对其事迹的追述。陈守度是陈氏代李过程中极其关键的人物，《钦定越史通鉴

---

[1]　陈荆和编校：《大越史记全书·本纪全书》卷五《陈纪一》，第344页。

纲目》评价"守度，帝从叔。得天下皆其谋也"。[1]据《钦定越史通鉴纲目》载"（建嘉）十四年，以后从弟陈守度为殿前指挥使"[2]，这是陈守度在史料中的首次出现，在陈嗣庆去世后的第二年（1224），他便掌握军权。

　　陈守度是惠宗后从弟，也即是太祖陈承从弟。建嘉十四年（1224）十月，李惠宗传位于其女昭圣公主，是为昭皇。昭皇天彰有道二年（1225）十月，陈守度和太后陈氏（惠宗后）密谋，强迫李昭皇禅位堂侄陈煚。十二月，陈煚称皇帝，是为陈太宗，陈守度以陈煚年纪幼小，建言陈煚父陈承称上皇权摄国政。[3]太宗建中二年（1226）二月，册昭皇为皇后，封陈守度为太师统国，行军务征讨事。秋八月，陈守度弑李惠宗，娶惠宗后。太宗天应政平元年（1232），陈守度尽杀李氏宗室。六年（1237），时昭皇无子，太宗兄怀王柳妻怀妊三月，守度建言宜冒娶之，以赖其后，太宗遂纳怀王妻为皇后。[4]元丰七年（1257），蒙古入侵安南，陈守度是最坚决的抵抗力量。[5]

　　综上，陈守度在陈嗣庆去世后便接管军权，强逼昭皇禅位，顺利实现陈氏代李；陈朝建立后，屡次带兵平叛，弑惠宗，杀李宗室，巩固新生陈朝政权，在国家危难之际，竭力抵抗蒙古入侵。可以说，陈守度对陈朝的立国和建设都有着极大的功劳，《大越史记全书》评价"陈家之制度伟矣，然规划国事，皆陈守度所为"[6]，死后被赠尚父

---

[1]　潘清简主编：《钦定越史通鉴纲目》正编卷六（陈太宗建中二年）。
[2]　潘清简主编：《钦定越史通鉴纲目》正编卷五（李惠宗建嘉十一、十二、十三、十四年）。
[3]　潘清简主编：《钦定越史通鉴纲目》正编卷五（陈太宗建中元年）。
[4]　陈荆和编校：《大越史记全书·本纪全书》卷五《陈纪一》，第321—328页。
[5]　陈荆和编校：《大越史记全书·本纪全书》卷五《陈纪一》："帝即移舟问太师守度，对曰：臣首未至地，陛下无烦他虑。"（第339页）
[6]　陈荆和编校：《大越史记全书·本纪全书》卷五《陈纪一》，第321页。

太师忠武大王。[1] 不过又由于其弑君烝后[2]，而饱受史臣诟病[3]。据上文，太宗欲以守度兄安国为相，守度以"兄弟不能并相"拒绝，可以得知守度和安国二人是亲兄弟，而且陈安国也应当立过大功，不然太宗也不会让毫无功劳的宗室大臣为相，或许陈守度的功绩过于辉煌而致使陈安国被湮没淡化。

《陈秀嵘神道碑》记载"外戚陈胜与从弟审起乡兵平乱，龙翰复国。胜以功官太尉，审封快路侯……追号胜为太祖，审为安国王"，陈审平叛有功被封为"安国王"，那么《陈秀嵘神道碑》中被封"安国王"的"陈审"是否就是越南史料中的"陈安国"呢？笔者倾向认为他们是同一人。原因是《大越史记全书》有只记王号不记其名，以王号代称其名的记载，太宗建中二年（1226），陈朝初立，为笼络前朝旧臣，"命辅国太傅冯佐周权知乂安府，许与人爵，自佐职、舍人以下，诣阙奏闻"[4]，给予冯佐周亲自授爵的权力。

对此，史臣吴士莲评价说"予人以爵，天子之权，非人臣所得预。冯佐周李朝旧臣，非有出疆利国家，安百姓可专之事，而许专之，许者、听者皆非也。陈家人臣知此道者，唯国公兴道大王乎。圣宗以其有大勋劳，许专与人爵，而未尝与一人爵。当胡虏入寇之时，握兵专制，取粟于富人以给军食，然止与为假郎将，不敢以真郎将与之"[5]，吴士莲不同意太宗给予人臣亲自授爵的权力，授人以

---

[1]　陈荆和编校：《大越史记全书·本纪全书》卷五《陈纪一》，第 343 页。

[2]　按，烝后是指陈守度迎娶惠后一事，守度是惠后从弟。

[3]　陈荆和编校：《大越史记全书·本纪全书》卷五《陈纪一》："然而弑君烝后之罪，难逃于后世矣。"（第 344 页）潘清简主编《钦定越史通鉴纲目》正编卷七（陈圣宗绍隆七年）"然而弑君烝后，皆所忍，为陈之功臣，李之罪人也"。

[4]　陈荆和编校：《大越史记全书·本纪全书》卷五《陈纪一》，第 323 页。

[5]　同上。

爵是天子的权力，臣子不得拥有，冯佐周是李朝旧臣，没有为国家立功，也没有保境安民，给予他授爵的权力是不对的，陈氏宗室有过这样做法的只有兴道大王陈国峻，陈圣宗因为兴道大王有大功劳，所以给予他授爵的权力，但是他并没有给别人授过爵位，就是在元兵入侵的危难之时，为了取得富人的粮食补给军用，也只是授予他们假郎将，不敢授真爵位给他们。史料中的"兴道大王"即是帮助陈朝取得抗元胜利的"陈国峻"，在这里是用王名来代称。

仁宗绍宝七年（1285），镇南王脱欢征安南，"靖国大王国康庶子上位彰宪侯键及僚属黎崱等挈家降元，送键等归燕京。谅江土豪阮世禄、阮领等攻之于麻六寨，兴道家奴阮地炉射键杀之，崱把键尸上马宵遁，驰数十里，至丘温葬之"[1]，史料中"兴道"就是"兴道王"，《钦定越史通鉴纲目》载"谅江土豪阮世禄、阮领等攻之于麻六寨，兴道王家奴阮地炉射键杀之"[2]可以佐证，陈键及其僚属黎崱降元，兴道王陈国峻的家奴阮地炉将陈键射杀，这条史料又以王号"兴道"代称其名出现。综上，我们可以判断《大越史记全书》着实有"用王号代称其人"的惯例。陈秀嵤侄儿德润作为寓居元朝的安南王族，其追述先辈功绩自然不会浮夸造假，虽然越南史料失载"安国王"名号，但"安国王"却是着实存在的，以《大越史记全书》"用王号代称其人"的惯例，守度兄安国很可能就是被封"安国王"的"陈审"。

---

[1] 陈荆和编校：《大越史记全书·本纪全书》卷五《陈纪一》，第358页。

[2] 潘清简主编：《钦定越史通鉴纲目》正编卷七（陈仁宗重兴元年）。

结　论

越南史料中安南陈朝第一代国主为陈㬚，其以"陈日㬚"的名号对宋进行交涉，所以在《宋史》中常以"陈日㬚"出现；另外，同时期宋朝文人也记录其名号为"陈日照"，"日照"并不是"日㬚"的误记，这可由当时身处抗蒙前线为拉拢陈朝广泛收集陈朝情报的李曾伯向宋理宗报告的奏申佐证，或许是意义和字形的相近，才会产生两个相似的名号传写——"日照"和"日㬚"；宪宗七年（1257），蒙古入侵陈朝，这一时期安南国主以"陈日㬚"的名号出现在《元史·宪宗纪》中；为了应对来自北方蒙古的压力，宪宗八年（1258），陈㬚逊位于其子晃退居上皇，同时专门更名"陈光昺"处理与蒙古的外交关系，此后，安南国主分别用两个名号同宋、元进行交涉，《元史·宪宗纪》载宪宗八年，日㬚传位于其长子这一点是正确的，但是将其长子记为光昺是错误的。

《陈秀嵉神道碑》史料价值极高，越南史料中陈㬚之父名"陈承"，据《陈秀嵉神道碑》得知其在中国史料中对应的名号是"陈胜"，《陈秀嵉神道碑》的记载不仅更改了山本达郎认为《元文类·安南》中"陈胜"为"陈㬚"误记这个错误判断，提供了"光昺"为"日㬚"更名的又一直接证据，而且还可以纠正元时文人对于安南王名的多次错误记载。从史源上讲，《宪宗实录》是最早记载安南王名失实的史料，《元史》馆臣依据《宪宗实录》的记载认可"陈日㬚传国于长子光昺"，致使以讹传讹。元朝对安南王名及其传承的认知混乱不一致，这可由代表官方政府的《宪宗实录》、《经世大典》的记载佐证。

元史史料对安南王名记载失实的原因：一是对陈朝特殊的上皇制不了解，陈晃退居上皇后仍旧掌控着安南的实权，对内对外皆由上皇决断；二是退居上皇的陈晃更名"光昺"来与蒙古进行交涉，处理两国外交关系。《安南志略》"陈建国"就是越南史料中"陈嗣庆"；《陈秀嵼神道碑》"陈审"对应越南史料中的"陈安国"。中越史料中安南王族名号记载参见表2。

表2　中越史料关于陈朝王族名号的记载

越南史料	中国史料
（1）太祖 承	（1'）胜
（2）太宗 晃	（2'）日晅（日照）；（3'）光昺
（3）陈嗣庆	（4'）陈建国
（4）陈安国	（5'）陈审

元代买地券校录及类型学的初步研究

李春圆（厦门大学）

买地券是东汉中期以后出现的具有道教性质的随葬契约，用以表明墓地是亡人合法买来的，其他鬼魂和阴间冥吏不得侵扰。买地券最早发现于关中、中原地区，宋元时期应用最为广泛，远至四川、海南、内蒙古等边鄙地区皆有宋元买地券出土。北宋初的《清异录》记载："葬家听术士说，例用朱书铁券，若人家契帖，标四界及主名，意谓亡者居室之执守。不知争地者谁耶？"[1] 宋元之际的周密也说："今人造墓，必用买地券，以梓木为之，朱书云'用钱九千九百九十九文买到某地'云云，此村巫风俗如此，殊为可笑。"[2] 明清以后其使用似逐渐减少，但至今尚未完全消失。[3] 就管见所及的报道，至少在今天陕西、山西、山东、湖北、安徽、浙江、福建、

---

[1] 陶穀：《清异录》卷下"土筵席"条，载朱易安等主编：《全宋笔记》第一编第二册，大象出版社 2003 年版，第 112 页。

[2] 周密：《癸辛杂识》别集卷下"买地券"条，吴企明点校，中华书局 1988 年版，第 277 页。

[3] 黄景春：《买地券、镇墓文研究及其语言文字学意义》，《上海大学学报（社会科学版）》2007 年第 5 期，第 110、111 页。

台湾、广西等地仍然使用买地券。[1]

　　民国时期的金石著作中开始较多地收录买地券，到 20 世纪 50 年代以后才比较多地将买地券用于历史研究。1982 年，吴天颖对早期买地券做了重要的综合研究，全面论证了买地券的明器性质。[2] 张传玺致力于收集买地券并深入探讨了形式、辨伪等问题。[3] 黄景春较多地考察了买地券表达的宗教内涵、民间信仰以及当代的使用情况。[4] 鲁西奇系统地校录、考释了传世与出土的古代买地券，并据此探讨了买地券起源、行政区划、基层组织等问题。[5] 高朋以人神关系为视角集中研究了宋代的买地券。[6] 此外，陈进国[7]、韩森[8] 等学者也曾对买地券做过探讨。

　　具体到元代的买地券，鲁西奇在《中国古代买地券研究》一书中

[1] 参见陈进国：《"买地券"习俗的考现学研究 —— 闽台地区的事例》，《民俗研究》2008 年第 1 期，第 129—164 页；王振忠、劳格文主编：《歙县的宗族、经济与民俗》，复旦大学出版社 2016 年版，第 43、44、177、273 页；等等。

[2] 吴天颖：《汉代买地券考》，《考古学报》1982 年第 1 期，第 15—34 页。

[3] 张传玺：《契约史买地券研究》，中华书局 2008 年版。

[4] 黄景春：《畏惧、排斥亡魂及其表述方式 —— 以买地券、镇墓文为例》，《民俗研究》2016 年第 2 期，第 44—50 页。黄景春：《作为买地券地价的"九九之数"》，《中国典籍与文化》2016 年第 3 期，第 119—127 页。黄景春：《地下神仙张坚固、李定度考述》，《世界宗教研究》2003 年第 1 期，第 46—54 页。其余成果众多，下文续有引用，不一一列出。

[5] 鲁西奇：《中国古代买地券研究》，厦门大学出版社 2014 年版。鲁西奇：《汉代买地券的实质、渊源与意义》，《中国史研究》2006 年第 1 期，第 47—68 页。鲁西奇：《买地券所见宋元时期的城乡区划与组织》，《中国社会经济史研究》2013 年第 1 期，第 20—42 页。

[6] 高朋：《人神之契：宋代买地券研究》，中国社会科学出版社 2011 年版。该书还对买地券研究史做了非常详尽的回顾，可供参考。

[7] 陈进国：《信仰、仪式与乡土社会：风水的历史人类学探索》，中国社会科学出版社 2005 年版。陈进国：《考古材料所记录的福建"买地券"习俗》，《民俗研究》2006 年第 1 期，第 165—184 页。

[8] 韩森（Valerie Hansen）：《传统中国日常生活中的协商：中古契约研究》，鲁西奇译，江苏人民出版社 2008 年版。

收集了 37 件元代买地券（含部分告地策、镇墓文）并做了详细校释。不过，该书失收的和出版后新发表的元代买地券也有不少，祝庆的硕士论文《元代买地券研究》已经有所增补。[1] 本文即在前人研究的基础上进一步对元代买地券展开探讨。全文分两个部分，第一部分补充校录、考释前述鲁西奇书中未能收录的元代买地券，第二部分对现有元代买地券做类型学的初步研究，探讨其所反映的阴阳知识系统的情况。说明一下，本文研究的是狭义上的、确实含有"买地"元素的买地券，镇墓券、告地策等不含有"买地"元素的明器暂不纳入考察。

一、新见元代买地券的校录

本部分所录大部分是新近特别是鲁西奇《中国古代买地券研究》出版之后才刊出的，也有一些发表时间已经较久。录文的同时对券中的年月、地理区划以及券主身份等做了一些初步的考释。

录文和校改遵从下述体例：首先，依据实物照片或拓片录文，如原报告没有实物或拓片则转录原报告录文，分行、段落等皆从照（拓）片或原录文。其次，对实物文字或原报告录文中不通顺的地方适当加以校改，以圆括号（）标示原文，六角括号〔〕标示校改（补）内容，空方框□代表原文残损，残损文字据上下文补完者加方框。

需要说明的是，校改的目的只是增加券文的可读性，而不是要"改正错误"。由于买地券书写者文化水平通常不高，所以券文中常有俗写字、错别字乃至于语句不通顺的现象。从作为历史材料的

---

[1]　祝庆：《元代买地券研究》，山西大学硕士学位论文，2015 年。

角度来说，这些"错误"本身也是买地券的构成特征，并不需要被"改正"。当然，在原报告没有图影的情况下，不能排除是原录文错误，但因无法与实物对照，本文也就没有加以改正的依据。

1. 至元十二年（1275）山东章丘杨延生买地券

1998 年，在山东章丘市文祖镇青野村元墓出土。该墓为砖券仿木结构壁画墓，墓室平面为长方形，宽 2.9 米、进深 2.2 米。买地券为陶质，长方形，大小 30 厘米 × 15 厘米，朱书，14 行，行字数不等。[1] 原报告只有录文，转录如下：

1　　济南路章丘县明秀乡青崖庄住人（季）〔祭〕主杨延□伏父□

2　　□□，夙夜忧思，不遑所厝，遂（今）〔令〕日 者 择此高原，地属本县青崖

3　　庄，杨延生为宅兆，（抒正）〔梯己〕出备钱绿买到墓地一方，南北长千三步

4　　五分二厘，东西阔千二步五分。东至青龙，西至白虎，南至朱雀，北

5　　至玄武。内方勾陈，管分四界四域。丘承墓伯，封步界畔。道路将金

6　　起向蓥整阡陌。致使千秋万载，永无殃咎。若有干犯，并令将军亭

---

[1] 曲世广等：《山东章丘青野元代壁画墓清理简报》，《华夏考古》1999 年第 4 期，第 10—16 页。

7　　长（传）〔缚〕付河伯。今备牲牢酒饭、百味香新，
（其背）〔共为〕信契。财地俱交

8　　各已分付，（今）〔令〕工匠修营安厝已后，永保休吉。

9　　知见人：岁月□□□神后代保人休吉。

10　　故（令）〔气〕邪精不得（个别）〔忏怪〕，先有居者
永避万里。若有□此约，地府

11　　主吏自当其祸，□葬主人内外皆吉。急急如五帝主者

12　　（汝）〔女〕青（如）〔律〕令。

13　　岁次乙亥戊子月仲旬二月庚申日。

14　　　　杨延

券文没有标明具体年代，但是提到了"济南路"，故可确定属于元代。元代有至元十二年（1275）、后至元元年（1335）两个"乙亥年"，原报告认为是后至元元年。但券末日期中有"戊子月仲旬二月庚申日"，同时符合二月为戊子月、中旬有庚申日这两个条件的，应当是前至元十二年，确切日期为当年二月十九日。

济南路，宋金为济南府，元初改路；章丘县，宋金皆属济南，元仍旧。[1]据《齐乘》：明秀乡，在"章丘正南五十里"[2]。《（嘉靖）章丘县志》载："旧（引者按：指明洪武之前）有清平、明秀、锦川、嘉会、固均、临清六乡……明秀乡，在城南，二十图。"又有"文祖镇，在城南五十里"[3]，即明秀乡之地。

---

[1]　本文所引有关宋金元行政区划的一般资料，如无特别注明，皆来自宋、金、元三史的《地理志》。

[2]　《齐乘》卷一"湖山"条，《宋元方志丛刊》本，第 527 页。

[3]　《（嘉靖）章丘县志》卷一"乡镇"门，明嘉靖修补蓝印本，中国方志库影像。

2. 至元十四年（1277）河北宣化葛法成买地券

2004 年，在河北张家口市宣化区元墓出土。该墓为竖穴土洞墓，墓道残长 0.73 米、宽 1.13 米，墓室长 2.6 米、宽 2.4 米。买地券材质为板瓦，长 28.5 厘米、上宽 15.4 厘米、下宽 19.4 厘米，朱书，13 行，满行 27 字。原报告有照片和录文。[1] 兹据以重新录文如下：

1　维大元国上都路宣德府南开永宁坊居住孝男魏泉

2　□魏泉并家□□等伏为

3　故母葛法成□□，龟筮协从，相地袭吉，宜于本府东南安厝

4　宅兆所□用钱九万九千九百九十贯文，兼五彩信（弊）〔币〕，买地

5　一□，东西□一十四、南北长一十五步，计积二百一十七步。东至青龙，

6　西至白虎，南至朱雀，北至玄武。内外勾陈，分掌四域。已择定至元十四

7　岁次丁丑五月己丑朔初二日庚寅甲时安葬。丘承墓伯，□步界畔；

8　道路将军，齐整阡陌。千秋万载，永无殃咎。若辄干犯（河）〔诃〕禁者，

9　将军亭长收付河伯。今以牲牢酒饭、百味香新，共为信契。财地

---

[1] 王继红等：《河北宣化元代葛法成墓发掘简报》，《文物》2008 年第 7 期，第 49、52、53 页。

10　交相分付，工匠安厝已后保休吉。知见人：岁月主。
保人：今日直符。故

11　气邪精不得忏忾，先有居者永避万里。若违此约，地
府主吏自

12　当其祸，主人内外存亡悉皆安吉。急急如

13　五□使者女青律令。

上都路，金属桓州，元初为忽必烈营幕地，中统元年（1260）为开平府，五年加号上都。宣德府，金为宣德州，元初改宣宁府，中统四年，改宣德府，隶上都路，至元三年以地震改顺宁府。然温海清已指出，宣德府之设当在中统三年之前。[1] 又，本券仍用"宣德府"，按《永乐大典》引《经世大典》"市籴粮草"门提到延祐七年（1320）"宣德府"转运粮米之事。[2] 盖至元三年后不久"宣德"一名又获恢复，而《地理志》失载。

3. 至元十八年（1281）山西侯马张某买地券

1995年，在山西省侯马市区元墓出土。该墓为砖砌仿木结构壁画墓，有墓道（长1.85米、宽0.30米）、甬道（长0.68米、宽0.3米）、墓门、墓室（平面为长方形，长1.7米、宽1.62米）。买地券材质为方砖，长宽均为31厘米，朱书。原报告只有录文，转录如下[3]：

[1] 温海清：《画境中州 —— 金元之际华北行政建置考》，上海古籍出版社2012年版，第250页。
[2] 《永乐大典》卷一一五九八，中华书局1986年版，第4883页。
[3] 李永敏：《侯马市区元代墓葬发掘简报》，《文物季刊》1996年第3期，第90、95页。

□□□南路平阳府绛州曲沃县褈祁乡秦村殁故张□成，□□协（徙）〔從〕，□□□□吉，□于祖坟西南坤方化坟一所，安厝宅兆。谨用银钱九万九千九百九十贯，兼五□信币，买到地一方。东至甲乙，西至庚辛，南至丙丁，北至壬癸。内方勾□。东西阔一十步六分二厘五毫，南北长一十一步二分。内壬穴为祖茔坟。丘□墓伯，封步□畔；道路将军，□整阡陌。千秋万岁，永无殃咎。若有干犯禁者，将军□□□□河伯。（令）〔今〕以牺□□录□□未香新，共为信契。财地交相封付，工匠修□茔□□，永宝休吉。知日神：岁月主。保神：（令）〔今〕日直符。故□□□不得干犯，先有居者詠避万里。若违此约，地府主吏自当其祸，主人内（处）〔外〕存亡悉皆安吉。急急如玉帝使者女青律令摄。

大元国至元十八年后八月初四日。立券人：张□成□□。

本券日期署为至元十八年"后八月"，即闰八月，与文献记载相合。金有平阳府，元初已改为"平阳路"，大德九年（1305）"以地震改晋宁路"；绛州，金为晋安府，元初有绛州行元帅府，后帅府罢，仍为绛州，隶平阳路；曲沃，为绛州属县。据《（嘉靖）曲沃县志》：褈祁乡在县西，辖一坊十一里，其中郭村里在县西南二十里，属村即有秦村。[1]

据《元史》本纪，中统二年（1261）六月"乙卯，敕平阳路安邑县蒲萄酒自今毋贡"[2]，至元三年二月"壬午，平阳路僧官以妖言惑

---

[1]《（嘉靖）曲沃县志》卷一"坊乡"门，明嘉靖刻本，中国方志库影像。
[2]《元史》卷四《世祖一》，中华书局 1976 年版，第 71 页。

众伏诛"，至元四年十二月"省平阳路岳阳、和川二县入冀氏"。[1] 可见至少中统二年之后，平阳就已经从"府"改为"路"。本券仍作"平阳府"，可能是由于买地券书写者行政区划知识更新的迟滞。

又，平阳在宋属河东路，在金属河东南路。元代似并无正式的"河东南路"路分名称，太宗时的十路征收课税所中有平阳路，中统元年的十路宣抚司中有河东路，都不称"河东南路"。不过，蒙元之初的官名常常沿用金代的称呼，如《元史》中记载李守贤、李守正、李守忠等，均曾为河东南路兵马都总管或兵马都元帅。[2] 因此本券开头"南路"之前应可补"河东"二字，同样反映了旧政区知识的延续。类似情况还有山西襄汾元代前期阴德买地券，也使用了"河东南路"这一政区名称。[3]

4. 至元二十年（1283）江西临川章氏买地券

私人藏品，出土信息不详。据拓片，地券上首题"故章氏太君墓"六字，券文共 12 行，行字数不等。[4] 今录文如下：

故章氏太君墓

1　　维大元国至元二十年岁次癸未六月癸未朔越

2　　二日甲申，抚州临川县新丰乡敬顺里上伊保近故

3　　亡祖母章氏太君，元命前甲子年九月初五子时生，

[1]《元史》卷六《世祖三》，第 110、117 页。

[2]《元史》卷一五〇《李守贤传》，第 3547 页；卷一九三《李伯温传》，第 4377、4378 页。

[3] 陶富海：《山西襄汾县的四座金元时期墓葬》，《考古》1988 年第 12 期，第 1116—1121 页。

[4] 梅跃辉：《百石斋藏宋元地券书法初探》，《东方艺术》2012 年第 12 期，第 125 页。刘丽飞：《百石斋藏宋元买地券释文及词语研究》，河北师范大学硕士学位论文，2015 年，第 49、50 页。

4　　享年七十有九，不幸于是年五月二十日倾逝。亡者生

5　　前妻夫危念乙承事先故。生男二人，长四乙承事故，

6　　不仕；次四二承事亦先亡。孝新妇吴氏、傅氏，孝男孙

7　　友成、友信、友定、友文、友德，孙媳妇章氏、黄
　氏、朱氏、

8　　黄氏、陈氏，曾孙寄孙、真孙、月孙，曾女孙一娘、
　二娘等

9　　孝眷。呜呼！今将银钱一会，凭地师採得土名陈墟长

10　　荫阴地安葬。其地丑艮行龙，坐壬向丙，水归坤申。所

11　　葬之地，惟愿龙神荫祐，永享久长富贵，所有阴府

12　　地神不许争占。葬前一日，孝男孙危友成等拜立。

宋有抚州，元至元十四年改为抚州路总管府；临川，宋元皆为抚州属县。其地当今江西抚州市临川区。据《（同治）临川县志》：新丰乡，百一都至百九都，在南界。[1]本券中"抚州"之后未有"路"字，与元代制度不合。不过买地券本属民间材料，此处或者沿用旧宋写法，或者为书写者漏落，皆有可能。

券中所载亡人生于"前甲子"、殁于"癸未"，换算即当1204（嘉泰四年）、1283（至元二十年），按传统虚岁计算亡人似应享年八十，而本券作七十九。类似情况比较少见，但也并非没有，尚不可据判真伪。附表中有亡人生卒年月和享年记录的共计16条（表中备注"+"），其中至元二十二年（1285）蓝氏买地券、泰定二年

---

[1]《（同治）临川县志》卷一下"疆域"门，清同治九年刻本，中国方志库影像。

（1325）李觉斋买地券都与本券类似，而两者都有可信的出土报道。

5. 至元二十年（1283）江西樟树张瑜买地券

20 世纪后期，江西省樟树市元墓出土。墓葬详细情况未见报道。买地券为青石质，圆额，呈梯形，高 41.5 厘米、宽约 40.5 厘米。券文为阴刻，11 行，间行反向书写。[1] 原报告只有录文，转录如下：

> 维大元国至元二十年岁次癸未十月辛巳朔越一有七日丁酉，江西道临江路清江县清江镇孝义坊孤子张震龙，以先考正心居士张公于今年二月二十三日殁故，龟筮协从，相地惟吉，宜于崇学乡淦水里周嘉圆三原为宅兆安厝，谨用钱九万九千九百九十九贯文兼五采信币，买地一段，东止青龙，西止白虎，南止朱雀，北止玄武。内方勾陈，分掌四域；丘丞墓（柏）〔伯〕，谨肃界封；道路将军，齐整阡陌。若（辙）〔辄〕干（牝）〔犯〕诃禁，将军亭长收付河伯。今为信誓，财地交相分〔付〕，工匠修营，永保无咎。若违此约，地府主吏自当其祸，主人内外存亡悉皆安吉。急急如泣五帝主者女青律令。

原报告录文中，券首日期之"十月"原作"4月"，阿拉伯数字"4"显误。按至元二十年中，朔日为辛巳、十七日为丁酉的只有十月，因改。

临江路，宋即清江县置临江军，以清江为附郭县，元至元十四

---

[1] 黄冬梅：《江西樟树元纪年墓出土文物》，《南方文物》1996 年第 4 期，第 12 页。

年改军为路，仍辖清江县。据《舆地纪胜》引《清江志》云："废古新淦城，在清江县东三十五里，为清江镇。"[1] 吴澄《故吉水县尉杨君墓志铭》称清江镇"绾西江东广之会，货物聚，户口蕃"[2]。苏天爵《大元赠中顺大夫兵部侍郎靳公神道碑铭》提到天历年间（1328—1329）有"临江路清江镇巡检"[3]。故元代该镇为一商贸繁荣之地，有巡检司之设。至明嘉靖间，仍有"清江镇巡检司，在府城东北三十里"[4]。本券载此镇设有"孝义坊"，《（隆庆）临江府志》称清江镇共辖七坊[5]，可惜未录坊名。又，《舆地纪胜》载："废尉城，在清江县东三十里崇学乡。"[6]《（隆庆）临江府志》亦载：清江县有崇学乡，辖"二十一都至二十七都"[7]。清江镇大概就在崇学乡地境。

江西出土的元代买地券频繁使用"江西道"和"江南西道"。唐贞观元年（627）分天下为十道，其中有江南道，开元二十一年（733）析为江南东道与江南西道。宋代有江南西路，约当唐江南西道东半部。元代设江西行省，所辖除宋江南西路外，还有南宋广南东路。总之，宋元两代都没有"道"这一区划名，元代唯一可能与之对应的"江西道宣慰司"只在至元十四年到十九年之间短暂存在。[8] 和前述山西买地券沿用金代"河东南路"名称类似，这里也是旧区划概念在买地券文本中的延续。

---

[1]   王象之：《舆地纪胜》卷三四"古迹"门，中华书局 1992 年版，第 1483、1484 页。
[2]   《吴文正集》卷八二，影印《文渊阁四库全书》，第 1197 册，台湾商务印书馆 1986 年版，第 779 页。
[3]   《滋溪文稿》卷七，陈高华、孟繁清点校，中华书局 1997 年版，第 99 页。
[4]   《（嘉靖）江西通志》卷二二，明嘉靖刻本，中国方志库影像。
[5]   《（隆庆）临江府志》卷三"乡都"条，《天一阁藏明代方志选刊》本。
[6]   王象之：《舆地纪胜》卷三四"古迹"门，第 1483 页。
[7]   《（隆庆）临江府志》卷三"乡都"条。
[8]   《元史》卷六二《地理五》，第 1507 页。

据同墓出土圹志，葬主张瑜，字国正，号正心居士，至元十二年其子张震龙"领众归附，卒致阖郡按堵，已而行都元帅府赏劳，俾领清江镇（处）〔巡〕检事"，因父命"亟辞厥职"。至元二十年张瑜去世，震龙自撰圹志，"资德大夫中书省左丞李恒填讳"。[1] 据《元史》：李恒，字德卿，先世西夏人。至元十二年元军分三道攻宋，恒为左副都元帅，从都元帅逊都台出江西。至元十四年拜参知政事，行省江西。十七年拜资善大夫、中书左丞，行省荆湖。[2] 为张瑜圹志"填讳"的应该就是这位李恒（虽然二则记载的阶官不同，一为资德大夫，一为资善大夫），说明这一地方家族在入元之初确实有一定政治人脉。

6. 至元二十三年（1286）山西汾阳陈某买地券

2010 年，出土于山西省汾阳市杏花村镇小相村元墓。该墓为仿木结构八角形穹顶单室砖墓，大致为南北向，有墓道（上口长 3.2 米、宽 0.4 米—0.9 米）、甬道（长 1.28 米、宽 0.46 米）和墓室（八角形，东西 2.3 米、南北 2.24 米）。买地券材质为方形青砖，边长 32 厘米，朱书券文，共 10 行 123 字。[3] 原报告只有录文，转录如下：

1　　维大元国河东北路汾州西河县大夏乡小相村

2　　葬主陈和□告

3　　右伏为安厝慈父宅兆，言用钱九千九百

4　　九十九贯文□五绥信币，就

[1] 黄冬梅：《江西樟树元纪年墓出土文物》，第 12 页。

[2] 《元史》卷一二九《李恒传》，第 3155—3158 页。

[3] 韩炳华、张喜斌：《山西汾阳小相墓地发掘简报》，《文物世界》2011 年第 6 期，第 11—14 页。

5   皇天父、后土母、社稷十二边，买得□□

6   墓地一段，东至青龙，南至朱雀，西至白虎，

7   北至玄武，上至苍天，下至黄泉，四至分明。

8   即日钱财分付

9   天地神明□保

10   至元二十三年二月□陈和券

汾州，金隶河东北路，元初立汾州元帅府，至元二年复行州事，隶属太原路（后改冀宁路）。西河县，仍金旧，为汾州倚郭县。据《山右石刻丛编》，汾阳县北三十里永安镇有《唐故大将军上柱国郭君碑》，碑主于乾封二年（667）"迁窆于大夏乡隐泉之原"。[1]

金代有河东北路转运司、河东北路按察司等建制，治所都在太原。元初有太原路课税所、平阳太原路宣抚司等[2]，"路"成为元代一级行政区划之后，前金河东北路地区成为太原路（后改冀宁路），因此元代没有正式的"河东北路"建制。与前文所论"河东南路"类似，这一区划名称在蒙古南下之初的华北地方官衔中多有沿用，如太祖十三年（1218）攸哈剌拔都授"河东北路兵马都元帅，镇太原"[3]；"戊申（1248），〔郝和尚拔都〕奉诏还治太原……己酉（1249），升万户府为河东北路行省"[4]。忽必烈即位之后，这一建制名称似不再见于官方材料，但在买地券这类民间文献中仍有沿用。

---

[1] 《山右石刻丛编》卷四《郭君碑》，《石刻史料新编》第 1 辑第 20 册，台北新文丰出版公司，第 15005、15006 页。

[2] 温海清：《画境中州——金元之际华北行政建置考》，第 42—45 页。

[3] 《元史》卷一九三《攸哈剌拔都传》，第 4380 页。

[4] 《元史》卷一五〇《郝和尚拔都》，第 3553 页。

7. 至元二十六年（1289）甘肃武威蒲法先买地券

1998 年，出土于甘肃省武威市永昌镇刘沛村元墓。该墓为八角形砖塔式墓，塔高约 1 米，塔内面积约 1.7 平方米。买地券为松木质，长方形，长 57.5 厘米、宽 22 厘米，朱书，12 行，行字不等。[1] 原报道有图影，杜玉奇曾做校录研究[2]，今参校录文如下：

1　　大元国永昌府居致祭孝男蒲文中以□□故父蒲法先，存

2　　系壬辰相，今卜不山之下神后之原，安厝宅兆。谨用钱九万九千九百

3　　九十九贯文兼五彩信（弊）〔币〕，买地一段，东置青龙，西置白虎，南置朱雀

4　　北置玄武。内方勾陈，分掌四域；丘承墓伯，封部界畔；道路将军，齐整

5　　阡陌。千秌万岁，永无殃咎。若辄干犯诃禁者，将军亭长收付（何）〔河〕伯

6　　今以牲牢酒饭、百味香新，共为信契，财地相交分付，工匠修营

7　　安厝已后，永保休吉。知见人：岁月主。保人：今日直符。故气邪精

8　　不得干忤，先有居者永避万里。若违此约，地府主吏自当其祸，

[1]　梁继红：《武威元墓清理简报》，《陇右文博》2003 年第 2 期，第 11 页。

[2]　杜玉奇：《武威出土元代至元二十六年蒲法先买地券研究》，载杜建录主编：《西夏学》第 13 辑，甘肃文化出版社 2016 年版，第 182—189 页。

9　　　主人内外存亡悉皆安吉。急急一如

10　　　女青诏书　　律令。

11　　　　　太岁己丑至元二十六年三月庚辰旦初五日甲申
□吉时告下

12　　　　　给往故蒲法先□□。

　　据《元史·地理志》，永昌路，宋夏为西凉府，元初仍之，"至元十五年，以永昌王宫殿所在，立永昌路，降西凉府为州隶焉"。这一记载有很多问题。《元史》本纪载至元十年七月"省西凉府入永昌路"[1]，可能当时即有永昌路之设，且西凉府已经转隶永昌路，至元十五年可能只是降西凉府为州。[2] 又，至元九年十一月"诸王只必帖木儿筑新城成，赐名永昌府"[3]，陕西户县重阳宫有永昌王赐给全真道人孙志久的令旨，末尾署"牛儿年十月初六日永昌府写来"[4]，牛儿年即至元十四年丁丑，此时已经有永昌路之设。本券亦作"永昌府"，可能是因为王府驻所而不用"路"称。据同墓出土木椁上的题记，蒲法先就居住在城内"从化街"。[5]

8. 元贞元年（1295）陕西曲江袁贵安买地券

　　2011 年，出土于陕西省西安市曲江乡原缪家寨村元墓。该墓为

[1]《元史》卷八《世祖五》，第 150 页。

[2] 参李治安、薛磊：《中国行政区划通史（元代卷）》，复旦大学出版社 2009 年版，第186 页。

[3]《元史》卷七《世祖四》，第 143 页。

[4] 刘兆鹤、王西平：《重阳宫道教碑石》，三秦出版社 1998 年版，第 109 页。

[5] 梁继红：《武威元墓清理简报》，《陇右文博》2003 年第 2 期，第 12 页。

竖穴墓道前后室土洞墓，墓道长 2.66 米、宽 0.86 米—1.24 米，甬道长 0.66 米、宽 1.02 米，前室南北长约 1.4 米、宽约 2.3 米，后室长约 2.5 米、宽约 2.2 米。买地券材质为方砖，边长 29.3 厘米—30 厘米，朱书，12 行，行 22—26 字。[1] 原报道有图影和录文，图影不甚清晰，今据原报告重录如下：

1　维大元元贞元年岁次乙未闰四月乙巳朔初五日己酉，祀神𥙿

2　　土，祭主安西府咸宁县东关北坊永兴街居住孝男袁显、袁翰

3　□先亡祖穴，父亲袁贵安于元贞元年四月初十日故，龟筮协从，相

4　地袭吉，宜于本县洪固乡三赵村正北原上安厝宅兆。谨用伍綵

5　信币，买到坟地一段，计地一亩二分。其地东至青龙，西至

6　白虎，南至朱雀，北至玄武。内方勾陈，分掌四域；丘丞墓伯，封步

7　界畔；道路将军，齐整阡陌。千秋百载，永无殃咎。若辄干犯

8　诃禁者，将军亭长收付河伯。今以牲牢酒饭、百味香新，共

---

[1] 张小丽等：《西安曲江缪家寨元代袁贵安墓发掘简报》，《文物》2016 年第 7 期，第 23、24、32、40 页。

9　为信契，财地交相分付，工匠修营安厝已后，永保大吉。知见人：岁

10　月主。保人：今日直符。故气邪精不得（姦）〔忏〕怓，先有居者永避万里。

11　若违此约，地府主吏自当其祸，主人内外存亡悉皆安吉。急急

12　五帝使者女青律令。

金京兆府，元至元十六年（1279）改为安西路总管府，皇庆元年（1312）改为奉元路。咸宁县，即唐万年县，后改咸宁，元仍金旧，为安西路倚郭县。本券之"安西府"可能是民间俗称，或许与前文"永昌府"类似，与安西王府的存在有关。据《类编长安志》："洪固乡，在（咸宁）县南十五里，管村四十八。"[1]《长安志图》："杜陵，今在奉元城东南二十五里三赵村。陵在高原之上，即所谓鸿固原也。"[2]洪固、鸿固，应是同音异写。

9. 大德三年（1299）江西鹰潭凌文秀买地券

1991年，在江西省鹰潭市区东北梅园公园内元墓出土。该墓为券顶砖室墓，墓室长2.7米、宽0.8米、高1.2米。买地券为拱头长方体，青石质，长71.4厘米、宽37厘米、厚1.7厘米。[3]原报告仅有录文，转录如下：

[1] 洛天骧：《类编长安志》卷一，黄永年校点，中华书局1990年版，第27页。
[2] 李好文：《长安志图》卷中，影印《文渊阁四库全书》，第587册，第490页。
[3] 曲利平、倪任福：《江西鹰潭发现纪年元墓》，《南方文物》1993年第4期，第25—27页。

徽州祈门县武山乡尤昌里板石社寓船居凌文秀，命属端平
（己）〔乙〕未年正月初九巳时生，得寿六十三，于丁酉大德元
年闰十二月初三巳时前去南山采药，遇着仙人留住后回来，致
令命归泉世。生前用冥钱九万九千九十九贯九十九文足，就土
公土母处，买得信州贵溪县仙源乡詹方官塘山为双穴，巽山行
龙，离山遇脉，坐坤申，向丑艮。其地东止甲乙，南至丙丁，
西至庚辛，北至壬癸，上至青天，下至黄泉，中至凌文秀（农）
〔家〕冢宅。棺木一具，四角完全，衣衾等物。何人书，天上
鹤；何人书，水中鱼。鹤在渊。恐有千年古器之精妄采争占，
太上敕下，有青衣童子奉

　　天庭照天律施行。

　　大德三年岁次己亥七月初六日立券。

　　　　　　　东请王公证见。

　　　　　　　西请王母证明。

徽州路，宋徽州，至元十四年（1277）改徽州路；祈门，《宋
史·地理志》作"祁门"，宋元皆为徽州属县。祈、祁同音异写，元代
文献中皆有使用。据《（淳熙）新安志》：祁门"其乡七、其都二十有
三"，"武山乡在南，其都化成、尤昌"。[1] 又，《（弘治）徽州府志》：
"（宋）置七乡二十三里……武山乡在县南，里有二：花城、尤昌"，
"（元）定置六乡二十二都，……尤昌上十二都、尤昌下十三都"。[2] 据
此，元代祁门乡村组织正式地应该称"都"而不称"里"。这在徽州文

---

[1] 《（淳熙）新安志》卷四，《宋元方志丛刊》本，第 7653 页。
[2] 《（弘治）徽州府志》卷一"厢隅乡都"门，《天一阁藏明代方志选刊》本。

书中也有证明，如至元二十七年郑思通卖地契中买主秀乙进士籍贯为
"尤昌十二都"[1]，延祐七年（1320）元振合族卖坟山契中交易地土也在
"尤昌十二都"。[2] 本券只作"尤昌里"，再一次显示了民间文献区划知
识更新的迟滞。

信州路，宋信州，至元十四年改信州路；贵溪，宋元皆为信州
属县。据《（嘉靖）广信府志》：（贵溪县）仙源乡，辖三十一至
三十七都，在县治西南方。[3]

据同墓出土圹记所载，凌文秀世居徽州祁门县武山乡尤昌里，自
述于庚申年（南宋景定元年=1260）同妻康氏"离乡井而船居"，"历
涉江河有年，买卖轻重随其时"。康氏于辛卯年（至元二十八年=
1291）先亡，即葬于买地券所述官塘山。凌文秀并预立双穴，且施
助附近"应声峰莲社念佛堂"，以为"夫妇身后寄供香火之便"。后
于丁酉年（大德元年=1297）续娶刘氏，"诸事付之子云，惟怀酒自
适"。同年，船行经过"番易"（当指饶州路鄱阳县）时，凌文秀亡
故，子孙"奉柩会于母亲康氏之双穴"。[4] 这是元代江南有代表性的
普通中下层行商的形象。

10. 大德十年（1306）内蒙古多伦佚名买地券

1990 年出土于内蒙古锡林郭勒盟正蓝旗多伦县元上都遗址东南砧
子山墓地第 M43 号墓。原墓出土买地券两合，每合皆为两块板瓦上

[1] 刘和惠、汪庆元：《徽州土地关系》，安徽人民出版社 2005 年版，第 307 页。
[2] 王钰欣、周绍泉：《徽州千年契约文书（宋元明编）》第 1 册，花山文艺出版社 1993
    年版，第 11 页。
[3] 《（嘉靖）广信府志》卷三"坊乡"门，明嘉靖刻本，中国方志库影像。
[4] 曲利平、倪任福：《江西鹰潭发现纪年元墓》，《南方文物》1993 年第 4 期，第 25、26 页。

下重叠，券文用朱砂书写于下方板瓦内面。其中一合已大部漫漶，另一合经原报告释读录文，但不见有图影发表。[1] 今将原录文转引如下：

1　时大元大德十年岁次丙午四月庚子朔初二□□□，上都小

2　东门外街北居住□，伏缘父母□逝，(者)〔未〕卜茔坟，□

3　受恩□人与，不(逐)〔遣〕所厝，今遂二七日者缘此高原，来去朝回，地(土)〔占〕

4　冢，地属本路东关之原，□(属)〔为〕……买到□

5　□长□□步，东西□□步，东至青龙，西至白虎，南至朱

6　雀，北至玄武，内方勾□，管□地域，丘(原)〔丞〕……

7　齐整阡陌，致使千百载永无□□者。若有(未愿)〔干犯〕……

8　亭长缚付(所须)〔河伯〕。今备牲牢酒脯、百味香新

9　□□相奉已今分付，今工匠修宅安厝已后，永保

10　(和克又)〔知见人〕：岁月主；代保人：今日直符。故(合)〔气〕□归不得干扰，□有

11　居者永避万□。此约，地府主吏自当其……

12　(我)〔外〕存亡悉皆安……

---

[1] 李逸友：《元上都城南砧子山南区墓葬发掘报告》，《内蒙古文物考古》1999年第2期，第92、93、100、121页。

　　　　　13　大帝使者女青律令

　　根据考古发掘的结果，元代上都有宫城、皇城和外城。宫城有东、西、南三门，皇城南北各一门、东西各二门，外城东墙与宫城齐平，无独立城门。[1] 宫城三门，元人诗中提到"东华西华南御天，三门相望凤池连"[2]，盖其名分别作东华、西华、御天。小东门当为皇城东墙二门之一，至正二十五年（1365）上都发生战事，"副留守秃鲁迷失海牙引兵由小东门出"，与敌军"大战卧龙岗"。[3] 大约距离宫城较近的北侧城门为东门，而稍远的南侧城门即为小东门，考古发掘显示在此门外"小型建筑较多，应当是下层百姓杂居之处"。[4]

11. 至大元年（1308）江西临川阮张氏买地券

　　私人藏品，出土情况不详。无拓片。今据原报道录文，核对干支、行政区划记录等，未见瑕疵。转录如下 [5]：

　　　　维大元至大元年岁次戊申十月丙戌朔越二十四日（巳）〔己〕酉，抚州路临川县招贤乡招富里西廨上保居孝女阮氏道娘、呈娘、三娘、四娘、五娘，孝婿周士质等，以所生母张氏元命癸酉年三月初二日巳时建生，于戊申年九月十二日殁故，

[1] 贾洲杰：《元上都调查报告》，《文物》1977 年第 5 期，第 65—74 页。

[2] 周伯琦：《是年五月扈从上京宫学纪事绝句二十首》，《近光集》卷一，影印《文渊阁四库全书》，第 1214 册，第 518 页。

[3] 《元史》卷一四五《达礼麻识理传》，第 3453 页。

[4] 魏坚：《元上都城址的考古学研究》，载中国蒙古史学会编：《蒙古史研究》第 8 辑，内蒙古大学出版社 2005 年版，第 87—93 页。

[5] 刘丽飞：《百石斋藏宋元买地券释文及词语研究》，第 54、55 页。

龟筮叶从，相地维吉，宜于本里西廓许家湖为宅兆安厝，谨用钱九万九千九百九十九贯文兼五彩信币，买地一段，东止青龙，西止白虎，南止朱雀，北止玄武。内方勾陈，分掌四域；丘丞墓伯，谨（聿）〔肃〕界封；将军齐整阡陌。若辄干犯呵禁，将军亭长收付河伯。财地交相分付，修营安葬，永保无咎。若违此约，地府主吏自当其祸，主人内外存亡悉皆安吉。急急如五帝主者女青律令。

抚州路，宋抚州，至元十四年（1277）改抚州路。临川县，仍宋旧，为抚州属县。《（同治）临川县志》载："招贤乡，十四都至十七都，在城西与西北。"[1] 吴澄《故抚城吴居士墓志铭》提到"临川县招贤乡之德坊"[2]。虞集《故临川隐士娄君太和墓志铭》提到"临川县招贤乡增芳之原"[3]。

12. 至大三年（1310）宁夏固原沈妙清买地券

1985 年征集于宁夏固原市原州区开城镇安西王府遗址，出土信息不详，现藏固原博物馆。买地券为砂石质，长方形，长 52 厘米、宽 46 厘米。全文 20 行，行字数不等。[4] 现据原石、拓片等资料，录文如下：

---

[1]《（同治）临川县志》卷一下《地理志》，清同治九年刻本，中国方志库影像。

[2]《吴文正集》卷八三，影印《文渊阁四库全书》，第 1197 册，第 792 页。

[3]《道园学古录》卷四三，《四部丛刊初编》本。

[4] 宁夏文物考古研究所：《固原开城墓地》，科学出版社 2006 年版，第 183、184 页。银川美术馆编：《宁夏历代碑刻集》，宁夏人民出版社 2007 年版，第 53、54 页。宁夏固原博物馆编：《固原历代碑刻选编》，宁夏人民出版社 2010 年版，第 129 页。

1　　维大元至大三年岁次庚戌正月二十五日

2　　吉辰，有开成县南街住人陈文德，伏为

3　　于正月初二日先妣沈氏妙清掩世。尊亲□

4　　于本县震山之原，龟筮协从，相地袭吉，坤方

5　　之水，来去潮迎。谨用明钱九千九百九十贯

6　　文兼五綵信币、金宝珠玉，买此墓地一段，南

7　　长一百二十步，北长一百二十步，东阔一百

8　　二十步，西阔一百二十步。东至青龙，西至白

9　　虎，南至朱雀，北至玄武。内方勾陈，分擘四域；

10　　丘承墓伯，封步界畔；道路将军，齐整阡陌。至

11　　使春秋百载，永无殃咎。若有干犯，并令将军

12　　亭长缚付河伯。今以牲牢酒脯、百味香新，共

13　　为信契，财地相交分付，工匠修营安厝，已后

14　　永保休吉。知见人：太岁月建主。保人：今日直

15　　符。故气邪精不得干犯，先有居者永避他乡。

16　　若违此约，地府主吏自当其咎，助葬主内外

17　　存亡。急急如五方使者女青律令。

18　　至大三年岁庚戌正月己卯朔二十五日

19　　癸卯吉辰。　　　　　　　券立二本，一本给付亡

20　　□先妣沈氏妙清，永付山泽者。

13. 延祐元年（1314）北京海寿父母买地券

1971 年，出土于北京朝阳区东直门外酒仙桥砖室墓。该墓为穹顶圆室砖墓，墓室直径约 1.5 米。买地券为长方形板瓦材质，长 36

厘米、宽 18 厘米—20 厘米，朱文楷书，9 行，行字数不等。[1] 原报告只有录文，转录如下：

1　维延祐元年五月甲寅朔望日庚申，大都崇教坊住人

2　中顺大夫海寿，伏缘父母奄逝，未卜茔坟，夙夜忧思，不遑所厝。今日

3　者□此高原，系通州西阳村之原，堪为宅兆。梯己出备钱（採）〔綵〕，买到墓地一方，南北长

4　四十七步，东西阔四十五步，东至青龙，西至白虎，南至朱雀，北至玄武。内方

5　勾陈，财地（俎）〔相〕交，各已分付，工匠修茔安厝已（应）〔后〕，永保休吉。

6　知见人：岁（同）〔月〕主。代保人：今日直符。故气旧精不得干忤，先有居

7　者永避万里。若违此约，地府主吏自当其祸，□葬主里

8　外存亡悉皆安吉。急急如玉帝使者女青律令。

9　奉付。

券首日期中，"五月甲寅朔"与文献相合；但以朔日甲寅推算，庚申日为初七，而望日（十五日）当为戊辰。不知是否录文有误。

元大都崇教坊，现存辑佚本的《析津志》、《元一统志》中均未

---

[1] 黄秀纯、雷少雨：《北京地区发现的元代墓葬》，载于杰主编：《北京文物与考古》第 2 辑，北京燕山出版社 1991 年版，第 241 页。刘勍：《北京考古史（元代卷）》，上海古籍出版社 2012 年版，第 82 页。

见记载，本券可补史料之阙。《大明一统志》载：北京有武骧左卫、武骧右卫、腾骧左卫、腾骧右卫，"俱在崇教坊"；[1]《京师五城坊巷衚衕集》记载，"北城，在北安门至安定、德胜门里并北关外"，有"崇教坊，十四铺"。[2]《（万历）顺天府志》载：大兴县有天仙庵，在崇教北坊；开元寺，在崇教南坊。[3]《（康熙）大兴县志》云："都城东北隅有坊曰崇教，街曰咸赍，明初北平府学在焉。"[4]

14. 延祐六年（1319）宁夏固原陈子玉买地券

1992 年，出土于宁夏固原开城安西王府遗址，现藏固原原州区文物管理所。买地券为方形青砖材质，边长 38 厘米，厚 7 厘米。券文从右至左 17 行，行字数不等，满行 19 字。原报道有拓片，但模糊不可识读。[5]今将录文转收于此：

> 唯大元延祐六年岁在己未九月壬午朔初三日甲申，开成路开成县中街住人□主宋思义，（状）〔伏〕缘（士）〔亡〕考陈子玉奄逝，未卜茔坟，日夜忧（忍）〔思〕，不遑所□。（□今）〔遂令〕日〔者〕择此高原，来去朝迎，地占袭吉，地属本县迎原，堪为宅兆。（第已）〔梯己〕出备钱（采）〔綵〕，买到（基）〔墓〕地一方，南北长二十步、东西阔一十七步三分五厘，东至

---

[1] 《大明一统志》卷一《京师》"武职公署"条，影印明天顺刊本，台北台联国风出版社 1977 年版，第 67、68 页。

[2] 张爵：《京师五城坊巷衚衕集》，与朱一新《京师坊巷志稿》合刊，北京古籍出版社 1982 年版，第 18 页。

[3] 《（万历）顺天府志》卷二"寺观"类，明万历刻本，中国方志库影像。

[4] 《（康熙）大兴县志》卷一"古迹考"，影抄康熙二十四年刻本，中国方志库影像。

[5] 宁夏固原博物馆编：《固原历代碑刻选编》，宁夏人民出版社 2010 年版，第 130、131 页。

青龙，西至白虎，南至朱雀，北至玄武。内方勾陈，管分四域；丘承墓伯，封步界畔；道路将军，齐整阡陌。至使春秋百载，永无殃咎。若有干犯，并令将军亭长缚付河泊。今以牲牢酒脯、百味香新，共为信契，财地相交分付，工匠修茔安厝已后，永保休吉。

　　知见人：岁月主。代保人：今日直符。故气邪精不得干犯，先有居者永避万里。若违此约，地府主吏自当其祸，助葬主内外存亡悉皆安吉。急急如五帝使者〔女〕青律令。

开成路，《元史·地理志》作"开成州……元初仍为原州。至元十年（1273），皇子安西王分治秦、蜀，遂立开成府，仍视上都，号为上路。至治三年（1323），降为州。领县一、州一"，似乎并未有"路"的建制。但《地理志》下文叙述所辖广安州时又说："至元十年，安西王封守西土，既立开成路，遂改为广安县……十五年升为州，仍隶本路。"明言至元十年所立就是"开成路"。

　　另有多条史料可以印证，如大德八年（1304）"开成路总管府判官常谦数千里驿致安西王教于燧"[1]，大德十年八月"开成路地震，王宫及官民庐舍皆坏"[2]，立于延祐五年（1318）的《元重修扶风学记》碑阴题名中有"开成路务官"[3]，至治三年二月"降开成路为州"[4]。因此在至元十年（1273）到至治三年（1323）间，开成路是存在的。本券在延祐六年，地点署为"开成路开成县"，也可为印证。又，

[1]　姚燧：《延釐寺碑》，《牧庵集》卷一〇，《四部丛刊初编》本。
[2]　《元史》卷二一《成宗四》，第471页。
[3]　张塨：《张氏吉金贞石录》卷三，《石刻史料新编》第1辑第12册，第9345页。
[4]　《元史》卷二八《英宗二》，第629页。

《永乐大典》收录的陈元凯神道碑末尾有"泰定二年（1325）岁次乙丑正月初四日男承务郎开成路总管府治中敬立建"[1]，似乎此时仍有开成路建制。

15. 延祐七年（1320）山西原平卢某买地券

该券著录于日人所著的《山西古迹志》，据称出土于山西崞县（县今废，治所在山西原平市崞阳镇）。券为砖质，方形，边长29.5厘米，朱书。[2] 原报道有图影，但模糊不可识读，今将券文转录如下：

> 大元延祐七年岁次庚申五月己卯朔十二日庚寅□时，冀宁路崞州南关街西居住祭主卢子善，□伏缘祖父奄逝，有母在堂，建立寿坟。夙夜忧思，不遑所厝，（逆）〔遂〕□□（有）〔者〕择此高原，来去朝迎，地占袭吉，地属本州本关住宅西北，乾位合本音，冠带临官之方，福德之位，长原之地内，堪为宅（北）〔兆〕，梯（已）〔己〕出备（镮绶）〔钱彩〕，买到坟地一方，南北长二十步，东西阔一十七步五厘。东至青龙，西至白虎，南至朱雀，北至玄武。内方（向）勾陈，分擘四域；丘承墓伯，封步界畔；道路将军，齐整阡陌。致使千年万载，永无殃咎。若有干犯，并令将军亭长缚付河伯。（令）〔今〕备（发生）〔牲〕牢酒脯、百味香新，共契，财地交□已分付，令工匠修茔安厝，已后永保休吉。

---

[1] 《永乐大典》卷三一四六，第1897页。

[2] 水野清一、日比野丈夫：《山西古迹志》，孙安邦等译，山西古籍出版社1993年版，第21、22页。

　　知见人：岁庚申月壬午。代保人：直符小吉。故气邪精不
得干□犯，居□□避万里。若违此约，地府主吏自当其祸，助
葬〔内〕外存（壬）〔亡〕（愁咎）〔悉皆〕安吉。急急如

　　五帝□君玄□律令

　　□□（元）〔乞〕付□中人□

　　祖□□□江（？）文（？）□□□□反（牲）〔准〕备付身
永远照用。背书合（用）〔同〕□□□□□□□永不侵争。

冀宁路，金为太原府，元为太原路，大德九年（1305）以地震
改冀宁路；崞州，金为崞县，元初升崞州。

16. 泰定元年（1324）山西崞州谢氏家族买地券

　　2005 年，出土于山西省原平市崞阳镇，现藏山西忻州文管处。
券为方砖材质，朱书 22 行，行字不等。原报告有图影及录文，图影
略有模糊。[1] 今参考原录文，转录如下：

　　1　　维大元泰定元年岁次甲子三月丁亥 朔 廿六日壬子，河
东北路冀宁路崞

　　2　　州南关居住祭主谢子成等，伏缘

　　3　　曾祖父母奄逝，未卜茔坟，夙夜忧思，不遑所厝，遂
令日者择此高〔原〕，

　　4　　来去朝迎，地占袭吉。地属本州住宅北方壬子之位，

---

[1]　祝庆：《浅析崞州元代买地券》，《文物世界》2015 年第 3 期，第 37、38 页。

合本音利方长

5　原之地内，堪为宅兆。梯已出备钱彩，买到墓地一方，南北长二十步，东西阔

6　一十七步九分五厘，东至青龙，西至白虎，南至朱雀，北至玄〔武〕。内方勾陈，管

7　分擘四域；丘丞墓伯，封步界畔；道路将军，齐整阡陌。致使千年百载，

8　永无殃咎。若有干犯，并令将军亭长缚付河伯。今备牲牢酒脯，百

9　味香新，共为信契。财地相交，各已分付，今工匠修茔安厝，已后永保休吉。

10　知见人：岁甲子月戊辰；代保人：直符从魁。故气邪精不得干恡，先有

11　居者永避万里。若违此约，地府主吏自当其祸，助葬主里外

12　存亡悉皆安吉。急急如

13　五帝使者女青律令。

14　一本乞付墓中，令亡

15　谢仲礼

16　谢忠信

17　谢思　谢元

18　曾祖父谢德，祖父　父叔

19　谢义　谢仲威

20　谢文贵

21　　收把，准备付身，永远照用。今分券背书合同二字，令

22　　故气伏尸，永不侵争。

本券将"河东北路"与"冀宁路"并用，反映了新旧知识在地方史料中的层累。

17. 后至元元年（1335）湖南澧县文寿原买地券

20 世纪后半叶，出土于湖南澧县，具体出土情况不详，现藏澧县博物馆。本券为青灰方砖，边长 29.5 厘米，朱书 12 行，行字数 8—30 不等，无券额，券尾加画符篆，一幅八卦图圈围整个券文。[1] 原报告仅有录文，今转录如下：

1　　至元年（己）〔乙〕亥闰十二月己卯朔越十二日庚寅，澧州路在城孝德坊冯家升

2　　泉土地分居殡故父亲文公寿原知事，元命于乙未年五月十六日寅时生，

3　　寿年四十岁，大限甲戌年二月有二日约寅卯时分，在家因疾终于正寝，

4　　停柩在堂。龟筮协从，刻地袭吉，宜于本州澧阳县同由乡安仁南村馀药

5　　下保张家业土地分自己地上，迁作乾山巽向之原宅（北）〔兆〕。谓今庚寅

---

[1]　向安强：《湖南澧县出土元明地券》，《江汉考古》1993 年第 1 期，第 93 页。

6　　吉旦，移灵还山安葬。谨用钱财买地一穴，东止甲乙，西止庚辛，南止

7　　丙丁，北止壬癸，中央戊己。分掌四域；丘承墓伯，封步界畔；道路将军，齐整

8　　阡陌。千秋万岁，永无殃咎。□□□□□□□诃禁，将军亭长收付河伯。

9　　鷞□□礼，共为信誓，财地交相分付。工匠修营安葬之后，永保休吉。知见人：岁 [1]

10　　月主。保人：今日直符。故气邪精不得干犯，先有居者永避万里，如违此约

11　　地府主吏自当其祸，主人内外（有）〔存〕亡悉皆安吉。急急如

12　　五帝主者女青律令。

据原报告，券尾有符篆，似为诰命符，释读为：

〔耗〕天罡地脉开通黄（？）路。

本券券首有"至元年"三字，考察元代年号，只能是至元某年、至正元年或至大元年。所有相应年份中，有闰十二月且月日干支与券文符合的，只有后至元元年＝乙亥年；原录文作"己亥"，可能是因形近而辨识讹误。葬主生于元贞元年（1295，乙未），殁于元统二

年（1334，甲戌）。

澧州路，宋为澧州，至元十二年（1275）立安抚司，十四年改澧州路总管府；澧阳，为澧州路倚郭县。

18. 后至元二年（1336）江西铅山赵命保买地券

2009 年，出土于江西省铅山县永平镇八水源村元墓。该墓为长方形土坑竖穴砖石墓，墓室长 3.05 米、宽 0.9 米。买地券为灰陶质地，方形，高 34.7 厘米、宽 34.2 厘米，墨书开题，中有符箓一行。原报告有图影及录文，图影较模糊。[1] 今参考原录文，转录如下：

券额：

新故明达省元赵公墓契吉

券文：

1　铅山州在城中市状元坊□里巷居住奉□□□□

2　道孝男赵求臣、孝□□□□□□□□、

3　孝妻祝□□□□□□，合家眷等上干，□□□

4　洪造意者，伏为新故明达省元赵公命保，壬子年四月十二日丑时，享

5　年二十四岁，夫赵公乙亥年十月十七日得世，灵枢尚

[1]　李育远、钟文良：《江西铅山元代纪年墓发掘简报》，《中国国家博物馆馆刊》2012 年第 4 期，第 6—10 页。

存，用⬚仲安葬。今张

6　坚固、李定度为开，用钱九千九百九十九贯九分九厘，就问地主武夷王⬚买

7　阴地一穴，坐落□□名□基，地乃□山行龙，□□⬚向艮，水流吉方。□

8　择丙子至元二年五月十五日，□□葬，永为□⬚业。⬚无令古墓伏尸□

9　神等□⬚如有此子之神□□，武夷王□能抵当，不涉亡者之事。其地东至

10　青龙，南至朱雀，西至白虎，北至玄武，上至青天，下至黄泉。何人迁，白鹤仙；何人

11　书：一稗师。有□□□□□□证。⬚知旬亡者安葬之后，阴男阴女，

12　益子荫孙。⬚田农万担，谷稷⬚千仓。官禄绵远，世代昌吉者。

13　至元二年丙子⬚六月　　日地主：武夷王（押）地契

14　　　　　　　　　　　⬚才人：张坚固（押）

15　　　　　　　　　　　见证人：李定度（押）东皇公

16　太上老君急急如律令（符）引见人：南山笋（押）

17　　　　　　　　　　　担保人：海中鱼（押）西皇⬚母

本券日期署为"丙子至元二年"，按干支，当为后至元二年。葬

主生于皇庆元年（1312，壬子），殁于后至元元年。券文称之为"省元"，如果是实指，意味着葬主生前曾经考取江西行省乡试的头名。

铅山州，宋为铅山县，元初因之，至元二十九年（1292）升为州。《（嘉靖）铅山县志》载："前街，东通状元坊，西通武定坊"，"状元坊，在县治前，为宋刘辉立"；又载铅山县儒学沿革云：景泰四年，郡守等重修儒学，"易棂星门以石，立刘辉状元坊于左，胡濬进士坊于右"。[1]《（同治）铅山县志》引李奎记云：郡守姚堂、通判余庆等主持，"谓门构以木，制不瓦覆，易至摧朽，……遂募工取石于山，其柱与坊俱易以石"[2]。可知明代以前已有状元坊，本券亦可为印证。

19. 至正六年（1346）江西景德镇舒英二买地券（二块）

这是私人报道的两件藏品，其来源情况不明，真伪也存在争议。但从现有资料看，似乎尚不能断定为伪，故仍收录于此。两块地券本为同一葬主，而两者之间文字差异颇大，相互关系尚难明了。[3]原报告有图影及录文，今转录如下：

第一块，券文 17 行，行字不等：

1　　　　维

2　　　大元至正六年岁次丙戌闰十月二十八日，饶州路浮梁

---

[1]　《（嘉靖）铅山县志》卷三"街市"门、卷五"学校"门，明嘉靖刻本，中国方志库影像。

[2]　《（同治）铅山县志》卷九"学宫"门，清同治十二年刻本，中国方志库影像。

[3]　施莉莎、蔡庆晖：《从两块元代瓷券探寻"元青花"的足迹》，《中国文物报》2006 年 3 月 8 日，第 8 版。施莉莎、蔡庆晖：《两块元代地券的考证与辨伪》，载《元青花研究：景德镇元青花国际学术研讨会论文集》，上海辞书出版社 2006 年版，第 213—228 页。

3　州兴西乡里仁都赵家建王公岭舒子仁，以先

4　考舒英二朝奉于至正四年七月初七日巳时殁故，今

5　以龟筮协从，相地惟吉，宜于本州安西乡鱼步

6　都阳府潍竹坞山之原为宅兆安厝。谨用钱

7　九万九千九百九十九贯文兼五（練）〔綵〕信币，买
地一段，

8　东止青龙，西止白虎，南止朱雀，北止玄武。内方
勾陈，

9　分掌四域；丘丞墓伯，谨肃界封；道路将军，齐整

10　阡陌。若辄（千）〔干〕犯诃禁，将军亭长收付河伯。
今以清酌

11　蔬菜，共为信誓，财地交分付，工匠修营，永保无
咎。若

12　违此约，地府主吏自当其祸，主人内外存亡悉

13　皆安吉。急急如五帝主者女青律令。

14　　　至正六年闰十月二十八日　　　　　　契

15　　　见人：年神

16　　　书人：月将

17　　　运钱人：主簿

第二块：

1　　　维

2　　　大元至正六年岁次丙戌闰十月二十八日，饶州路浮梁

3　　州兴西乡里仁都赵家建王公岭舒子仁，以先考

4　　舒英二朝奉于至正四年七月初七日巳时殁故，今以龟筮

5　　协从，相地惟吉，宜于本州安西乡鱼步都阳府滩竹

6　　坞山之原为宅兆安厝。谨用钱九万九千九百九十九贯

7　　文兼五（練）〔綵〕信币，买地一段。东止青龙，存
青花白釉磁

8　　九十九付；西止白虎，存刻花白釉磁九十九付；南止
朱雀，存

9　　红花白釉磁九十九付；北止玄武，存白花红釉磁
九十九付。

10　　内方勾陈，分掌四域；丘丞墓伯，谨肃界封；道路将

11　　军，齐整阡陌。若辄干犯诃禁，将军亭长收付河伯。

12　　今以清酌蔬菜，共为信誓，财地交分付，工匠修营，永

13　　保无咎。若违此约，地府主吏自当其祸，主人内外

14　　存亡悉皆安吉。急急如五帝主者女青律令。

15　　　　　至正六年闰十月二十八日　　　　　　契

16　　　　　见人：年神

17　　　　　书人：月将

18　　　　　运钱人：主簿

饶州路，宋饶州，至元十四年（1277）改饶州路总管府。浮梁州，宋浮梁县，元因之，元贞元年（1295）升州。《（道光）浮梁县志》载：兴西乡，在县西南，辖里仁等四都，里仁都距县三十里；

安西乡，在县西南，辖鱼步等八都，鱼步都至县三十五里。[1]

出土买地券的材质以砖陶居多，亦有木石。瓷质券相对罕见，类似的还有金正隆五年（1160）辽宁辽阳王公买地券[2]、泰和元年（1201）辽宁辽阳刘氏夫妇买地券[3]。此种瓷券似多出现于制瓷窑场周边，如正隆五年王公买地券，葬主为"辽阳府辽阳县辽阳乡瓷窑务故王公"。在今辽阳市区东约 20 公里的太子河南岸有大规模的瓷窑遗址 —— 江官屯窑址，其烧造高峰期就在金代[4]，本券应该就是此窑的产品。

浮梁下属景德镇，唐宋以来皆产良瓷。清代的《景德镇陶录》载："景德镇，属浮梁之兴西乡，去城二十五里，在昌江之南。"[5]《（道光）浮梁县志》："景德镇，在里仁镇市二都。"[6] 元代曾在此设有浮梁磁局，专采办宫廷用瓷。[7] 本券葬主籍贯就是"兴西乡里仁都"，故买地券得用瓷质。

20. 至正八年（1348）山东章丘娄德元买地券

2006 年，出土于山东省章丘市双山街道元墓。墓葬详情不明。买地券为红陶砖质，下部残缺，宽 19 厘米、厚 1.2 厘米，朱书，13

---

[1] 《（道光）浮梁县志》卷二"隅乡"门，清道光三年刻十二年补刻本，中国方志库影像。

[2] 彭善国、徐长戎：《辽阳金正隆五年瓷质"明堂之券"》，《文物》2010 年第 12 期，第 88—91 页。

[3] 王嘉宁、王荐、苏德永：《新发现的金代瓷质买地券》，《中国书法》2014 年第 3 期，第 184、185 页。

[4] 孟霜桥：《辽阳江官屯窑初步研究》，吉林大学硕士学位论文，2015 年。

[5] 傅振伦：《〈景德镇陶录〉详注》卷一，书目文献出版社 1993 年版，第 5 页。

[6] 《（道光）浮梁县志》卷二"市镇"门。

[7] 《元史》卷八八《百官四》，第 2227 页。江建新：《元青花与浮梁磁局及其窑场》，《中国国家博物馆馆刊》2013 年第 6 期，第 76—86 页。

行。[1] 原报道只有录文，转录如下：

维

大元至正八年十一月□□（溯）〔朔〕越□□□□□庄

住人祭主娄德元□□□□厝，遂（今）〔令〕日者择此高

原，地□□□，堪为（安）宅兆〔安〕厝，□备钱□□□买

□，东至青龙，西至白虎，南至朱雀，北至玄武。内方勾陈，

分掌四域。丘承墓伯，界畔封步。道路将军，齐整阡陌。若辄

有犯诃禁者，将军亭长收付河伯。今备牲牢酒□，共为信契，财

地分付，工匠修营安厝（己）〔已〕后，永保安吉。知见人：岁

月主者。保人：今日直符。若违此约，地府主吏自当其祸，

主人内外有之安吉。急急如帝主者女青律令。

□□□□□□□□

21. 至正十一年（1351）开州路广济县舒氏买地券

1988 年，九江市博物馆征集品。原报道称出自一座至正十一年
的元代青砖墓，墓长约 3 米、宽约 1 米，但具体出土时间、地点等
不详。买地券为陶质方形，长 32 厘米、宽 31.5 厘米，13 行，满行
19 字，间行反向书写。[2] 原报道有拓片，录文如下：

1　维大元至正十一年三月初七日，小石门里孝男

2　苏汉用等，以母亲舒氏一小娘于至正八年五月

[1] 李芳、孟庆红：《章丘出土元代买地券考略》，《中国文物报》2006 年 9 月 20 口，第 7 版。
[2] 吴水存：《江西九江发现元代青花瓷器》，《文物》1992 年第 6 期，第 94 页。

3　　十五日戌时殁故，龟筮叶吉，相地维吉，宜于开州

4　　路广济县安乐乡小石门里石城中村周佃住基

5　　为宅兆安厝。(说)〔谨〕用价钱九万九千九百九十九贯

6　　文，兼五绺信币，买地一段，东至青龙，西至白虎，南

7　　至朱雀，北至玄武。内方勾陈，分掌四域；丘丞墓

8　　伯，谨肃界封；道路将军，齐整阡陌。若辄有

9　　干犯诃禁，将军亭长收付河伯。今以牲牢酒饭

10　　共为信誓，财地交相分付，工匠修莹，永保无咎。

11　　若违此约，地府主吏自当其祸，主人内外存亡悉

12　　皆安吉。急急如五帝主者女青律令。

13　　见人：东王公、西王母，蒿里父老，书张坚固、李
定杜。

　　券文中提到了"开州路广济县"。据《元史·地理志》，元代有两个开州，一属大名路，领四县：濮阳、东明、长垣、清丰；另一属夔路，为不领县的散州。并没有"开州路"这一建制。同时，元代仅有一个广济县，属于蕲州路。据《(乾隆)广济县志》记载，蕲州路广济县在明清都辖有"安乐"一乡，并且有多个以"石门"命名的地标，如石门山、石门亭等[1]，或许在元代曾经存在一个"石门里"。如果本券是真品，那么这里的"开州"可能是当日民间对"蕲州"的俗写。蕲州路广济县，地当今湖北省武穴市，濒临长江，九江在其下游约 50 公里处。

---

[1]《(乾隆)广济县志》卷三《山川》、卷六《氏族表》、卷七《户籍表》等，乾隆五十八年刻本，中国方志库影像。

22. 至正十三年（1353）甘肃定西史瑄买地券

本券为甘肃定西出土，方砖材质，阳刻，16 行，行 16 字。其余信息不详。[1] 今据拓片，录文如下：

1　维大元至正十三年岁次癸巳正月（己巳）〔庚午〕

2　朔初四日癸酉，定西州西街居孝男史孝

3　恭等，有父母史瑄，于壬辰岁十二月十一

4　殁故。龟筮从，相地吉，宜于本州庙山巉坡

5　下离山丙穴之原，堪为宅兆。谨用钱九万

6　九千九百九十贯文兼五綵信币，买地一

7　段，四方各一十七步，东止青龙，西止白虎，

8　南止朱雀，北止玄武。内方勾陈，分掌四域；

9　丘承墓伯，封步界畔；道路将军，齐整阡陌。

10　千秋万岁，永无殃咎。若辄干犯诃（荣）〔禁〕，将军

11　亭长收付河伯。今以牲牢酒饭、百味香新，

12　信契，财地交相分付，（功）〔工〕匠修营安厝，已后

13　永保休吉。见人：岁月主。保人：今日直符。故

14　气邪精不得干犯，先有居者永避万里。若

15　违右约，地府主吏自当其祸，主人内外存

16　亡悉皆安吉。急急如五帝主者女青律令。

本券券首年月日干支中，"己巳朔"有误，按初四日癸酉逆推，

[1]　殷荪：《中国砖铭（图版下册）》，江苏美术出版社 1998 年版，第 1159、1160 页。胡海帆、汤燕：《中国古代砖刻铭文集》，文物出版社 2008 年版，第 336 页。

初一应是庚午，且庚午朔与文献记载相合。定西州，金为定西县，贞祐四年（1216）改定西州，元因之。至正十二年（1352）三月，因陇西地震改为"安定州"。[1] 然本券仍称"定西州"。

据同墓出土的墓志砖[2]，葬主史瑄"自受之本州阴阳教授"，其妻姚氏"法名妙清"，长男史孝恭为"（付）〔附〕籍皮匠户，兼习儒医阴阳"，另外其户中还有人"出家"。综合上述信息，这应该是父子相承的阴阳术士之家，"妙清"一名透露出其信仰可能受道教的影响较大。这一户是官府"附籍皮匠户"，说明本家除了从事阴阳外，更重要的生计来源可能是皮匠。因为长男史孝恭"兼习儒医阴阳"，所以他很可能就是本券和墓志砖的作者，从券文、志文中的多处错别字以及正月"己巳朔"的错误可见，他的文化水平并不高。

23. 山西忻州孟某买地残券

此券据报道现藏山西忻州文管处，出土情况不详。券为方砖材质，朱书，十余行。原报道有图影与录文，但图影较为模糊。[3] 现参酌录文如下：

1　维大元……秀容县独柏乡呼遥村……

2　……于今月初四日创□□□……

3　……地……等谨□处心

---

[1]《元史》卷四二《顺帝五》，第897页。

[2] 殷荪：《中国砖铭（图版下册）》，第1162页。

[3] 祝庆：《元代买地券研究》，第99、125页。

4　……原……宅兆一所，谨用……

5　……南北长二十步，东……

6　□□计……东至青龙，西至白虎，南至朱雀，北至

7　玄武。内方……丘丞墓伯，封步界畔。道路将军，

8　齐整阡陌。千秋百载，永无殃咎。若辄干□□禁者，将

9　军亭长，收付河伯。今以牲牢酒饭、百味香新，共为
信契，财

10　地交相分付，工匠□□□厝已后，永保休吉。知见
人：岁月主。

11　代保人：今日直符，□气邪精不得忏恠，先有……

12　……主□自当其祸，主人内外存亡……

13　……五……令

14　……右种九用者

15　……券人孟彦仔等……

秀容县，为冀宁路忻州倚郭县，至元二年（1265）曾省入忻州，
四年复置。

24. 北京无名买地残券

1970 年，出土于北京石景山区金顶街元代石棺火葬墓。买地券
青石质，长方形，长 36 厘米、宽 31 厘米，朱书，10 行，行字不
等。[1] 原报告只有录文，今转录如下：

---

[1]　黄秀纯、雷少雨：《北京地区发现的元代墓葬》，第 241 页。刘勫：《北京考古史（元
代卷）》，第 88 页。

1   维南瞻部州大元国大都路□□□

2   伏缘父母奄逝，卜茔遑，遂于□□□……

3   择此高原□□朔迎地□□□□地属本县□□之□，

4   堪为宅兆。梯己出备钱□□□墓地一方，南北长

5   一十七步、东西阔一十七步，东至青龙、西至白虎、南至

6   朱雀、北至玄武，内方四界□□□西域丘承墓□□□伯奉步界畔□□□□□致使千秋百

7   载，永无殃咎□□□□□停长缚付

8   河伯，三备牲牢□□百味□□□□□财地

9   交相各分付工匠备

10   ……付墓中……永不侵。

二、类型学的初步分析

1. 出土概况与分类方法

就笔者目前所见，有拓片、图影或录文发表的元代买地券一共56件（详见附表）。只有出土报道而没有券文内容发表的，因为无法用于分析，故未做统计。附表所列全部买地券中，绝大部分有明确的出土或来源信息，基本可以判断为真品。四件来源不详的私人藏品（附表备注"×"），经核对券文的年月日干支及行政区划等信息，没有发现可断定为伪的瑕疵。第49号的"开州路"一名存疑，但该路所辖"广济县"区划及其他信息尚属合理（详见本文第一部分）。故本文暂且都予以收录。

　　已经发表的元代买地券在时间分布上没有特别的偏重。图 1 是
每十年分段的元代买地券数量，可见大致从元初到元末各时期均有
发现。

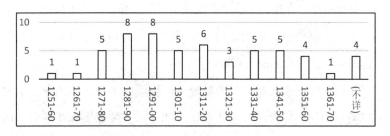

图 1　元代买地券的时间分布

　　在空间上，以江西、山西两省较多（见图 2），可能元代这两地
区买地券的使用最为流行（当然也不排除材料保存的因素）。但除这
两省外，其他地区也多有发现，可见当时买地券使用的确相当普遍。
若以秦岭—淮河一线为界划分，南、北两区域分别有买地券 25 件和
30 件，没有显著差异。

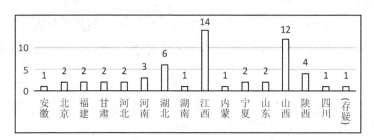

图 2　元代买地券的地区分布

　　对于买地券这种材料，目前并没有一个普遍接受的分类体系。

吴天颖在研究汉代买地券的论文中提出，可以把买地券分为甲、乙两个类型。甲型是最早期的买地券，"模仿实在的土地文书"；乙型是相对晚期的买地券，掺入了浓厚的迷信色彩，并且相当地格式化。从甲型到乙型，存在一个演变的过程。[1] 这一分类对认识买地券的早期起源有重要价值，但无法用于宋元时代，因为此时的买地券几乎都是高度格式化且迷信色彩浓厚。

高朋在整理宋代买地券的基础上，提炼出了构成买地券文本的十三类"功能"项目和八类"连接"部分，并按照实际买地券"包含功能项多寡"和"功能项本身意义的不同"，将宋代买地券划分为七大类、十六个小类。[2] 从文本中抽象出构成买地券的功能模块并据以分类，这一方法确有借鉴意义。但高朋把买地券与民间神话故事类比，根据人、鬼、神等出场角色的行为定义各功能模块[3]，这与买地券本身作为"虚拟契约"的性质不相符合，因此被他归为一类的买地券之间有一些文本差异极大。[4] 另外，高朋的分类体系过于琐碎，元代目前仅发现 50 余件买地券，如果细分为十六个小类，很难用于指导进一步的研究。

鲁西奇全面地考释了 260 多份宋元买地券，"根据文本的内容与行文"，将这一时期的买地券分为四种类型：《地理新书》式、江南

---

[1] 吴天颖：《汉代买地券考》，第 25—30 页。

[2] 高朋：《人神之契：宋代买地券研究》，第 23—45 页。

[3] 同上书，第 23、24 页。

[4] 如大观二年（1108）江西孙大郎买地券和嘉泰四年（1204）江西周必大买地券，在高朋书中被归入一类，但前者与《地理新书》所录买地券范本几乎完全相同，后者按本文分类法则是"彻底"的非新书型买地券。高朋：《人神之契：宋代买地券研究》，第 42—45 页。

样式、(阴阳)合璧式、"告地"式。[1]这一分类体系简洁明了,并且把握了买地券作为一种明器的本质。但是,鲁西奇并没有确切地解释其分类的原则与标准。作为一种民间文献,买地券的形式相当多样。特别是被归入江南样式的买地券,数量众多,而且相互之间差异明显。换言之,究竟何种属性、何种程度上的差异能够(或不能够)构成类型上的区别,这一点并不是非常明确。

　　理论上说,类型系统的建立应当基于界定清晰的属性特征,而对属性的界定应同时考虑研究对象的性质和研究者的目的。本文通过将元代买地券与《地理新书》中的买地券范本相比较,建立了一个两分法:新书型和非新书型,其中非新书型又可分为四种亚型。基于这一简单的分类法,本文尝试对宋元官方的阴阳规范与民间阴阳知识之间的关系做一点初步的讨论。

2. 新书型买地券

　　《地理新书》是北宋官方发起的、由王洙在宋仁宗嘉祐元年(1056)最后主持编定的堪舆图书。[2]书中收录了目前所见文献中最早的一份买地券范本(简称"新书券"),学者已多所引用,今再转录如下(英文字母为笔者所加):

　　　　(A)某年月日,(B)具官封姓名,以某年月日殁故,龟筮协从,相地袭吉,宜于某州某县某乡某原安厝宅兆。(C)谨用

[1]　鲁西奇:《中国古代买地券研究》,第488—510页。

[2]　沈睿文:《〈地理新书〉的成书及版本流传》,载北京大学中国考古学研究中心编:《古代文明》第8卷,文物出版社2010年版,第323页。

钱九万九千九百九十九贯文兼五綵信币，买地一段，东西若干步，南北若干步，东至青龙，西至白虎，南至朱雀，北至玄武。（D）内方勾陈，分擘四域；丘丞墓伯，封部界畔；道路将军，齐整阡陌。千秋万岁，永无殃咎。若辄干犯呵禁者，将军亭长收付河伯。（E）今以牲牢酒饭、百味香新，共为信契，财地交相分付，工匠修营安厝，已后永保休吉。（F）知见人：岁月主。保人：今日直符。（G）故气邪精不得忏恠，先有居者永避万里。若违此约，地府主吏自当其祸，主人内外存亡悉皆安吉。（H）急急如五帝使者女青律令。[1]

我们可以从内容结构、文本表达和神鬼系统三个方面，界定新书型买地券的类型属性。首先，前引范本的基本结构可以分为A—H八个部分，或者参考高朋的说法，是八个功能模块（见表1）。其次，每一个功能模块都有其特定的实现形式，也就是为实现相应功能而采用的特定文本。第三，这件范本中存在着下列神鬼：（1）作为墓葬秩序维护者的内方勾陈、丘承墓伯、道路将军、亭长、河伯等；（2）作为立契中间人的岁月主、今日直符；（3）作为冥界立法者的五帝使者女青；（4）可能侵犯权利的故气邪精；（5）隐性地存在着的、作为土地卖主的后土神。

高朋已经指出，在《地理新书》所描述的丧葬仪式中，买地券是作为斩草仪的一部分而存在的。在斩草仪的祝词中，有"主供奠于后土神"等话语，即以后土为祭奠的对象。同时，斩草仪要求制

---

[1] 王洙编，张谦校：《重校正地理新书》卷一四，《续修四库全书》子部术数类，第1054册，上海古籍出版社2002年版，第113页。

作两块买地券，一块埋于明堂位心，另一块则随墓主埋于穴中柩前，而明堂正是为祭奠后土所立。因此，《地理新书》中的这份买地券"完全可以理解为亡人与后土之间的合同"[1]。换言之，后土神的存在是新书型买地券作为"契约"能够成立的前提。

表1 《地理新书》买地券范本的结构

A	B	C	D	E	F	G	H
发生时间	买地缘由	价格与标的申明	墓主权利保护	交易过程	见证	违约惩罚	适用律令

如果一份买地券在内容结构、文本表达和神鬼系统等方面都与上述范本相同（或高度相似），那么就可以说它是新书型买地券。宋元时代流通的另一本堪舆书《茔原总录》也收录了一份买地券范本（简称"总录券"），转录如下：

（A）维年月朔日，（B）某州某县某坊住人某甲，伏缘父母奄逝，未卜茔坟，凤夜忧思，不遑所厝，遂令日者择此高原，来去朝迎，地占袭吉，地属本州本县某村之原，堪为宅兆。（C）梯己出将钱绵买到墓地一方，南北长若干步，东西阔若干步，东至青龙，西至白虎，南至朱雀，北至玄武。（D）内方勾陈，管分擘四域；丘丞墓伯，封步界畔；道路将军，齐整阡陌。致使千秋百载，永无殃咎。若有（牙）〔干〕犯，并令将军亭长缚付河伯。（E）（令）〔今〕备牲牢酒脯、百味香新，共为信契，

[1] 高朋：《人神之契：宋代买地券研究》，第111页。王洙编，张谦校：《重校正地理新书》，第113页。

财地交相，各已分付，令工匠修营安告已后，永保休吉。（F）知见人：岁月主。代保人：今日直符。（G）故气邪精不得干怪，先有居者永避万里。若违此约，地府主吏自当其祸，助葬主里外存亡悉皆安吉。（H）急急如 五帝使者女青律令。（I）券立二本，一本奉付后土，一本乞付墓中，令亡父某人收把，准备付身，永远照用。合分券背上又书"合同"二字，令故气伏尸永不侵争。[1]

　　这件总录券与前引新书券在神鬼系统方面完全相同，区别主要表现在：（1）内容结构上，总录券多了券末 I 模块，用文字强调买地券一式二份，分别付与后土和亡人。[2]（2）文本表达上，总录券除新增的 I 模块外，B 模块增加了"助葬主"的存在，C 模块没有"九万九千九百九十九贯文"的虚拟数字。对于新书券来说，除了虚拟钱数以外，其余差异因素其实都隐含于丧葬仪式的行动中。丧葬仪式本身需要有"助葬主"（新书券中的"主人"）的存在，斩草、入葬则要求分别埋入两份一式的买地券，总录券只是将行动要求显化于文字上。[3] 除上述区别外，这两篇范本几乎完全相同，因此《茔

---

[1]　杨惟德：《茔原总录》卷三"券文"条，元刻本，国家图书馆网站"中华古籍资源库"电子胶卷 http://mylib.nlc.cn/web/guest/shanbenjiaojuan。

[2]　其实从《茔原总录》元刻本的排版来看，本券的 I 模块也可能并非券文的组成部分，而是对买地券用途的说明。暂且纳入讨论，仍待详考。

[3]　总录券的 I 模块还要求在券背书写"合同"二字，这一点《地理新书》中并未提及，但是出土的元宪宗八年（1258）河南焦作冯三翁买地券（附表第 1 号）的背面"有阴刻骑缝'合同契券'字样"，正体现了上述要求。刘建洲、皇甫其堂：《焦作金代壁画墓发掘简报》，《中原文物》1980 年第 4 期，第 6 页。

原总录》中的这件范本可以说就是新书型买地券。[1]

附表所列全部买地券中，除了 4 件文字残损比较严重而难以判断类型，其余 52 件中有 25 件可以基本判定为新书型买地券（附表备注"新"）。这些买地券与前引两种范本的神鬼系统完全相同，在内容结构和文本表达上多少有些差异，但不足以否定它们是同一类型的结论。限于篇幅，各券的文本不可能全部展开比较，至于其内容结构则可以列表比较如下：

表 2　元代新书型买地券的结构表

序号	券文结构											
1		B	C	D			E		F	G	H	A
3	A	B	C	D			E		F	G	H	A
4		B	C	D			E		F	G	H	A
7		B	C	D	A	D'	E		F	G	H	
9		B	C	D	C'	D'	E		F	G	H	A
10	A	B	C	D			E			G	H	
14	A	B	C	D			E		F	G	H	
15	A	B	C	D			E		F	G	H	I	A
16		B	C	D			E		F	G	H	A	I
18	A	B	C	D			E		F	G	H	A'	I	A'
19	A	B	C	D			E		F	G	H	
26	A	B	C	D			E			G	H	
29	A	B	C	D			E		F	G	H	A	I
30	A	B	C	D			E	H	F	G		I	A

---

[1] 考虑到差异的客观存在，将这一类型称为"新书—总录型"可能更加准确，新书券、总录券可以分别作为两个亚型的代表。但就本文的讨论来说，尚不需要引入这个复杂的分类法。

续表

序号	券文结构											
31	A	B	C	D		E		F	G	H	I	
32	A	B	C	D		E		F	G	H	A	
34	A	B	C	D		E		F	G	H		
35	A	B	C	D		E		F	G	H	I	
36	A	B	C	D		E		F	G	H	I	
38	A	B	C	D		E		F	G	H	I	
44		B	C	D		E		F	G	H	A	I
47	A	B	C	D		E		F	G	H		
51	A	B	C	D		E		F	G	H		
55		B				E				I		
56			C	D		E		F	G			

注：带上标字母表示同一模块被分割置于多处。

表 2 中第 55、56 号买地券因为残损，缺少的模块较多，其余各券最常见的差异只是 A（发生时间）模块的位置变动（多数是被置于券末或在券末重复出现），除此以外的部分与《地理新书》或《茔原总录》中的范本基本相同。

3. 非新书型买地券

附表中，除了 25 件新书型买地券和 4 件残损严重不能判断之外，其余的 27 件买地券都可以被归入非新书型。当然，这些买地券的形式相当多样，相互间的差异也很大。正因为这一点，加以数量有限，我们无法再从中进一步区分出独立的、属性特征稳定的新类型，不过可以根据它们与新书型买地券的关系，将之划分为几种亚型。

亚型一：这一类买地券整体上与新书型相当接近，只是在局部出现了比较显著的差异，可以称为"类新书"亚型（附表备注"非1"，共计 6 件）。就现有元代买地券而言，这种局部差异主要表现为缺少个别模块、出现新书型中没有的神鬼，或者某一个模块使用了迥异的文本表达形式。

例如，本文第一部分校录的至正十一年（1351）开州路广济县舒氏买地券，它只在 F（见证）模块与新书型买地券不同，担任见证的不是岁月主和今日直符，而是东王公、西王母、蒿里父老、张坚固、李定杜等，这些是新书型没有的神祇。类似的还有至大元年（1308）江西临川阮张氏买地券，它与新书型的区别有两点：一是缺少了 F（见证）模块；二是 B（买地缘由）模块采用了一种"亲眷 + 生卒"的模式，详细地写明了亡人的几乎全部直系家属亲眷和亡人的生卒时间。

亚型四：包括在内容结构、文本表达和神鬼系统等三个方面都与新书型有显著区别的买地券，是"彻底的"非新书型（附表备注"非4"，共计 16 件）。典型代表如延祐六年（1319）江西永丰陈氏买地券，现转引如下[1]：

　　1　　按青乌鬼律论云：葬不买地、不立券，谓之盗葬。乃作券文曰：

　　2　　大元延祐六年太岁己未正月丁巳朔越五日辛酉，江西道吉州路

　　3　　永丰县东门外德庆坊石桥上居住孝子吴天瑞、媳妇胡

---

[1] 陈柏泉：《江西出土地券综述》，《考古》1987 年第 3 期，第 228 页。陈柏泉：《江西出土墓志选编》，江西教育出版社 1991 年版，第 581 页。

氏慧

4　安、孙男佛佑、出适女奇真、亲眷等，伏惟先妣陈氏淑灵，生于宝

5　祐丁巳九月十九日辰时，殁于延祐丙辰正月初八日戌时。今

6　卜葬于永丰县龙云乡第三都泷原白竹坑之原，谨以冥货，就

7　开皇地主，买地一区，以戊午年节气安葬。丑艮山坤未向，是为

8　之宅。东抵青龙，西至白虎，南极朱雀，北拒玄武。百步之内，四止

9　之间，悉茔封之。有截其所，魑魅魍魉，莫敢予侮。山神地祇，谨切

10　呵护。亿万斯年，永无灾苦。敢有干犯，神弗佑汝。伏愿亡灵，既葬

11　之后，灵仪允执，永镇幽宅。天光下临，地德上载，阴神协吉，丘域

12　储祥。水绕山环，藏风聚气。邪魔屏迹，子孙炽昌。罔有不臧，永膺

13　多福。山川鬼神，实闻斯言。谓予不信，有如皦日。梅子真在旁知

14　见。急急如律令。

15　　　　敕封地祇

16　太上灵符，永镇幽宅。亡人安静，子孙昌吉。

　　这件买地券与《地理新书》和《茔原总录》中的范本截然不同。当然它作为一种"买地"文书——尽管是虚拟的，也有表述买地缘由、交易内容等的模块，但券文开头所引的青乌鬼律和券文后半部分都与新书型几乎全无共通之处。即使是共通的模块，其文本表达也与新书型明显不同。文中提到的开皇地主、梅子真、魑魅魍魉、山神地祇等，都是新书型没有的神鬼。这是一件有代表性的"彻底的"非新书型买地券，与之类似的还有本文校录的大德三年（1299）江西鹰潭凌文秀买地券、后至元二年（1336）江西铅山赵命保买地券等。

　　属性特征介于前述两种亚型之间的买地券，还可以简单分为亚型二（附表备注"非2"，2件）和亚型三（附表备注"非3"，3件）。亚型二的功能模块不超出新书型买地券的范围，但文本表达和神鬼系统有较大差异。例如至元二十二年（1285）江西高安蓝氏买地券[1]：

```
1   （B）维大元国江西道瑞州路在城河南岸庆善坊居住
2   殁故蓝氏六娘，元命壬午年九月初七日午时生，享年六
3   十有三，不幸于乙酉年八月初二日午时身故。今命述
4   人迁寻得茔地一穴，坐落易俗乡四十六都，地名青田岗
5   坐寅山作申向，今年大利，卜取是日安葬。（C）用钱
九万九千九
6   百九十九贯九百九十九文，于开皇地主买得其地，
```

---

[1]　刘翔：《江西高安县汉家山元墓》，《考古》1989年第6期，第537—540页。

东止青

7　龙，西止白虎，南止朱雀，北止玄武，上至皇天，下
至黄泉，中至

8　亡人墓宅。（G）如有精灵古器魍魉，自今不得乱占；
先有居

9　者，速避万里。如违此约，地府主吏自当其咎，亡存
内外

10　悉皆安吉。（H）急急如太上五帝主者女青律令。

11　（F）寻龙点穴郭璞先生　　　　交正青鸟白鹤仙人

12　　　书契张坚固　　　　　　　交钱李定度

　　亚型三仅包含少量与新书型共通的元素，其余各方面都与新书型明显不同。例如大德二年（1298）福建南平刘千六买地券[1]，该券篇幅较长，仅就券文中的神鬼而言，依次出现的有：五方五帝、山川百灵、后土阴官、丘丞墓伯、阡陌诸神、蒿里父老、玄都鬼律女青；魍魉、古器邪〔精〕；亭长、河伯水官；五帝主者女青；丘丞墓伯、道路将军；张坚固、李定度。上列神鬼之中，加下划线的部分是与新书型买地券共通的，其余则为新书型所无。

　　相比之下，亚型二更接近于"类新书"的亚型一，亚型三更接近于"彻底的非新书"的亚型四。但是目前这两亚型的数量都很少，尚不足以进一步展开分析。

---

[1]　张文崟、林蔚起：《福建南平市三官堂元代纪年墓的清理》，《考古》1996 年第 6 期，第 48—51 页。

4. 买地券类型所见民间阴阳知识的传播

尽管周密这样的文化精英们会把买地券斥为可笑的"村巫风俗"，可是作为民间丧葬过程中趋吉避凶的重要明器，买地券的制作不是随意的，而是要遵循民间阴阳学的知识规范。基于在晋西、陕北、浙西等地所做的人类学调查，黄景春告诉我们，"制作买地券属于阴阳先生师徒相传的知识和技术……具有传承的封闭性和稳定性"，为丧家写作买地券的术士大多有从自己的师父或父祖那里传下来的文稿模板，或形于书面，或存于头脑中。[1]

从实际出土的元代买地券中，也可以看到书写者依赖券文模板的痕迹。例如泰定元年（1324）山西崞州谢氏家族买地券，所葬亡人包括从曾祖父到父叔共计三代八人，说明这是家族墓地迁葬的买地券。但是它的买地缘由模块仍然按照亡人新丧的情境，写成了"伏缘曾祖父母奄逝，未卜茔坟，夙夜忧思"。可见书写者只是把葬主身份、名讳等填入旧有的模板中，并未考虑模板与实际情境的不协。[2] 再如至正十三年（1353）甘肃定西史瑄买地券，它将"干犯诃禁"错写作没有任何意义的"干犯诃荣"。因为我们基本可以确定该券是一位阴阳先生为自己父亲下葬所写的，所以这个错误应当不是缘于疏忽，而是从书写者所依据的模板中承袭而来。这种以师徒相传为渠道、以模板为载体的传承方式所具有的"封闭性与稳定性"，

---

[1] 黄景春：《浙西葬礼中买地券书写与使用习俗调查》，《地方文化研究》2014年第5期，第37、39、41、42页。黄景春：《西北地区买地券、镇墓文使用现状调查与研究》，《民俗研究》2006年第2期，第198、199页。

[2] 类似的例子还有至正元年（1341）山西岚县杨世安买地券，文中有"梯己出备钱彩，祖业西平道墓地内，卜茔宅兆"一句，说明下葬之地为"祖业"墓地，按理不需要购买，可是券中依旧有"出备钱彩"的字样。李裕民：《岚县元代买地券考》，《文物季刊》1992年第4期，第72—74页。

意味着买地券的类型能够在很大程度上反映出民间阴阳知识的传承谱系。

当然，买地券的传承并不是真的一成不变。黄景春已经指出，文化水平不高的民间阴阳先生的书写失误和口传笔抄过程中失误的"层累"，会导致原本完整、通顺的文本在传承过程中"越来越残缺，文本结构越来越扭曲"。不过，变异是知识传授方式造成的，"而不是宗教民俗内涵发生改变造成的"。[1] 换言之，一种原本完整的买地券型式在时空上延展的同时，会发生不同方向的变异，最终衍生出多种新的买地券型式。但是，这种变异主要表现为错别字、改字、文句颠倒、格式改变等"秩序调整"，而非宗教民俗内涵发生变化的"意义调整"。

图 3 展示了元代各型买地券的空间分布，图中除分省外，还以秦岭—淮河一线为界划分了南北区域。很明显，新书型买地券主要在北方流行，并且在北方占据绝对主导的地位。鲁西奇曾经推测，新书型"可能来自唐都长安地区"，晚唐五代时在前后蜀、杨吴、南唐等地区得到了承绪，宋初《地理新书》又采集了"当时主要流行于成都地区的买地券样式"。[2] 但笔者对后一点有所疑问，因为宋代在成都附近出土的、被鲁西奇归为《地理新书》式的买地券，如果按照本文的分类方法，都只是非新书型中的"类新书"亚型。例如北宋嘉祐七年（1062）成都田世中买地券，时间与《地理新书》成书几乎同时，券文结构虽然与新书券大致相同，但在文本表达和神

---

[1]　黄景春：《西北地区买地券、镇墓文使用现状调查与研究》，第 198 页。

[2]　鲁西奇：《中国古代买地券研究》，第 246、489 页。

鬼系统方面却都有不可忽视的差异。[1]

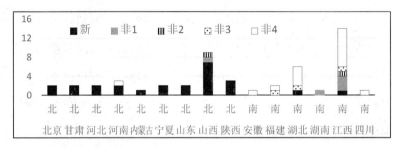

图 3　元代买地券类型的空间分布

　　新书型买地券在前代虽然也有出土，但并没有到元代这样广泛流行的程度，几乎达到了全部出土买地券数量的一半。尤其值得注意的是，出土的元代各新书型买地券之间虽然时空距离极大，但"秩序调整"的情况却并不显著（参见表2），这似乎与人类学所揭示的以民间阴阳先生师徒相授为主的传承模式存在矛盾。笔者认为，上述现象的产生与宋元官方对北方阴阳学知识的整理 —— 包括官方堪舆经典的编纂、刊行和元代阴阳官学的建立等，有密切的关系。

　　王洙在嘉祐元年（1056）编定的《地理新书》并非单纯的阴阳著述，而是由官方发起的文化工程，它以前代官书为基础，广泛地参考了多种堪舆典籍，堪称北宋早期官方对唐宋以来堪舆术的"一次全面总结"。[2]王洙在序中特别强调"占家之说……不得其法，则人逢百殃"，而这部《地理新书》"辞质而易晓，便于俗也"，即朴素

[1]　鲁西奇：《中国古代买地券研究》，第439页。高朋：《人神之契：宋代买地券研究》，第231页。

[2]　沈睿文：《〈地理新书〉的成书及版本流传》，第320—323页。

易懂，一般人也可阅读理解。[1]换言之，这部书的编纂本身带有明确的为全社会确立堪舆规范的意图。

由于《地理新书》的编纂和颁行，新书型买地券超越了民间师徒相传的小圈子而具有了公共性。首先，被纳入官颁经典意味着它获得了作为公共"规范"的知识角色。民间情况尚难以确论，至少宋金元三朝官方都是认可其规范性的，例如宋神宗元丰五年（1082）七月有关豫章郡王下葬的安排：

> 大宗正司言："忠国夫人冯氏乞依熙宁二年春葬承範、冬葬允弼例，乘凶葬夫宗谔。"太史局言："今年五月葬胜王，若又葬豫章郡王，据《地理新书》，一年不可再葬。"诏依太史局所定。[2]

南宋建炎三年（1129）行在太史局上奏表示缺书，所列书目中就有《地理新书》。[3]这一书目后来又被《玉海》采录，并题为"国朝天文书"。[4]金代选试司天台学生，"其试之制，以《宣明历》试推步，及《婚书》、《地理新书》试合婚、安葬，并《易》筮法、六壬课、三命五星之术"[5]。又，金大安元年（1209）朝廷为踏勘皇陵以西的银洞，曾经派"司天台阴阳人张庆渊等"根据《地理新书》的

---

[1] 王洙编，张谦校：《重校正地理新书》卷首王洙序，第2、4页。

[2] 李焘：《续资治通鉴长编》卷三二八，中华书局1990年版，第22册，第7909页。

[3] 刘琳等校点：《宋会要辑稿·职官一八》"太史局"门，上海古籍出版社2014年版，第3532页。

[4] 王应麟：《玉海》卷三"天文"，江苏古籍出版社、上海书店1987年版，第62、63页。

[5] 《金史》卷五一《选举一》，中华书局1975年版，第1152、1153页。

"五音地脉篇"检视坟山地势。[1]到元代至大四年（1311），尚书省处理出殡之家铭旌文字僭越之事，同样指令阴阳教授检阅了《地理新书》内的买地券文字作为参考：

> 刑部呈："二宅陆妙真出殡刘万一时，信笔差误，于铭旌上书写'千秋百岁'字样，阴阳教授于《地理新书》并《茔原总录》券式内，照得虽有该载上项字样，理合回避。以此参详，陆妙真所犯，然非情故，终是不应，今后合行禁治。"都省准呈。[2]

其次，官颁堪舆典籍的雕版印刷，为新书型买地券提供了广泛传播的公共平台。中国书籍的雕版印刷大概始于唐代前期，到宋代以后大为盛行。[3]北宋有许多刊刻图书的官方机构，重要者如国子监、崇文院、秘书省、国史院等，刊行了大量世俗与宗教书籍，阴阳卜筮之书也是应官民所需因而刊刻量颇大的一类。[4]学者研究，北宋景祐四年（1037）国史院曾经刊刻《景祐乾象新书》[5]，或许就是《玉海》"国朝天文书"条中的《景祐乾象占》[6]。《地理新书》既为官方

---

[1] 《大金集礼》，商务印书馆 1936 年版，第 156、157 页。

[2] 方龄贵校注：《通制条格校注》卷二八"铭旌忌避"，中华书局 2001 年版，第 700 页。

[3] 参见张秀民著，韩琦增订：《中国印刷史》（插图珍藏增订版），浙江古籍出版社 2006 年版。辛德勇：《论中国书籍雕版印刷技术产生的社会原因及其时间》，载《中国典籍与文化论丛》第 16 辑，凤凰出版社 2014 年版，第 4—176 页。

[4] 张秀民著，韩琦增订：《中国印刷史》（插图珍藏增订版），第 40—150 页，特别是第 46、47、82、83 页。

[5] 此据张秀民著、韩琦增订《中国印刷史》（插图珍藏增订版）（第 47 页）。但原书没有引用资料来源，笔者尚未看到相关直接证据。王重民先生报道了北图所藏的明抄本"圣宋景祐乾象新书三十卷附拾遗不分卷"，卷首有景祐四年国史院牒文，但已断其为伪书。王重民：《中国善本书提要》，上海古籍出版社 1983 年版，第 283、284 页。

[6] 王应麟：《玉海》卷三"天文"，第 63 页。

编纂，当时应该也有官刊发行。至于民间刊刻，虽然宋本未曾发现，但现存有多达五种的金元时代刊本或抄本。[1]据金明昌三年（1192）刊本卷首张谦序所说，当时金境多地有该书刻本销售："古唐、夷门、蒲坂等处前后印卖"，"平阳数家印卖"；此外还有诸多私家收藏，张谦本人就访求得"名士家藏善本"和大定毕履道的图解校正本等[2]，亦可见当日该书之流行。可以说，宋金两代新书型买地券在北方的流行，即使没有受到官方的直接推动，也大大地得益于官方堪舆典籍的编定、刊刻与传播。

到了元代，阴阳官学的广泛设立又成为这一买地券型式普遍化的进一步推动力量。虽然历代统治者对阴阳术数都很重视，但元代是第一个在全国范围内广泛设立阴阳学校的王朝。据《元史》记载：

> 世祖至元二十八年（1291）夏六月，始置诸路阴阳学。其在腹里、江南，若有通晓阴阳之人，各路官司详加取勘，依儒学、医学之例，每路设教授以训诲之。其有术数精通者，每岁录呈省府，赴都试验，果有异能，则于司天台内许令近侍。延祐初，令阴阳人依儒、医例，于路府州设教授一员，凡阴阳人皆管辖之，而上属于太史焉。[3]

路总管府是元代地方一级行政区划，约相当于宋代的府州。上引段落说明，元代每路都仿照儒学的制度设立阴阳学并任命教授，

---

[1] 沈睿文：《〈地理新书〉的成书及版本流传》，第 323 页。

[2] 王洙编，张谦校：《重校正地理新书》卷首张谦序，第 1 页。

[3] 《元史》卷八一《选举一》，第 2034 页。

管辖并负责教导本路阴阳术士。每年各地选拔"术数精通者"，前往大都接受考核，成绩优秀的可以留在司天台供职。据《元典章》记载，大约在大德年间（1297—1307）全国有"阴阳教授七十三员"[1]，而元代路级政区总计约200个，也就是大约三分之一设立了阴阳学。此后又有所增加，到元代后期，岭北行省的和林（在今蒙古国中部）、辽阳行省的广宁府路（治所在今辽宁锦州）、甘肃行省的亦集乃路（在今内蒙古额济纳旗）等地都看到了相关记载。[2] 相信这个时候，绝大多数元代路分都有阴阳官学。

那么，元代的阴阳官学究竟教些什么内容呢？李元华、叶新民等曾经有所讨论[3]，谨将其中最重要的一条史料引用如下：

　　　　元贞元年（1295）二月，中书省：奏："汉儿、蛮子田地里，有理会得阴阳人的数目，各路里官人每好生的要了，秀才、大夫的体例里，每路分里委付教授好生教者。那里有好本事呵，每年里呈了来，交这里试了。理会得呵，司天台里也教行者。不理会得的，交回去呵。怎生？"么道，奏呵，"是有。不索寻思，那般者。"么道，圣旨了也。钦此。除外，今据礼部呈："阴阳教授

---

[1]　陈高华等点校：《元典章》卷七《吏部一》"内外诸官员数"条，中华书局、天津古籍出版社2011年版，第228页。

[2]　《三皇庙残碑》，载李文田编，罗振玉校订：《和林金石录》，《石刻史料新编》第2辑第15册，第11469页。《北镇庙代祀记》，载罗福颐校录：《满洲金石志》卷五，《石刻史料新编》第1辑第23册，第17337页。《北镇庙代祀记》，载王晶辰、王菊耳编：《辽宁碑志》，辽宁人民出版社2002年版，第219页。赵小明：《从黑水城文献看元代的阴阳学教育》，《衡阳师范学院学报》2016年第1期，第108—112页。

[3]　李元华：《元代阴阳学教学内容考辨》，《教育史研究》1997年第1期，第13—41页。叶新民：《元代阴阳学初探》，载中国蒙古史学会编：《蒙古史研究》第6辑，内蒙古大学出版社2000年版，第49—57页。

令各路公选老成重厚、术艺精明、为众推服一名，于三元经书内出题，行移廉访司体覆相同举用，从集贤院定夺取到阴阳人所指科目。"都省准拟。除已另行外，合行移咨请照验，依上施行。

占算、三命、五星、周易、六壬、数学。

婚元：《占才大义书》。宅元：《周书秘奥》、《八宅通真论》。茔元：《地理新书》、《茔元总论》、《地理明真论》。[1]

这条史料明确了地方选拔阴阳术士时的考核科目和教材，其中"茔元"部分使用的就有《地理新书》和《茔元总论》，前者应该就是王洙所编之书，后者大概就是上文曾经提到的、署名北宋杨惟德编纂的《茔原总录》。[2]

通过官学的教育、考试和示范效应，新书型买地券可以进一步深入民间，附表第50号买地券的葬主史瑄就是一个案例。据同墓出土的墓志砖，他"自受之本州阴阳教授"，也就是从官学习得了阴阳之术，并传授给了本色户计是"附籍皮匠户"的长男史孝恭，后者因此可以"兼习儒医阴阳"。

总而言之，新书型买地券通过宋元以来官方堪舆典籍的编纂、刊行，从一种原本应当是流行于局部地方的阴阳知识变成了买地券的公共范本，又通过元代的阴阳官学成为至少是半强制性的规范。不难想象，会有许多民间阴阳术士游离在官学之外，从而可能较少地受到上述规范的影响。但进入官学有许多的利益，成为官方登记

---

[1] 陈高华等点校：《元典章》卷九《吏部三》"选试阴阳教授"条，第316、317页。

[2] 前文已经提到，《茔原总录》买地券范本的Ⅰ模块可能并不是地券文本的内容，而是买地券使用的说明。实际出土的元代买地券中，包含和不包含Ⅰ模块的情况都存在（见表2），后者或许说明了书写者正是以此为范本的。

在册的阴阳户，即使不能借助应考而出仕，也可以享受减免差役的好处。对于希望获得这些利益的阴阳术士或者希望通过拜阴阳教授为师进入这一行业的人来说，上述考试"教材"自然就成为他们学习、使用的规范文本。这应该是新书型买地券在元代广泛流行，从而使得北方买地券格式"趋同化"的重要原因。

最后附带说明一下，元代南方买地券的型式相当多样，宋代情况类似。很可能，宋代北方的堪舆典籍并没有深入南方社会，贾晋珠曾经统计过宋代的建阳刻书情况，根本没有发现"术数"类的图书。[1] 入元以后，南方的民间阴阳学传统似乎也没有受到官学的太大影响。不过，在湖北、湖南、江西等地都有新书型或者"类新书型"买地券出土，证明这种知识系统还是进入了南方的。

这里，江西所出两件"类新书型"买地券值得关注，一件是本文第一部分校录的至大元年（1308）江西临川阮张氏买地券，一件是大德五年（1301）江西南昌黄金桂买地券。它们与新书型的主要区别之一是在 B（买地缘由）模块采用了一种"亲眷＋生卒"的文本表达模式，详细地写明了亡人的几乎全部直系家属亲眷和亡人的生卒时间。黄金桂买地券的节录如下：

（A）维大元国大德五年辛丑，（B）江南西道龙兴路在城录事司集仙坊居住室周氏，孝男贵仁、贵义、贵礼、贵智、贵

---

[1] Chia, L., "Mashaben: Commercial Publishing in Jianyang from the Song to the Ming", in *The Song-Yuan-Ming Transition in Chinese History*, P. J. Smith and R. von Glan eds., Cambridge(MA) & London: Harvard University Asia Center, 2003, p. 291.

信，孝媳妇邹氏、周氏，孝女闰娘、满娘，合家亲眷等，天主
黄公副使存日，□□原命辛亥年九月初二日巳时受生，于辛丑
十（年）〔月〕初二日巳时，卜地葬南昌县长定乡陈桥之原，
为吉兆安厝。卜十一月□□日庚申，迁坐幽室。（Ｃ）谨用钱
九万九千九百九十九文，买地一穴……[1]

这种"亲眷＋生卒"模式可能是江西买地券书写的地方传统，在
江西以外的元代买地券中还没有发现。附表共列出了14件江西买地
券，有10件使用了这种模式（备注"◇"）；在8件"彻底的"非新
书型（"非4"）买地券中，更是有7件采用了这一模式。因此，江西
的这两件"类新书"的买地券，很可能是在新书型的基础上，融入了
江西地方传统元素的结果，反映了不同阴阳知识系统之间的交流。

附表：

现刊元代买地券登记表[*]

序号	时间		地点^{**}		葬主	备注^{***}				
1	1258	蒙哥八年	河南	焦作	冯三翁	鲁	祝			新
2	1261	中统二年	山西	大同	崔仲仁	鲁	祝		▼	
3	1273	至元十年	山西	岚县	张氏？	鲁	祝			新
4	1275	至元十二年	山东	章丘	杨延生		祝			新
5	1275	元前期	山西	襄汾	阴德	鲁	祝			非1
6	1275	至元十二年	陕西	西安	—	鲁	祝		▼	
7	1277	至元十四年	河北	宣化	葛法成		祝			新
8	1279	至元十六年	江西	吉安	彭因	鲁	祝	+	◇	非4

---

[1]　陈柏泉：《江西出土墓志选编》，第579页。

续表

序号	时间		地点		葬主	备注					
9	1281	至元十八年	山西	侯马	张某		祝				新
10	1283	至元二十年	江西	樟树	张瑜		祝		+		新
11	1283	至元二十年	江西	临川	章氏			×	+	◇	非4
12	1285	至元二十二年	江西	高安	蓝氏	鲁	祝		+		非2
13	1286	至元二十三年	山西	汾阳	陈某						非2
14	1288	至元二十五年	陕西	西安	韩某祖考 妣、妻等	鲁	祝		+		新
15	1288	至元二十五年	河南	汲县	齐某	鲁	祝				新
16	1289	至元二十六年	甘肃	武威	蒲法先						新
17	1293	至元三十年年	江西	南昌	吴季玉	鲁	祝			◇	非4
18	1294	至元三十一年	河北	涿鹿	郭荣公	鲁	祝				新
19	1295	元贞一年	陕西	西安	袁贵安			×			新
20	1296	元贞二年	河南	三门峡	冯政等	鲁	祝				非4
21	1297	大德一年	山西	孝义	曹氏夫妇	鲁	祝			▼	
22	1298	大德二年	福建	南平	刘千六	鲁	祝		+		非3
23	1299	大德三年	江西	鹰潭	凌文秀		祝		+		非4
24	1299	大德三年	山西	襄汾	张氏？	鲁	祝			▼	
25	1301	大德五年	江西	南昌	黄金桂	鲁	祝			◇	非1
26	1306	大德十年	内蒙	多伦	—		祝				新
27	1308	至大一年	江西	临川	阮张氏			×		◇	非1
28	1310	至大三年	湖北	黄梅	范千二	鲁	祝		+		非3
29	1310	至大三年	宁夏	固原	沈妙清						新
30	1313	皇庆二年	山西	岚县	康宁	鲁	祝				新
31	1314	延祐一年	北京	通州	海寿父母		祝				新
32	1319	延祐六年	湖北	黄梅	安百四	鲁	祝		+		新
33	1319	延祐六年	江西	永丰	陈氏	鲁	祝			◇	非4
34	1319	延祐六年	宁夏	固原	陈子玉						新

续表

序号	时间		地点		葬主	备注				
35	1320	延祐七年	山西	原平	卢某		祝				新
36	1324	泰定一年	山西	原平	谢氏一族		祝				新
37	1325	泰定二年	江西	南昌	李觉斋	鲁	祝		+	◇	非3
38	1325	泰定二年	陕西	西安	李新昭	鲁	祝				新
39	1334	元统二年	湖北	黄梅	李元德	鲁	祝		+		非4
40	1335	后至元一年	湖南	澧县	文寿原				+		非1
41	1336	后至元二年	江西	铅山	赵命保				+	◇	非4
42	1338	后至元四年	湖北	黄梅	李贵有	鲁	祝		+		非4
43	1338	后至元四年	江西	临川	章福一					◇	非4
44	1341	至正一年	山西	岚县	杨世安	鲁	祝				新
45	1344	至正四年	江西	南昌	雷罗夫妇	鲁	祝		+	◇	非4
46	1346	至正六年	江西	景德镇	舒英二		祝	×			非1
47	1348	至正八年	山东	章丘	娄德元	鲁	祝				新
48	1349	至正九年	四川	广安	李可华	鲁	祝				非4
49	1351	至正十一年	湖北	武穴^^	舒氏						非1
50	1352	至正十二年	安徽	黄山	黄义一	鲁	祝				非4
51	1353	至正十三年	甘肃	定西	史瑄夫妇						新
52	1359	至正十九年=天定一年	湖北	黄梅	汪夫人	鲁	祝		+		非4
53	1361	至正二十一年	福建	厦门	叶丰叔	鲁	祝				非4
54	1368	元末	湖北	黄梅	吴大娘	鲁	祝				非4
55	—	—	北京	石景山	—		祝				新
56	—	—	山西	忻州	孟某		祝				新

* 限于篇幅，本表未注资料出处，读者可据鲁西奇《中国古代买地券研究》和本文校录部分回溯。

** 据券文所载转为今地名；券文无载的，登记出土地／馆藏地。

***备注说明如下：鲁：鲁西奇《中国古代买地券研究》收录。祝：祝庆《元代买地券研究》收录。×：私人藏品。▼：文字残损严重。新：新书型买地券。非1、非2、非3、非4：非新书型买地券的四种亚型。◇：表示采用了"家属＋亡人生卒"的书写模式。

^ 为排序方便而根据券文内容暂定。

^^ 存疑。

蒙古扎鲁特部起源考

乌云毕力格（中国人民大学）

日本学者冈田英弘考述蒙古六万户起源时认为，喀尔喀万户由元代扎剌亦儿为首的左翼五投下组成。[1] 其后，森川哲雄接受了这一观点[2]，学界对此基本上予以认可。受到这一观点的影响，有人认为喀尔喀万户之一的扎鲁特部落亦起源于五投下，笔者也发表过类似的意见。[3] 但是，经过认真的探究，认为扎鲁特部另有起源。本文重新考察扎鲁特部的起源，提出了新的见解，敬请方家指正。

一

"扎鲁特"这个词最初在萨冈彻辰撰写的《蒙古源流》1509 年记事中首次出现。其中记载：答言合罕派其子兀鲁思孛罗掌管鄂尔

---

[1] 冈田英弘：《答言汗六万户的起源》（日文），载《夏博士还历纪念东洋史论丛》，山川出版社 1975 年版。

[2] 森川哲雄：《关于喀尔喀万户及其建立》，载氏著：《蒙古诸部族与蒙古文文献研究》，白玉双译，内蒙古人民出版社 2014 年版，第 43—47 页。

[3] 胡日查：《关于塔布囊的若干历史问题》（蒙古文），《内蒙古社会科学》1999 年第 3 期；乌云毕力格：《喀尔喀万户研究》，内蒙古人民出版社 2005 年版，第 45—47 页。

多斯、土默特、应少卜右翼三万户时，右翼三万户的畏兀惕氏亦卜刺太师和鄂尔多斯的列兀失阿哈喇忽等人反叛，杀害了兀鲁思孛罗。答言合罕为了平息这次叛乱，率领察哈尔、喀尔喀、兀良哈等左翼三万户和科尔沁万户出征右翼三万户，大战于答兰帖哩温。开战时，答言合罕降旨道："鄂尔多斯是保存圣主八白帐的命大缘深的人众，同样兀良哈也是守护圣主金柜的命大缘深的人众，就让叔王科尔沁部［与它］对阵，十二鄂托克喀尔喀与十二土默特对阵，八鄂托克察哈尔与庞大的应绍卜对阵。"于是，科尔沁之卜儿海把都儿台吉、兀良哈之把都儿巴牙海，"五鄂托克喀尔喀人把阿孙塔布囊"等勇士率先冲锋。[1] 这次战役中答言合罕率兵平定右翼三万户，统一了六万户。答兰帖哩温战役对答言合罕的事业起到决定性作用，所以战后答言合罕对功臣进行了丰厚的赏赐，并"将满都海扯臣哈屯所生独生女脱啰勒图公主嫁与扎鲁特（jaruɣud）之把阿孙达尔汉塔布囊（Baɣasun darqan tabunung）"[2]。这里，我们讨论的主题扎鲁特，首次以"jaruɣud"的书写形式出现。

首次记录答兰帖哩温战役的蒙古文文献是大约成书于 17 世纪初期的佚名《诸汗源流黄金史》（即所谓小《黄金史》）。该书记载，在交战前，察哈尔部布尔布克的伯颜乌尔默格尔隐藏了答言合罕的纛，诡立兀良哈的纛，引诱敌人。右翼军上了当，向兀良哈冲锋。科尔沁鄂尔多固海王及其子布尔海、兀良哈巴雅海巴图尔、科尔沁五部的赛音察吉察巴图尔、"与五部喀尔喀那颜有姻戚关系的把阿孙塔

---

[1] 萨冈彻辰：《蒙古源流》，大库伦手抄本，66r。汉译文请参考乌兰：《〈蒙古源流〉研究》，辽宁民族出版社 2000 年版，第 356—358 页。

[2] 同上。

布囊五人为先锋"应战。战争胜利后，答言合罕"将赛音满都海哈屯所生之独生女嫁与了把阿孙塔布囊"[1]。罗氏《黄金史》的记载和小《黄金史》相同。[2] 1677 年喀尔喀善巴台吉所著《阿萨喇克其史》中有"五鄂托克喀尔喀人把阿孙"、"（答言合罕）将满都海哈屯所生独生女嫁与把阿孙"[3] 等记载。扎鲁特人固什答里麻于 1739 年所著《金轮千辐》记载的答兰帖哩温战役过程与上文所提几部文献并无大异，但是提到把阿孙塔布囊时这样说："将满都海哈屯所生格根公主嫁给了兀良哈把阿孙塔布囊。"在另一处还记载说："将满都海彻辰哈屯的独生女儿格根公主嫁给者蔑（者勒蔑之误写）后裔把阿速惕把都儿，使其成为了塔布囊。"[4] 扎鲁特固什的第二句话源自成书于 1725 年的乌珠穆沁台吉滚布扎卜所著《恒河之流》。滚布扎卜记载："有人说，将赛音答言合罕之独生女格根公主嫁与兀良哈者勒蔑（原注：成吉思汗九杰之一）后裔，使其成为塔布囊，其所繁衍之后裔即喀喇沁之官人塔布囊氏，云云。"[5] 拉喜彭斯克的《水晶念珠》也记载："将格根公主嫁给了兀良哈之把速惕塔布囊。"[6]《金轮千辐》的"把阿速惕"与《水晶念珠》的"把速惕"应该是 Baɣasun 的误抄。

　　综合上述蒙古文文献中关于把阿孙塔布囊的信息，可以得出如下结论：

[1] 全荣校勘注释：《圣主成吉思汗史》，民族出版社 2013 年版，影印本，第 513、514 页。

[2] 罗卜藏丹津：《黄金史》，乌兰巴托，1990 年，第 165b、166b 页。

[3] 乌云毕力格：《〈阿萨喇克其史〉研究》，中央民族大学出版社 2009 年版，蒙古文影印本，第 39b—40a、286、287 页。

[4] 固什答里麻著，乔吉校勘注释：《金轮千辐》，内蒙古人民出版社 1987 年版，第 128 页。

[5] 滚布扎卜著，乔吉校勘注释：《恒河之流》，内蒙古人民出版社 1980 年版，第 132 页。

[6] 拉喜彭斯克著，胡和温都尔校注：《水晶念珠》，内蒙古人民出版社 1985 年版，第 848 页。

把阿孙是兀良哈的把都尔（勇士）；

把阿孙是兀良哈者勒蔑后裔；

把阿孙是扎鲁特部人；

把阿孙是与五部喀尔喀那颜有姻戚关系的人；

把阿孙是答言合罕的塔布囊（塔布囊即驸马）。

总结这些信息，可以得出结论，兀良哈＝扎鲁特＝五部喀尔喀。

在进一步讨论这个问题之前，应该简单谈一谈"记述性史料"记载史事的一个特点。那就是在记载人与事件时，作者往往会根据历史事件最终的结果或完全基于编写史书时的情况及历史认识来追述早期发生的历史事件。例如，记载答兰帖哩温之战时，称把阿孙为"把阿孙塔布囊"，这是因为这个人战后成为了答言合罕的塔布囊（驸马），事实上当时的把阿孙理应被称为"把阿孙把都儿"。同理，称把阿孙为"五部喀尔喀"之人，也是基于后来的历史编写的。因为扎鲁特、巴林、乌济叶特、巴岳特、翁吉剌等五部被称作"五部喀尔喀"，是在答兰帖哩温之战后至少半个世纪以后。这些都是萨冈彻辰、扎鲁特固什等史家根据自己所处时代的历史情况编写的结果。

所以"兀良哈＝五部喀尔喀"这个结论是错误的，应当把它更正为"兀良哈＝五部喀尔喀之扎鲁特"。把阿孙塔布囊为"者勒蔑后裔"，而者勒蔑是成吉思汗大将，大蒙古国开国元勋之一，出生在蒙古兀良哈部首领家族。这即等于说把阿孙是兀良哈人。史料又说，把阿孙是"与五部喀尔喀那颜有姻戚关系的人"，此处的那颜指蒙古黄金家族孛儿只斤贵族，又称"台吉"。把阿孙是答言合罕的驸马，与黄金家族是姻亲关系，只是后人把此事说成了与扎鲁特那颜有姻亲关系，因为在上述史料作者们的时代里，把阿孙的后人成为了扎鲁特台吉们的塔布囊了。这些都在证明，兀良哈部者勒蔑后裔与扎鲁特首领[1]是一个宗族，也就是说，扎鲁特是兀良哈的分支。

二

　　以上是基于文献记载得出的结论。提及史料，我们将其划分为遗留性史料和记述性史料。上述蒙古编年史属于记述性史料。其作者为了给世人讲授历史，根据前人的文书资料、口头传说及自己的见闻，阐述了历史。因此这类史料中不免出现诸多歪曲史实之处，史学家应以批判的态度对待这类史料。遗留性史料则不同，其在形成之初就不以讲授历史为目的，而是因别的目的或原因形成。无意中为人们提供了可靠的历史信息和知识的那些史料，被称为遗留性史料。遗留性史料分为实物遗留（如考古文物）、文字遗留（如档案文书）和抽象遗留三组。其中抽象遗留指习俗、礼义、姓名等，它们虽抽象，但却将古代社会的信息无意识地因而较为可靠地留传至今。

　　我们找到了能够证明扎鲁特起源于兀良哈部的重要的抽象遗留：那就是从古代流传至今的扎鲁特人萨满教中的"闪电天（Čakilɣan tngri）的祭祀"。精于萨满教研究的扎鲁特学者尼玛做了如下的叙述：

　　　　闪电天的祭祀由"世传巫师"完成。世传巫师是指萨满神祇世代附于某一氏族内而产生的巫师。在"世传巫师"中不隔代、父子相承者最为尊贵。这类巫师除了负责所有萨满活动之

_____

[1]　这里的扎鲁特首领指答言合罕的子孙统治扎鲁特以前的扎鲁特异姓贵族。

外，还负责祭天，而且具有"斥责天"的特权。"闪电天"由他
们祭祀。闪电天的祭祀一般在夏季六七月份雨水丰富、雷电强
烈的时候进行。不论何时何地发生雷击，按照习惯，就在当地、
当天要邀请巫师进行祭祀。为该祭祀事前往邀请巫师的人，要
牵着马来到巫师家门前，将马悄悄地拴在巫师家门口，并在马
桩上挂上哈达，不进其家门便返回。巫师看到后立即就会明白
其意图，带上祭祀所需的嗒喇（酸奶及生奶的混合物）、两个木
碗、刀等物品，骑着邀请人送来的马，用鞭柄取上哈达，将其
揣入怀中，快马加鞭地跟随邀请者而去。巫师来到雷击发生的
地点后，愤怒地快速下马，大声呼喊："九十九天的哪一个天降
临了？"还斥责上天道："若要降雨就尽管降雨吧，为何要降临
在不该降临的地方，扰乱大众？"巫师们还称"雷击"为"天
的眷顾"。巫师斥责天后，将带来的酸奶倒进两个木碗里，边说
"任凭你的眷顾，敬献你酸奶吧"，边喊"嗨！嗨！"，把碗朝
天抛去。这是献给上天的意思。于是两碗酸奶落在巫师的面前，
但碗里的酸奶不会洒出来。由此可见，那位巫师受到过一定的
训练。举行祭祀仪式时，附近的人们聚集过来，各自将红白食
物献给上天并祈祷跪拜。被雷击毙的人、畜的主人会用全羊祭
祀，祭祀完成后，巫师带走全羊。最后，巫师将两碗酸奶洒向
四面八方，结束祭祀。

尼玛还说：

　　这种祭祀存在于扎鲁特、巴林、科尔沁和鄂尔多斯。鄂尔

多斯人称这样的巫师为"都达赤"（Daγudačin），科尔沁人称之为"唤旦"（Quwandan）或"唤敦"（Quwandun）。我认为，Quwandan 是汉语的具有"呼唤"之意的"唤"字后面加上蒙古语后缀 -da 形成的。……据传，巴林世传萨满们在闪电天祭祀中，不仅斥责上天，有时还责骂上天。[1]

据笔者在扎鲁特旗所做的调查，尼玛先生所说的世传巫师在扎鲁特也被叫作"都达赤"。扎鲁特旗乌兰哈达苏木赛布尔嘎查有一户都达赤人家（据这家人的要求，暂不披露姓名）。他们的子孙有的在旗里生活，有的在呼和浩特。他们不仅能非常清楚地追忆他们的祖先当都达赤之事，而且还保留着祖先写下的少量遗物。这户人家姓兀良哈岱，世代为都达赤。他们的祖先原来住在毛都苏木那仁嘎查（乡）。其祖坟位于巴雅尔吐胡硕镇博尔勒津庙附近。后来他们搬到了乌兰哈达苏木好老嘎查。那里的外地移民增多以后又搬到了乌布尔昆都楞河北岸的赛布尔嘎查。笔者调查的这户人家说，他们的外婆和曾祖母都是达尔汉旗（科尔沁左翼中旗）孛儿只斤氏，在他们小的时候曾告诉他们："你们是扎鲁特原住民，都达赤爱玛，从祖父以上都做了都达赤。你们是言语刻薄的人，其他乡亲很害怕和你们产生口角。电闪雷鸣的时候，都达赤人会纵马奔驰，责骂上天。这是他们的特权。来到被雷劈过的地方进行责骂仪式以后会下起甘露。"据他们说，1975 年夏天，在霍林郭勒河附近的营地上，他们家的嘞嘞车被雷劈过。当时坐在嘞嘞车下面躲雨的家人都因雷击而被

---

[1] 尼玛：《关于萨满教的若干问题》，载《丰碑——献给海西希教授 80 寿辰》（蒙古文），内蒙古文化出版社 1993 年版，第 272、273 页。

抛出去很远，还有一个男孩丧命。于是他舅舅家的人们告诉他，发生这种事情是因为"文化大革命"以后，他们家违反了都达赤巫师的禁忌。他们说这种巫师有禁止食用牲畜胃脏和盲肠的严厉禁忌。今扎鲁特旗乌兰哈达苏木大部分都是科尔沁左翼中旗的牧地，1947年以后并入扎鲁特旗，形成了今天的乌兰哈达苏木。但是这户都达赤人家是扎鲁特旗原住民，而不是科尔沁人。

在巴雅尔吐胡硕镇别日木图乡还生活着都达赤爱玛的人家。据说他们是民国时期有名的希休梅林（应为启秀梅林）的后代。他们自称属于都达赤爱玛，姓田。笔者认为，这个田姓来自于天。他们先把都达赤汉译为"唤天"，简称"天"，又参照百家姓将其改为田。近代蒙古人的汉姓大部分都是按照这个规律汉译的。

那么我们再回到文献记载。14世纪初期，成书于波斯的拉施特《史集》是翔实记载蒙古历史与文化的经典文献。此书第一卷里有蒙古各部族志，其中的蒙古兀良哈部相关的章节里有这样的记载：

> 兀良哈惕（兀良哈的复数形式。——引者）人声称，他们曾帮助并参与过点燃额儿古涅·昆的七十座炉（这是指追忆蒙古人用七十座炉子融开额儿古涅·昆的峭壁，走出那里，来到蒙古高原的传说。——引者）。他们有这样一种习俗：当闪电大作时，他们就咒骂天、咒骂乌云、咒骂闪电，并向它们喊叫。如果闪电落到牲畜身上，牲畜倒毙了，他们就避开它，不吃它的肉。他们坚信，只要他们这样做，雷声就会停止。其他蒙古人却相反：打雷时他们不出帐幕，害怕地坐［在家里］。
>
> ……

他们又说，由于各种缘故，妖魔会来到他们面前，[同他们] 谈话。在那个领地上，有许多诸如此类荒诞无稽之说和难以数计的珊蛮（即萨满。——引者），——尽人皆知，妖魔常与他们说话，——其中也包括靠近最遥远的居民区边界的那个地区。那个地区称为巴儿忽，又称巴尔忽真·脱窟木。那里珊蛮最多。[1]

需要说明的是，这里所说的"妖魔"是穆斯林史家的说法，指蒙古人的萨满天神。另外，这里所谓巴尔忽真·脱窟木的兀良哈惕人也是错误的说法，兀良哈惕人曾居于不峏罕合勒敦山，并没有在巴尔忽真·脱窟木居住过。[2] 所以，珊蛮（萨满）最多的地方当然也是指不峏罕合勒敦山兀良哈惕之地。

由此看来，有特权斥责上天的萨满巫师原来是兀良哈人的巫师，这也是兀良哈人有别于其他蒙古人的特殊习俗。可能兀良哈人一直将这些斥责上天的萨满巫师叫作"都达赤"（唤天者）。前面所说的扎鲁特旗乌兰哈达苏木的世传巫师都达赤是兀良哈岱氏，所以毫无疑问他们起源于兀良哈人。另外，巴林、鄂尔多斯与科尔沁的都达赤也与兀良哈万户有关。16世纪兀良哈万户被其他五个万户瓜分的历史需要我们注意，对此后文还会提及。16世纪，扎鲁特、巴林二部都属于喀尔喀万户，喀尔喀万户是消灭兀良哈万户时的先锋。鄂尔多斯万户也积极参与了消灭兀良哈万户的战争。他们消灭兀良哈

---

[1] 拉施特：《史集》第一卷第一分册，余大钧等译，商务印书馆1992年版，第255—256页。

[2] 宝音德力根：《关于兀良哈》，载乌云毕力格、娜仁高娃编：《硕果——纪念札奇斯钦教授80寿辰》，内蒙古文化出版社1996年版。

之后瓜分了兀良哈的众多属民。科尔沁万户虽然没有参加消灭兀良哈的战争，但在 17 世纪 20 年代，内喀尔喀五部被满洲击溃时，扎鲁特、巴林二部于 1626—1628 年间一度投靠过科尔沁。后来与科尔沁产生嫌隙才归附了满洲人，清朝时被编为巴林、扎鲁特诸扎萨克旗。在此过程中扎鲁特、巴林的诸多属民留在了科尔沁，他们当中应该有一些都达赤爱玛的人，所以科尔沁人当中存在的兀良哈氏都达赤也与这段历史有关。因此，巴林、鄂尔多斯与科尔沁的都达赤都来自兀良哈。科尔沁人对都达赤萨满的称呼 Quwandan 只是将都达赤译成了汉文而已，其原文可能是"唤天"，就是呼唤上天的意思（尼玛前引文对科尔沁的 Quwandan 的解释不可取，这个词最初应该叫 Quwantan，就是汉语的"唤天"，后来蒙古化以后变成了Quwandan）。

除此之外，还在扎鲁特旗巴雅尔吐胡硕镇别日木图乡还有姓吴的人家，他们自称姓 Uriya-qad，吴是该蒙古语姓氏的第一音节。另外在格日朝鲁苏木哈达艾力村也有姓吴的人家，他们说，他们的姓氏源自汉语的"五"，蒙古语为 Tabulaqu。笔者认为，第一个吴姓毫无疑问就是来自于兀良哈，他们说的 Uriya-qad 肯定是 Uriyangqad（兀良哈的复数形式）的音变。至于第二个人家的吴姓，应该与 Tabunong（塔布囊）有关，tabulaqu 是一种新近的解释。塔布囊这个词本来与数字五有关（本意为"五王"），只是到近代这个词被遗忘了，于是出现了俗语源学的解释。这家族的人把 Tabunong（塔布囊）解释为Tabulaqu（分五），并按近代蒙古人取汉姓的规律，把 Tabulaqu 简译为"五"，而后在百家姓里再找"五"的谐音，取了吴姓。

总之，在扎鲁特有很多与兀良哈有关联的 Uriyangqad、Dayudačin、

Tabunong 等姓氏与爱玛。这些抽象遗留性史料有力地证明，扎鲁特源于兀良哈。

三

　　扎鲁特部源自兀良哈的事实已经很明确。但是，问题并非到此就能得到解决。众所周知，兀良哈是古老的蒙古部落。《元朝秘史》称，兀良哈从孛端察儿时期开始成为孛儿只斤氏的属民，其中包括"札儿赤兀惕阿当罕兀良哈"（见第 38 节）。到了成吉思汗时代，铁木真失去父亲，孤苦伶仃之际，"有札儿赤兀歹老人自不峏罕山前背着打铁的风匣，引着者勒蔑名字的儿子来，说道：'你当初在迭里温孛勒荅合地面生时，我与了你一个貂鼠里儿袄有来。者勒蔑儿子曾与了来。为幼小上头，我将去养来。如今这儿子教与你，辔鞍子，开门子。'说着，与了"（见第 97 节总译）。这位札儿赤兀歹老人是者勒蔑、速不台、察兀儿罕等人的父亲。他的儿子们协助铁木真建国，征服世界，立下了赫赫战功，后来他们都成了兀良哈部首领。经过大蒙古国和元朝，到了答言合罕时期，兀良哈分成了两支：一支成了鼎鼎有名的六万户之一，被叫作兀良哈万户；另一支成了独立于六万户的山阳万户朵颜卫兀良哈。那么，扎鲁特究竟属于哪一支兀良哈？什么时候如何成为喀尔喀五部之一的呢？

　　宝音德力根博士对兀良哈万户做了很好的研究。据他研究，兀良哈万户出自肯特山不峏罕哈勒敦兀良哈。早在成吉思汗十世祖孛端察儿时期，兀良哈人就已成为孛儿只斤氏贵族门户奴隶。成吉思汗建立大蒙古国时，兀良哈人者勒蔑、速不台等兀良哈氏兄弟们立下了很大功劳，而且在后来大蒙古国发动扩张战争时，兀良哈军队在他们率领下征服了欧亚众多国家和地区。由于这个功劳，门户奴隶出身的兀良哈人的首领地位发生变化，成了大蒙古国和元朝的元勋世臣。成吉思汗建国后，封者勒蔑为千户、左翼副万户长，并封其弟速不台和察兀儿罕为千户。这些贵族所属兀良哈人世代居住在不峏罕哈勒敦山，并承担守护成吉思汗陵寝大禁地的职责。这些人到 15—16 世纪时形成了兀良哈万户，仍居于故土不峏罕哈勒敦。[1]

　　山阳万户兀良哈或朵颜卫兀良哈来自朵因温都儿兀良哈千户所，该千户所于元延祐三年（1316）设，其头领为兀良哈者勒蔑之裔。明朝初年，成吉思汗幼弟斡赤斤后裔辽王阿扎失里降明，明朝在其领地设往流、兀者、兀良哈三卫，令辽王统辖。其中的兀良哈人就是由朵因兀良哈千户所发展而来，其统治者为兀良哈氏者勒蔑后裔。这三个卫在明代称作"兀良哈三卫"。朵颜兀良哈被称为"兀良哈卫"或"朵颜卫"。卫是明朝沿边设立的军事机构，蒙古人不用该称呼，只称他们为兀良哈人。这部分兀良哈人初居朵颜山、绰尔河一带，后迁至大兴安岭以南，成了斡赤斤那颜后裔所辖"山阳万户"（大兴安岭南麓或山阳的万户）。山阳万户刚开始由斡赤斤后人统领，到某一时期，为兀良哈人所统辖。16 世纪 40 年代起，合罕打来孙率领察哈尔万户从克鲁伦河一带越过兴安岭南迁，占领了兀良哈卫北部。此时，喀尔喀万户左翼在虎喇哈赤率领下，科尔沁之右翼在奎蒙克塔斯哈喇率领下，也随合罕纷纷越兴安岭迁居山

---

[1]　宝音德力根：《关于兀良哈》，载乌云毕力格等编：《硕果——纪念札奇斯钦教授诞辰 80 寿辰》。

阳，完全吞并了三卫中的兀者、往流二部。正当此时，蒙古右翼万户之首土默特部俺答汗亦不肯落后，率兵征服兀良哈南部，将之分给了喀喇沁贵族。这些军事活动的结果是，朵颜卫兀良哈人开始隶属于察哈尔、喀喇沁二部黄金家族，其首领们成为察哈尔与喀喇沁台吉们的塔布囊，形成了喀喇沁台吉——塔布囊系统。这些塔布囊成为后来的清代卓索图盟喀喇沁三旗与土默特左翼旗扎萨克塔布囊们的鼻祖。就此请参见拙作《喀喇沁万户研究》[1]，在此不再赘述。

但是，由于在乌珠穆沁台吉滚布扎卜记载中，兀良哈部者勒蔑之裔把阿孙塔布囊的后裔据说是喀喇沁之官人塔布囊们，所以人们认为，扎鲁特贵族与喀喇沁万户之兀良哈贵族属同一家族，进而认为扎鲁特源于山阳万户之兀良哈人。但这是一种误解，这一误解至少在滚布扎卜时期就已出现，更因为扎鲁特固什将其信以为真，加以转载，所以此说进一步得以流传。

这种观点之谬，不言而喻。首先，发生答兰帖哩温之战的1509年，喀尔喀万户在流经今蒙古国东南部和我国呼伦贝尔地区的哈拉哈河一带，而且是个分为左右两翼的大万户。当时，尚未出现内喀尔喀五部，内喀尔喀五部的出现是其后半个世纪的事。因此，参加答兰帖哩温之战的喀尔喀部把阿孙把都儿当为喀尔喀大万户首领之一。从将他称为扎鲁特首领这一点上来看，扎鲁特为大喀尔喀万户之一部，把阿孙是其首领。萨冈彻辰、扎鲁特固什等人根据自身所处的年代和知识，将参加1509年答兰帖哩温之战的把阿孙误载为

---

[1]　乌云毕力格：《喀喇沁万户研究》，内蒙古人民出版社2005年版，第45—51页。

"五部喀尔喀把阿孙塔布囊"（在此需要说明的是，本人之前因受到罗密《博尔济吉特氏族谱》影响，将把阿孙误读成"别速特"，在此特别更正）。第二，参加答兰帖哩温之战，立下战功的兀良哈系兀良哈万户，而非山阳万户之兀良哈（明朝所谓兀良哈卫）。《蒙古源流》记载，答言合罕听闻其子遇害后"向天地申告，洒马奶酒祭奠，行叩拜大礼，随后率领左翼三万户和叔王科尔沁部出征"。开战时，答言合罕降旨说："鄂尔多斯是保存圣主八白帐的命大缘深的人众；同样，兀良哈也是守护圣主金柜的命大缘深的人众，就让叔王科尔沁部与它对阵。"[1]"圣主金柜"指的是安葬成吉思汗遗体的金椁。由此可知，把阿孙塔布囊即守护圣主大禁地不峏罕哈勒敦之兀良哈人。第三，无法设想把阿孙是山阳万户之人。其原因，这些兀良哈人被察哈尔和喀喇沁所瓜分，尚且直到入清为止，从未出现过察哈尔和喀喇沁部被喀尔喀部打败，部众遭掠的现象，所以也就不大可能三卫的兀良哈成为扎鲁特之属。清人谷应泰言："花当次子把儿孙骁勇敢深入，结婚小王子，为中国患滋深。"[2]有些人据此将把阿孙塔布囊与把儿孙等同，进而认为扎鲁特出自兀良哈卫，这种观点无法令人信服。从而，我们可以进一步证实，扎鲁特是守护圣主金柜之兀良哈万户之一部。

那么，不峏罕哈勒敦一带的扎鲁特人何时开始成为喀尔喀万户之一鄂托克的呢？这个问题很简单。答言合罕过世后，其孙博迪阿剌汗率察哈尔、喀尔喀和右翼三万户数次出征兀良哈万户。据土默

---

[1] 萨冈彻辰：《蒙古源流》，66r，参见乌兰：《〈蒙古源流〉研究》，第 356 页。

[2] 《明史纪事本末》卷二十，中华书局 1977 年版，第 321 页。

特部俺答汗传记载，1524 年，兀良哈的图类诺延、格勒巴拉特丞相进兵袭杀伯速特之乌林泰，围攻库里叶兀鲁思。于是，其他各万户联军进攻兀良哈。此后，于 1531、1532、1538、1541、1544 年连续五次出征兀良哈，最后灭亡了兀良哈万户。史载，五万户"将兀良哈万户据为己有，将可做妻者做妻，令拨无数人众于各户为奴"[1]。如此一来，兀良哈万户为其他五万户所瓜分，兀良哈万户之扎鲁特鄂托克即在此时进入喀尔喀万户。

四

如此看来，扎鲁特是兀良哈万户的鄂托克之一。当兀良哈被另五个万户瓜分时，于 1544 年左右，扎鲁特鄂托克被喀尔喀万户分得，入喀尔喀万户左翼，成为答言合罕之子安出孛罗的属民。此后不久，喀尔喀万户左翼在安出孛罗独子虎喇哈赤诺颜的率领下，跟随合罕达赉孙库登移徙大兴安岭南麓。他们占领山阳万户之部分鄂托克民众后，变得更加强大。后来，虎喇哈赤诺颜去世前，将山阳喀尔喀部众分给其五个儿子，于是山阳喀尔喀成为喀尔喀五部。这便是内喀尔喀五部的起源。

大喀尔喀万户右翼首领格呼森札珲台吉被称为"札剌亦儿珲台吉"，而左翼首领虎喇哈赤诺颜被称为"扎鲁特虎喇哈赤诺颜"。这说明，右翼最大鄂托克为札剌亦儿，左翼最大鄂托克为扎鲁特。众所周知，札剌亦儿是成吉思汗首大功臣国王木华黎后裔所属部族，

---

[1]《名为宝汇集之书》（蒙古文），内蒙古社会科学院图书馆藏，竹笔抄本；参见珠荣嘎译注：《阿勒坦汗传》，内蒙古人民出版社 1990 年版，第 39 页。

元朝时期左翼五投下之首大部，后成为喀尔喀万户右翼之七喀尔喀首大鄂托克，成为格呼森札长子所领部众。而扎鲁特是在成吉思汗身边仅次于木华黎的左翼之第二大诺颜者勒蔑的部族。尽管在不地合罕时期被五个万户瓜分，作为兀良哈首大部的扎鲁特仍然是喀尔喀左翼最大鄂托克。正因为如此，虎喇哈赤诺颜给五子分家产时，把扎鲁特鄂托克分给了他的长子乌巴什委正，从此扎鲁特成为内喀尔喀五部之首大鄂托克。

扎鲁特作为兀良哈的组成部分，从孛端察儿时期起至 16 世纪，历代游牧于肯特山不峏罕合勒敦为中心的地区，后来从肯特山扩张至鄂嫩河中游。[1] 16 世纪中叶，扎鲁特并入喀尔喀万户后，在哈拉哈河流域生活了一段时期，不久后就来到大兴安岭以南，东辽河以北，东与海西女真接壤，东北与科尔沁相邻，西南与弘吉剌部为界。[2] 17 世纪初，突然强大起来的女真爱新国开始经略蒙古诸部，与蒙古合罕林丹呼图克图为敌。林丹合罕与女真激烈地争夺内喀尔喀五部。1626 年，巴林与扎鲁特二部遭到了爱新国的打击，接着又遭受林丹合罕的征讨，不得已投靠了嫩科尔沁部。但由于受到嫩科尔沁的压迫与排挤，于 1628 年离开科尔沁归附了女真爱新国。因其在爱新国的对外战争中有所贡献，1636 年建立大清国之际分别为扎鲁特、巴林二部各编设了二旗，保留他们世代统领属民的权力，于西拉木伦河以北至霍林河地区指授了游牧地。这就是内四十九旗之扎鲁特左右翼二旗，归昭乌达盟管辖。

---

[1] 宝音德力根：《关于兀良哈》，载乌云毕力格等编：《硕果——纪念札奇斯钦教授诞辰80 寿辰》，第 47 页。

[2] 达力扎布：《明代漠南蒙古历史研究》，内蒙古文化出版社 1998 年版，第 134—136 页。

　　综上所述，扎鲁特源于兀良哈，蒙元时期生活在肯特山与鄂嫩河之间。16世纪40年代，随着兀良哈万户被其他五个万户所吞并，扎鲁特鄂托克被并入喀尔喀万户左翼，不久迁徙到兴安岭以南，后构成为内喀尔喀五部之一，清代初年被编设为左右二扎萨克旗。

南京博物院藏满汉合璧御赐和硕智亲王、继福晋金册译释

蔡晶晶（扬州大学）

　　南京博物院的清代藏品中，有金册两件，"和硕智亲王宝"一枚。两件金册分别属于清仁宗次子、和硕智亲王绵宁和他的继福晋佟佳氏。古代凡授封，必给以册、宝。册即册文，宝即印玺，授予册、宝的仪式，即为册封。[1]嘉庆年间定制，亲王、亲王世子、亲王福晋金册"四页，每页重十五两，以六成金为之"[2]。南京博物院藏两件金册分别由四块金色长方形金属册页连缀而成，相邻两页的顶部与底部各有一缺口，嵌入同样质地的金属环。相邻的两页可以圆环为中心合起，也可以 180 度打开。四片册页可以平铺展开，也可以折叠收藏。继福晋佟佳氏金册通长 22.8 厘米、宽 10.4 厘米，重 2200 克。[3]和硕智亲王金册的尺寸和重量，据《大清会典》规定，当与继福晋金册相同。两件金册都是左边两页刻写满文，右边两页

---

[1] 邱树森主编：《中国历代职官辞典》，江西教育出版社 1991 年版，第 202 页。

[2] 托津等奉敕纂：《钦定大清会典事例（嘉庆朝）》卷四八《工部》，台北文海出版社 1991 年版，第 2254 页。成书于 1818 年。

[3] 韦正编撰：《南京博物院珍藏系列·金银器》，上海古籍出版社 1999 年版，第 52 页。

刻写汉文。

目前学界尚无学者研究这两件金册。亲王金册未见于出版物，福晋金册的图片被《南京博物院珍藏系列·金银器》、《中国金银玻璃珐琅器全集·金银器（三）》^[1]二书收录，但图片过小，不利于阅读。以《南京博物院珍藏系列·金银器》的图片为例，满文文字平均被缩小至 5 毫米长、1 毫米宽，需借助放大镜阅读。至于亲王金册，至今尚未出版，只能通过观摩实物阅读文字。笔者释读两件金册的满文部分时，不免对某些难以准确释读的词汇据其字形略做推测，已在文中注明，推测不当之处，请方家批评指正。

和硕智亲王金册汉文部分每页六行，合计十二行、184 个字。现录全文如下：

奉天承运，皇帝制曰：树屏隆乎建戚，事炳周京；疏爵尚乎录功，道光汉策。式谷眷义方之秉，辉瑶牒以酬庸；维藩邀恩命之敷，涣纶言而锡秩。尔皇次子绵宁，彤闱毓质，紫极承晖。协度中和，训行而遵诗礼；宅衷端亮，敬慎以事君亲。盖诚至则勇生，身先捍御；綮理明则识定，力致安全。于国于家，克忠克孝。朕仰惟笃祜，嘉乃徽猷。宜优奖之特加，示大公而行赏。兹封尔为和硕智亲王，锡之册命。于戏！崇勋茂著，愿共励于廷僚；丕训诞膺，勉益娴乎家法。钦哉！嘉庆十八年九月十六日。

[1]　杨伯达主编：《中国金银玻璃珐琅器全集·金银器（三）》，河北美术出版社 2004 年版，第 177 页。

金册的汉文部分可在《清仁宗实录》中找到同样的记载：

> 嘉庆十八年十二月己酉（十六日）"命庄亲王绵课为正使，户部右侍郎桂芳为副使，持节奉册宝封皇次子旻宁为和硕智亲王。制曰：树屏隆乎建戚，事炳周京；疏爵尚乎录功，道光汉策。式谷眷义方之秉，辉瑶牒以酬庸；维藩邀恩命之敷，涣纶言而锡秩。尔皇次子旻宁，彤闱毓质，紫极承晖。协度中和，训行而遵诗礼；宅衷端亮，敬慎以事君亲。盖诚至则勇生，身先捍御；繁理明则识定，力致安全。于国于家，克忠克孝。朕仰惟笃祜，嘉乃徽猷。宜优奖之特加，示大公而行赏。兹封尔为和硕智亲王，锡之册命。于戏！崇勋茂著，愿共励于廷僚；丕训诞膺，勉益娴乎家法。钦哉！"[1]

对比册文和《实录》制文可以发现，二者仅有一字之差：金册册文皇次子、和硕智亲王之名作"绵宁"，《实录》作"旻宁"。和硕智亲王即后来的清宣宗。他在即位后为避讳方便，改名旻宁。金册刻于嘉庆十八年，绵宁尚未改名。

亲王金册的两页满文，直行向下、自左向右书写。左起第一页九行，第二页八行，合计十七行、209 个词。以下录金册满文全文，按原文列数排列。第一行为金册满文原文，第二行为满文对应的拉丁转写，采用穆麟德（Möllendorff）转写方案，其下逐字注明对应字词的汉译：

---

[1] 《清仁宗实录》卷二八一，嘉庆十八年十二月己酉，钞本。成书于 1824 年。

左起第一页（以下简称左一页）：

1.　abka-i　　hese-i　　forgon　　be　　aliha
　　天的　　　旨的　　　天运（宾格助词）　接受

2.　hūwangdi　i　hese　fiyanji　dalikū　obume　fungneme
　　皇帝　　　的　旨　　　　　　屏藩　作为　　封

　　ilibure　　be　　wesihulere　　baita.　jeo　gurun
　　树立　　我们　　推崇　　　　事　　周　　朝

　　i　　fonde
　　的　时候

3.　iletulehebi.[1]　faššaha　gungge　be　iletuleme　temgetuleme
　　表明　　　　勤奋　　功绩（宾格助词）　　旌表

　　hergen　bure　kooli.　han　gurun　i　suduri　de
　　爵位　　给予　定例　君　　国　　　国史　　在……里

4.　tutabuhabi.[2]　sain　be　alhūdame　jurgan　be
　　使留下　　善（宾格助词）　效法　　义（宾格助词）

---

[1] 按，该字据字形推测。
[2] 按，该字据字形推测。

songkolome mutehe be gosime ofi.

奉行　　　　能　（宾格助词）　仁爱　　因为

suduri dangse de

史　　　册　　在……里

5.　lietuleme gungge be saišambi. gosire hese

昭彰　　　功绩　（宾格助词）　嘉奖　　　　恩旨

wasimbufi cin wang fungnere kooli be

命下　　　亲王　　封授　　定例（宾格助词）

yabubume ofi.

执行　　因为

6.　abdangga fungnehen bume wesihun hergen bahabumbi.

　　　　册封　　　尊贵的　爵位　　授予

jacin age miyan ning si. dorgi gurung de

次　阿哥　绵宁　你　内　宫　在……里

7.　banjiha. hūwašabume tacibure be aliha. dulimba

诞生　养育　　　教诲（宾格助词）接受　　中

hūwaliyasun i kemun de acanafi. tacihiyan yabun
和睦　　的　度　因为　允协　　训　　品行

8.
obufi. irgebun dorolon be songkoloho.
足以　　诗　　礼　（宾格助词）遵循

tob akdun be hing seme tebufi.
正　信　以　至诚　　存

gingguleme olhošome
恭敬　　　谨慎

9.
ejen niyaman be uilehe. unenggi te de
君主　亲（宾格助词）侍奉　果然　今　在……时

isinaha ofi. baturu banjinafi. beye turulafi dalime
至　成为　勇士　产生　　身　率先　捍御

左起第二页（以下简称左二页）：

1.
karmaha. giyan be getukelehe ofi gūnin
捍卫　理（宾格助词）弄明白　由于　心意

toktofi. hūsun be wacihiyame elhe necin obuha.
安定　力（宾格助词）尽　　平安　　致使

2.
yargiyan　i　gurun　boo-de　tondo　hiyoošun　be
真的　　　国　　在家　　忠　　孝　　（宾格助词）

akūmbume　mutehe　seci　ombi.　bi.
竭尽　　　能　　谓为　可以　朕

3.
aisiha　kesi　be　　hukšeme.　sini　faššaha
佑　　福（宾格助词）　感激　你的　勤奋

gungge　be　　　saišame.　giyan　i　dabali
功绩（宾格助词）　嘉奖　　理宜　　格外

huwekiyebure　kesi　isibufi.　amba
嘉勉　　　　恩典　给予　　大

4.
tondo　be　　　tuwabume　šangnara　kooli
公（宾格助词）　显示　　　奖赏　　　定例

be　　　yabubu-ci　acame　ofi.　te　simbe
（宾格助词）　应准　　成为　今　把你

hošoi　mergengge　cin　wang
和硕　智　　　　亲王

5. ᡶᡠᠩᠨᡝᡶᡳ᠈　　ᠠᠪᡩᠠᠩᡤᠠ　　ᡶᡠᠩᠨᡝᡥᡝᠨ　　ᠪᡠᡥᡝ᠈　　ᠠᠶᠠ᠈

fungnefi.　　abdangga　　fungnehen　　buhe.　　aya.

封　　　　　册　　　　　给予　　于戏

wesihun　　gungge　　ambula　　iletulefi.　　ambasa　　hafasa

崇高的　　功勋　　极　　昭彰　　大臣们　　官员们

be　　uhei

我们　　共同

6. huwekiyendure　　de　　isibukini.　　gosire　　hese　　be

鼓励　　与　　给予　　仁爱　　旨　　（宾格助词）

alifi　　boo-i　　tacihiyan　　be　　ele　　kiceme　　songkolokini.

接受　家的　　训（宾格助词）　更　尽力　　遵循

7. ginggule.

恭敬

8. saicungga　　fengšen　　i　　juwan　　jakūci　　aniya　　uyun

嘉庆　　的　　第十八　　年　　九

biya-i　　juwan　　ninggun.

月的　　十六日

嘉庆十八年（1813）九月十五日，天理教徒攻入大内，皇次子击退敌人，受到仁宗皇帝的嘉奖，次日受封为和硕智亲王；同年十二月十六日举行册封仪式。金册的落款日期为获封时间，它的铸造时间在九月十六日之后，十二月十六日之前。

和硕智亲王继福晋金册四页，汉文部分右一页六行，右二页五行，合计十一行、159 个字。现录全文如下：

奉天承运，皇帝制曰：朝倚宗亲之辅，爰启藩封；邦崇雝肃之风，必敦壸教。既宜家而备美，应从爵以分荣。咨尔和硕智亲王继福晋佟佳氏，赋性端良，秉心淑慎。发祥华胄，奉内则以无违；作配王宫，供妇职而咸尽。既相夫以雍肃，复宜室以柔嘉。是用封尔为和硕智亲王继福晋，锡之金册。贵极笄珈，光生袆翟。《诗》称窈窕，乃克著乎令仪；《易》表安贞，宜益隆夫顺德。修齐无斁，福禄攸同。钦哉！嘉庆十八年十二月十六日。

这份金册对应的满文两页，每页各八行，合计十六行、168 个词。以下录金册满文全文，按原文列数排列。第一行为金册满文原文，第二行为满文对应的拉丁转写，其下逐字注明对应字词的汉译：

左一页：

1. abka-i　hese-i　forgon　be　aliha.

　　天的　　旨的　　天运　（宾格助词）　接受

2.　　　〔满文〕

hūwangdi　hese.　han　niyalma[1]　fiyanji　dalikū　i
皇帝　　　圣旨　　帝王　人　　　　　屏藩　　的

〔满文〕

aisilara　de　akdaha　be　dahame.　cohome　wang
辅助　　在……时　依赖　　既然　　　特　　　王

3.　　　〔满文〕

fungnere　be　deribuhebi.　gurun　de
封　　　（宾格助词）　起源　　国家　在……里

〔满文〕

hūwaliyasun　ginggun　i　kooli　be
和睦　　　　恭谨的　的　定例　（宾格助词）

〔满文〕

wesihulere　be
推崇　　与下一行 dahame 连用

4.　　　〔满文〕

dahame　urunakū　dorgi　tacihiyan　be　ujelehebi
既然　　必定　　内　　训　　（宾格助词）　敬重

〔满文〕

boo-de　acibufi　sain　be　yongkiyaci.
在家　　合宜　美　（宾格助词）　完备的话

---

[1] 按，〔满文〕niyalma（人）疑为〔满文〕niyaman（亲）之误，〔满文〕 han niyaman 意为"宗亲"。

5.

jergi   be   dahame   wesihun   be   isiburengge

爵位   因循   尊贵的   （宾格助词）   给予

giyan   hošoi   mergengge   cin   wang   ni

理   和硕   智   亲王   的

6.

sirame   gaiha   fujin   tunggiya halangga   sini   banin

继福晋   佟佳氏   你的 性情

tob   sain   mujilen   ginggun   olhoba.

端庄的   善   心境   恭敬的   谨慎的

7.

wesihun   boo-de   banjifi.   dorgi   durun   be dahame

高贵的   在家   生长   内   准则   遵从

jurcehengge   akū.   wang   de

违反   无   王   与

8.

holbofi.   hehe-i   doro   be   yooni   akūmbuha.

婚配   妇女的   礼仪 （宾格助词）   全   尽到

fiyanji   dalikū i   gungge   colgorome

屏藩   的   功绩   卓越

左二页：

1. iletulehengge. yargiyan i dorgideri aisilaha
   昭彰　　　　真的　　从内部　　辅助

   ambula turgun tuttu simbe hošoi
   极　　　缘故　所以　把你　和硕

2. mergengge cin wang ni sirame gaiha fujin
   智　　　　亲王　的　　继福晋

   fungnefi. aisin i abdangga fungnehen
   授封　　金的　　册　　　封

3. buhe. wesihun miyamigan i ten de isinaha elden
   给予　珍贵的　首饰　　的极　于　至　　光辉

   bocunggo[1] etuku de tucike.
   　　　　　衣服　在……上　生出

4. irgebun i nomun de fujurungga saikan
   《诗经》　　在……里　幽雅　　美的

---

[1] 按，bocunggo 无意义，疑为 boconggo 之误，意为"绚烂的"。

be maktahabi. sain yabun be iletuleme

（宾格助词）称颂　好　品行　（宾格助词）昭彰

5. mutebu. jijungge nomun de elhe akdun

实现　　《易经》　在……里　安稳

be tucibuhebi. ijishūn erdemu be ele

（宾格助词）出　　温顺的　德行　我们　越发

6. wesinhule. dasara teksilere be heolederakū oci.

尊重　　修　整齐　也　无倦怠　则

hūturi kesi be uhei

福　恩，福　我们　共同

7. alimbi. ginggule.

接受　恭敬

8. saicungga fengšen i juwan jakūci aniya

嘉庆　　　的　第十八　　年

jorgon biya-i juwan ninggun.

十二　月的　十六日

　　正史对佟佳氏的记载极少。《清史稿》记载，嘉庆十三年正月，
"宣宗为皇子，嫡福晋薨，仁宗册后继嫡福晋。宣宗即位，立为皇
后"。道光十三年，佟佳氏去世，谥"孝慎皇后"。[1]《清仁宗实录》
记载，绵宁的嫡福晋钮钴禄氏（孝穆成皇后）死后数日，仁宗为次
子物色继室。同年十二月，绵宁与佟佳氏成婚。[2] 嘉庆十八年册封佟
佳氏之事《清史稿》没有记录，《宣宗实录》也未提及。继福晋金册
是补充佟佳氏生平事迹的重要史料。

　　与亲王金册相比，福晋佟佳氏的册文略显单调。册文明确指出，
佟佳氏被封为亲王福晋是妇从夫爵之故。金册的落款日期显示，在
十二月十六日和硕智亲王册封仪式当天，佟佳氏也经仪式册封为亲
王福晋。佟佳氏的头衔"和硕智亲王继福晋"强调她是继配，与已
故的嫡福晋区分开来。

　　两份金册满、汉文的内容差别不大。汉文文辞优美，满文没有
将汉文用典逐一译出。今天我们看到的金册，满、汉文各两页，每
页大小相同，能够容纳的满、汉两种文字都是有限的。册文既不能
超过册页的范围，也不能留出太多空白。而为了视觉平衡，两种文
字的字号必须得当，不能过大或过小。不同的满文词汇，书写长度
也是不一样的。因而满文部分还需要顾及词的长度，没有特殊需求
的情况下，每行都要尽量上下齐平。在如此有限的册页上，做到这
些实属不易。金册采取了灵活的处理方法。满文部分采用意译，一
方面解决了如何信达雅地翻译典故的难题；另一方面通过翻译汉文
的大意，减少满文表述需要的字词，从而控制满文的长度。满文对

[1]　赵尔巽等：《清史稿》卷二一四《后妃传》，中华书局 1977 年版，第 8922 页。
[2]　《清仁宗实录》卷一九一，嘉庆十三年正月乙丑；卷二〇五，嘉庆十三年十二月己酉。

骈文的意译显示，册文应是先用汉文写出，再译为满文的。

嘉庆年间编定的《钦定大清会典事例》规定，授封亲王、福晋的金册，册文"由翰林院撰定，移送中书科书写。其册由工部派工匠至科镌刻，镌毕呈内阁覆阅，传礼部仪制司给发"[1]。当是先由翰林院书写汉文册文，中书翰林官誊抄汉文，并将汉文译为满文。最后审定满、汉册文，召工匠将两种文字镌刻在金册上。刻好的金册需送入内阁复审，无误后即可在册封典礼上颁给受封者。

南京博物院展出的和硕智亲王及继福晋金册，是了解清中期册封制度不可或缺的文物。满汉合璧的册文有着鲜明的时代特征，研究时应两者并重，不仅重视将金册的汉文部分与汉文史书中的记载相对照，也应注重满文的释读，以及满汉两种文字的互相参证。这种两种文字互释考证的方法，是历史研究的新途径之一。

---

[1] 托津等奉敕纂：《钦定大清会典事例（嘉庆朝）》卷一三《中书科》，第519、520页。

钱大昕《元史氏族表》卷一《蒙古》史源详考

刘砚月（深圳大学）

　　《元史氏族表》（以下简称《氏族表》）是清儒钱大昕治元史的力作。作为最早的较全面反映元代蒙古、色目家族整体面貌的文献，时至今日仍有较高的学术价值。陈得芝先生曾指出，《氏族表》"博采正史、杂史、碑刻、文集、题名录等资料，审其异同，其蒙古诸氏族主要根据《秘史》记载厘定，由于他精音韵之学，又懂蒙语，族名、人名的勘同多数准确。在《史集·部族志》传入中国之前，能有这样的成绩诚为难得"[1]。王慎荣先生在其《元史探源》（以下简称《探源》）中评价《氏族表》"是一部考证精准，记述翔实的民族史志，也是一部最早指明蒙古与色目人之间区别的民族史书"[2]。可以说《氏族表》是钱大昕在域外史料传入我国之前，传统史学方法在元史研究领域所能取得的最高成就。

　　但必须承认，钱大昕的学术研究受其时代和个人精力所限，在

---

[1] 陈得芝：《蒙元史研究导论》，南京大学出版社 2012 年版，第 124 页。

[2] 王慎荣主编：《元史探源》，吉林文史出版社 1991 年版，第 382 页。

今天看来《氏族表》并非完美无缺。例如以今日的学术规范视之，《氏族表》除了少数条目之外，其余世系未注明出处；当代学者也基本上把《氏族表》视为历史文献并直接引用，一般不再追究其史源。本文拟在前人研究的基础上，通过比对大量文献，就《氏族表》卷一《蒙古》的史料来源问题予以论证，以求教于方家。

一、前人对《元史氏族表》史源的考证及存在的问题

王慎荣先生在《元史探源》一书中，辟专节论述《氏族表》的史源。[1] 这是过去仅有的集中讨论《氏族表》史源的学术成果，为后学提供了诸多宝贵线索，也纠正了《氏族表》的部分讹误。但其不足之处主要有以下几点：

一是探寻《氏族表》史源的路径和方法较为粗疏。《探源》一书的重点在于考证《元史》的史源，主要利用陆峻岭、王德毅等编纂的元人文集和元人传记资料索引工具书，将所查得的相关人物史料与《元史》进行对照[2]；在得出《元史》传记史源的基础上，再将其中的蒙古、色目人物传记的史源与《氏族表》直接比对。[3] 由于未能注意钱大昕所处时代的文献留存状况，出现了不少将《元史》传记的史源与《氏族表》的史源相混淆的情况。如蒙古土别燕氏土薛家族，《探源》认为《元史·完泽传》的史源有阎复所撰《丞相兴元忠

---

[1]　王慎荣主编：《元史探源》，第383—407页。

[2]　同上书，第151、152页。

[3]　虽然在《元史探源》中并未交待《氏族表》史源考订的具体方法，但从结果来看，大量将《元史》传记的史源与《氏族表》史源混同，笔者推测当是将《元史》传记的史源与《氏族表》内容直接比对所致。

献王碑》,《氏族表》所载土别燕氏完泽家族史源为《元史·完泽传》和阎复所撰《碑》[1];但《静轩集》久佚,在缪荃孙从《永乐大典》辑佚之前,世人并不能见到此书,因此将阎复所撰《丞相兴元忠献王碑》直接视为《氏族表》的史源是不妥当的。

二是部分氏族的史源考订结果的精准程度不足,有进一步发掘的空间;还有少量世系的史源未能考出。如逊都思氏赤老温家族的史源,《探源》仅列《元史·月鲁不花传》[2],钱氏实际上还参考了虞集《孙都思氏世勋之碑》及黄溍《逊都台公墓志铭》;晃合丹氏明里也赤哥家族、蔑儿吉鯟氏曲列尔家族等史源,《探源》未能考出。

三是未注意《氏族表》与钱大昕其他元史著作之间的联系。《氏族表》与钱大昕其他作品如《廿二史考异》、《十驾斋养新录》、《潜研堂金石文跋尾》、《潜研堂文集》中的元史部分之间存在大量互见之处,主要表现在两个方面:一是内容上的关联性 —— 表现为钱氏其他作品中对蒙古、色目家族人物和世系的考订,经删削之后被纳入《氏族表》对应部分;二是记录了考订所用的文献 —— 《氏族表》展现的是对家族世系的考订结果,由于体例原因未将所用史源一一列出,但并不意味着钱大昕有意隐藏;《氏族表》所载人物和世系之史源,大部分可见于钱氏其他作品的相关篇目中。

此外,还有一些学者在蒙元时期相关家族史事的研究中涉及《氏族表》中部分世系史源的考订,如萧启庆先生《元代四大蒙古家族》一文对博尔术、木华黎、博尔忽、赤老温家族世系表的史源予以考订,对钱大昕著木华黎世系表进行了订误,并列出拉施都丁所

---

[1]　王慎荣主编:《元史探源》,第391页。

[2]　同上书,第388页。

记博尔朮、博尔忽与赤老温世系。[1] 前人筚路蓝缕，功不可没，本文将在充分吸收前人研究成果的基础上，推进对《氏族表》卷一《蒙古》的史源考订。

二、本文探查《元史氏族表》史源的基本路径和方法

笔者在将《氏族表》与钱大昕其他元史研究著作、钱氏年谱以及藏书题跋等文献对读的过程中，发现《氏族表》的史源具有较强的可回溯性，现将基本路径和方法总结如下：

首先，充分利用《氏族表》与钱大昕其他元史研究著作的关联性，还原《氏族表》的编纂思路。钱大昕的元史研究著述虽体裁不一，但在内容上具有相关性，在《十驾斋养新录》（以下简称《养新录》）、《廿二史考异》（以下简称《考异》）、《潜研堂金石文跋尾》（以下简称《跋尾》）中有部分篇目记载了所考蒙古、色目人物史事的文献依据及考证过程，这是研究《氏族表》史源最直接的线索。另外，《潜研堂金石文字目录》大致反映了钱大昕家藏金石拓本的面貌，但《氏族表》所用的个别碑刻均不见于《跋尾》与《目录》，应小心甄别。

其次，运用史源学"因人所读之书而读之"的研究方法，大致圈定钱大昕有生之年所能见到的元代文献的范围。钱氏素有在日记和札记中记录所读之书的习惯，多见于《竹汀先生日记钞》、《养新录》、《潜研堂文集》中；近年来有学者陆续从傅增湘《藏园群书经眼录》、台湾《"国立中央图书馆"善本题跋真迹》等文献中辑得钱

---

[1] 萧启庆：《元代四大蒙古家族》，载氏著：《内北国而外中国 —— 蒙元史研究》（下），中华书局 2007 年版，第 514—520 页。

氏所撰读书题跋的佚文，以上内容均收入杜泽逊主编《中国历代书目题跋丛书》第三辑，题名《潜研堂序跋·竹汀先生日记钞·十驾斋养新录摘抄》[1]，甚便利用。与钱氏交好的藏书家黄丕烈所藏元代文献多达九十余种，钱氏晚年在苏州所见的元代珍本文献，大多得自黄氏家藏；在黄氏所撰写的书目题跋中[2]多有介绍文献的来源途径与时间，并点评版本价值，有助于解决《氏族表》所用文献版本等重要问题。此外，天一阁主人范懋敏与钱大昕联合编纂的《天一阁碑目》[3]，藏书家吴骞之子吴寿旸所撰《拜经楼藏书题跋记》[4]，晚清瞿良士所辑《铁琴铜剑楼藏书题跋集录》[5]，傅增湘《藏园群书经眼录》[6]等，对追溯元代文献的版本及流传状况也有较大的参考价值。

　　再次，利用《中国基本古籍库》、《雕龙—中国日本古籍全文检索数据库》等电子数据库与人名索引工具书[7]，就同名异写、地名与职官信息进行回溯，可作为前述两种研究途径的补充。元代蒙古、

---

[1]　钱大昕撰，程远芬点校：《潜研堂序跋·竹汀先生日记钞·十驾斋养新录摘抄》，上海古籍出版社 2010 年版。

[2]　黄丕烈所撰书目题跋，经后人搜集编纂，有多种版本传世，余鸣鸿、占旭东点校的《黄丕烈藏书题跋集》（上海古籍出版社 2013 年版）是目前黄氏书目题跋收罗最全的版本。

[3]　范懋敏、钱大昕编：《天一阁碑目》，《中国历代书目题跋丛书》第三辑，上海古籍出版社 2010 年版。

[4]　吴寿旸：《拜经楼藏书题跋记》，《中国历代书目题跋丛书》第二辑，上海古籍出版社 2007 年版。

[5]　瞿良士辑：《铁琴铜剑楼藏书题跋集录》，《中国历代书目题跋丛书》，上海古籍出版社 2005 年版。

[6]　傅增湘：《藏园群书经眼录》，中华书局 1983 年版。

[7]　本文较多地参考了如下几部工具书：姚景安：《元史人名索引》，中华书局 1982 年版；陆峻岭编：《元人文集篇目分类索引》，中华书局 1979 年版；罗依果、楼占梅：《元朝人名录》（全三册），台北南天书局有限公司 1988 年版；王德毅等编：《元人传记资料索引》，1987 年。

色目部族及人物名称，由于译音无定字，在不同史料中往往写法各异，于勘同部族、人物、地理与职官名称多有不便，却对回溯史源有参考意义；地名与职官信息可用于翻检方志、金石等文献。电子数据库在快速定位方面有很强的优势，但也有不少缺陷：在文献版本上，电子数据库所收录的元代文献，有不少是经过改动的四库本，一定程度降低了数据库的可参考性；在文字识别技术上，数据库对古籍中的异体字、形近字、缺笔避讳字等识别精准度有待进一步提高。另外，数据库还遗漏了不少重要文献，如虞集《道园类稿》等。鉴于电子数据库存在诸多弊端，本文主要依据前两条路径进行史源考订，电子数据库仅作为补充手段；经检索所得的史料仍须与纸质文献进行严格核对，且要进一步判断某一文献是否确为钱大昕所见。

三、《元史氏族表》卷一《蒙古》的史源

（一）本文所用《氏族表》版本及体例说明

《氏族表》首次由钱大昕弟子黄钟刊刻于嘉庆十一年（1806），收入《潜研堂全书》，今《续修四库全书》第 293 册[1]（即"潜研堂本"，本文为方便与后世诸种重刊本、整理本相区别，故称之为"初刊本"）所收即为此本。由于种种原因，初刊本中人名、地名颇多错漏。此后有光绪十年（1884）长沙龙氏家塾重刻《潜研堂全书》本（以下简称"龙氏本"），光绪二十年（1894）广东广雅书局据"潜研堂本"[2]重新校刻（以下简称"广雅本"）。此外，江苏书局、山东书

---

[1]　《续修四库全书》第 293 册，上海古籍出版社 1996 年版。
[2]　《广东广雅书局书目》，1920 年。

局也曾刊行该书，所据版本与刊行时间不明。[1] 龙氏、广雅二本除每页行数、字数与初刊本略有变动之外，俱与初刊本合；初刊本误者，龙氏、广雅二本俱误。

近代以来《元史氏族表》也出现过多部整理本，如 1936 年开明书店据潜研堂本排印的《二十五史补编》本[2]，1991 年中华书局"丛书集成初编"本，1997 年江苏古籍出版社《嘉定钱大昕全集》标点本[3] 等。上述整理本均存在只点不校的情况，大量沿袭了初刊本的讹误。

由于初刊本年代久远，字迹颇多漫失，故本文所据《氏族表》的版本为龙氏本，同时参考初刊本与广雅本。本文以考订《氏族表》卷一《蒙古》史源为主要内容，同时阐明该卷与《考异》、《跋尾》、《养新录》中部分札记在内容上的关联性；除了少数由史源文献的版本因素所致《氏族表》人名讹误外，本文不再涉及文字校勘。囿于篇幅，本文不便纳入《氏族表》原文，而是将原文段落及所列家族世系表依次编号，作为小标题在文中标明，读者可自行对照《氏族表》原书查阅。钱大昕在氏族名称的勘同方面做了大量工作，笔者在小标题中也会将钱氏已勘同的族名一并列出，钱氏存疑者也予以注明。

（二）史源

1. 序言"蒙古之先……惜无它书以是正之"

这段序言的内容大致可分为两部分："蒙古之先……皆元同姓之

---

[1] 朱士嘉编：《官书局书目汇编》，中华图书馆协会 1933 年版，第 22 页，第 103 页。

[2] 二十五史刊行委员会：《二十五史补编》（第 6 册），开明书店上海总店 1936 年版。

[3] 该书于 2016 年 3 月由凤凰出版社出版了增订本，在 1997 年版的基础上吸收近年的研究成果与商榷意见。笔者将 1997 年与 2016 年两版所收《元史氏族表》进行对比发现，2016 年版是对 1997 年版的原样影印，并未做任何校改。

氏也"为第一部分，叙述了巴塔赤罕以下至都蛙锁豁儿、朵奔蔑儿干及其子共计十二世，后述朵奔蔑儿干遗孀阿兰豁阿"梦与神遇而有娠"，生孛端察儿为"元之始祖"，又及沼兀列亦惕氏、札答兰氏等"元同姓之氏"。这段文字是钱氏根据《元朝秘史》的记载整理而成。《养新录》中有一则题为"元初世系"[1]的札记，经对比，《元初世系》与《氏族表》中的这段文字有较高的相似度，笔者推测《元初世系》为钱氏阅读《秘史》时所撰写的札记，后经过修改纳入《氏族表》中。

"陶九成载'蒙古七十二种'……惜无它书以是正之"为第二部分，其中"蒙古七十二种"出自陶宗仪《南村辍耕录》卷一"氏族"。[2]钱大昕认为陶氏所列存在"重复讹舛"、多不见于史传且无他书以为证等问题。

2. 札剌儿氏／札剌亦儿／劄腊尔

（1）木华黎家族

《氏族表》在该世系前有一段小序，言木华黎先祖帖列格秃伯颜及其父孔温窟哇之事，出自《秘史》。《考异·木华黎传》云"《秘史》作'古温兀阿'，元明善《碑》作'孔温兀答'"[3]，这两种译法均收入《氏族表》中。

《氏族表》原文列孔温窟哇以下九世（含第八世拜住之子答剌麻硕里等二人，朵儿只班之子铁固思帖木儿等三人），共计五十四人。《探源》以"《元史》木华黎、安童、拜住、相威、乃蛮台、朵儿只、

---

[1] 钱大昕著，杨勇军整理：《十驾斋养新录》卷九，上海书店 2011 年版，第 169、170 页。

[2] 陶宗仪：《南村辍耕录》卷一，中华书局 2008 年版，第 12 页。

[3] 钱大昕著，方诗铭、周殿杰点校：《廿二史考异》卷九十三，上海古籍出版社 2004 年版，第 1290 页。

朵儿直班等人本传"为该世系的史源。[1] 按，该世系所载人物，木华黎、孛鲁、塔思、速浑察、乃燕、相威、塔塔儿台、安童、硕德、脱脱、乃蛮台、只必、秃不申、兀都带、朵儿只、拜住、朵尔直班共十八人在《元史》中有传，其余人物除朵尔直班第三子浑都不花之外，均来自《元史》传记所述世系。黄溍撰《鲁国公札剌尔公神道碑》[2] 中列"别里哥帖穆尔……孙男三人，铁古思帖穆尔、笃坚帖穆尔、浑都普化"，是碑所载"浑都普化"之名，《世系表》此处作"浑都不花"，而"浑都不花"暂未查到出处。鉴于钱氏曾向黄丕烈借阅过元刊残本《金华集》，该译名出现差异的原因还有待进一步考证。

在霸都鲁名下，钱氏有注云：

> 按史以霸都鲁为塔思弟，黄溍撰《拜住碑》云："高祖孛鲁，曾祖霸都鲁"，与史同。今据元明善撰《安童碑》定为塔思之第二子。[3]

笔者按，"黄溍撰《拜住碑》"，《养新录·圣武亲征录》作"黄溍撰《郢文忠王拜住碑》"[4]，《考异·拜住传》作"黄溍所撰《郢文忠王碑》"。原文收入《金华黄先生文集》卷二十四。"元明善撰《安童碑》"[5]，即《丞相东平忠宪王碑》，《清河集》卷三与《元文类》卷

---

[1] 王慎荣主编：《元史探源》，第 383 页。

[2] 黄溍：《鲁国公札剌尔公神道碑》，《金华黄先生文集》卷二十五，《中华再造善本》影上海图书馆藏元刻本，北京图书馆出版社 2005 年版。

[3] 钱大昕：《元史氏族表》卷一《蒙古》，龙氏本，5a。

[4] 钱大昕：《十驾斋养新录》卷十三，第 260 页。

[5] 钱大昕：《廿二史考异》卷九十六，第 1318 页。

二十四均有收录，而《清河集》久佚，故钱氏所见当为《元文类》。又《跋尾·东平忠宪王安童碑》载，钱大昕以《大元勑赐开国元勋命世大臣之碑》拓本与《元文类》所收篇章相校，"石本删去数十言，文义更完"[1]，可知原碑拓本也为钱氏所阅。

钱大昕晚年在苏州阅得元永贞《东平王世家》，认为《元史》"于木华黎、孛鲁、塔思、霸都鲁、安童传多采此文"[2]，并据《世家》修订了孛鲁以下的世系："孛鲁……子七人，长塔思，次速浑察，次霸都鲁。案：元明善撰《东平忠宪王安童碑》，称霸都鲁为塔思之第二子。"[3]

萧启庆先生在《元代四大蒙古家族》中也注意到了《考异》与《氏族表》此处的关联，并指出钱氏《氏族表》中误从元明善，以霸都鲁为塔思次子，但晚年在《考异》中据《世家》做了更正。其后柯劭忞、屠寄所作《氏族表》却蹈袭前误。[4]

综上，《元史》卷一百一十九（含木华黎、孛鲁、塔思、速浑察、乃燕、霸突鲁、硕德、塔塔儿台、秃不申、脱脱、只必十一人传），卷一百二十六《安童传》、《兀都带传》，卷一百二十八《相威传》，卷一百三十六《拜住传》，卷一百三十九《乃蛮台传》、《朵儿只传》、《朵尔直班传》是《氏族表》木华黎家族世系的直接史源。《世家》原书今不存，且钱大昕阅见《世家》时《氏族表》已基本成

[1] 钱大昕：《潜研堂金石文跋尾》卷十九，载陈文和主编：《嘉定钱大昕全集》第六册，凤凰出版社 1997 年版，第 512、513 页。
[2] 钱大昕：《十驾斋养新录》卷十三，第 259 页。
[3] 钱大昕：《廿二史考异·木华黎传》，第 1291 页。
[4] 萧启庆：《元代四大蒙古家族》，载氏著：《内北国而外中国：蒙元史研究》（下），第 516 页。

型[1]，故《世家》并不是直接史源；《金华集》卷二十四《郓文忠王拜住碑》、卷二十五《鲁国公札剌尔公神道碑》，《元文类》卷二十四《丞相东平忠宪王碑》也是该世系的参考文献。

（2）阿剌罕家族

原文列阿剌罕家族四世，共计六人。《考异·阿剌罕传》云"阿剌罕赠太师，追封曹国公，谥宣武（虞集《曹南王世德碑》作'武定'），进封曹南王，谥忠宣，《传》俱失书"[2]。这段文字与该世系中阿剌罕名下的介绍性文字有较高相似度，后者应是从《考异》中纳入。

《考异·阿剌罕传》又云"许有壬撰《曹南王神道》、《祠堂》两碑，俱云子男二人，长也速迭儿，山东河北蒙古军大都督、集贤大学士；次脱欢，中书平章政事、江南行台御史大夫，无所谓拜降者。虞集《曹南王世德碑》云：'阿剌罕既殁，子也速迭儿幼，拜降，也速迭儿之兄也，袭世职为万户，总其军。'然则拜降乃阿剌罕昆弟之子，非其子矣。史以拜降为阿剌罕子，误"[3]。其中"许有壬撰《曹南王神道》"即《勑赐推诚宣力定远佐运功臣太师开府仪同三司上柱国曹南忠宣王神道碑铭（并序）》，《至正集》卷四十五、《圭塘小稿》卷九均有收录；"《祠堂》"即《有元功臣曹南忠宣王祠堂碑》，收入《圭塘小稿》卷九；"虞集《曹南王世德碑》"即《曹南王勋德碑》，收入《道园学古录》卷二十四。这段文字与表中脱欢名下的文字有较高相似度，且《氏族表》文字更简略，应是从《考异》中纳入。表中阿剌罕之子脱欢为《元史》不载，据许有壬、虞集撰《碑》补。

---

[1]　关于《氏族表》的写作过程，参见笔者《钱大昕〈元史氏族表〉成书时间新探》，载《暨南史学》第十四辑，广西师范大学出版社 2017 年版，第 131—139 页。

[2]　钱大昕：《廿二史考异》卷九十五，第 1309 页。

[3]　同上。

综上，阿剌罕家族世系的史源为《元史》卷一百二十九《阿剌罕传》及虞集《曹南王勋德碑》、许有壬《曹南忠宣王神道碑》与《有元功臣曹南忠宣王祠堂碑》。《探源》以"《元史》卷一百二十九本传与许有壬撰《曹南王神道碑》"[1]为该世系的史源，则少虞集、许有壬二碑。

（3）唆都家族

原文列唆都与其子百家奴二人，《元史》卷一百二十九均有传。《探源》以《元史》卷一百二十九本传为其史源[2]，不误。

（4）塔出家族

原文列札剌台、塔出、答兰帖木儿祖孙三人，塔出于《元史》卷一百三十三有传。《探源》以《元史》卷一百三十三为该世系史源[3]，不误。

（5）奥鲁赤家族

原文列奥鲁赤家族六世，共计九人。奥鲁赤于《元史》卷一百三十一有传，其曾祖豁火察、祖父朔鲁罕、父忒木台、二子拜住与脱桓不花的信息来自该传。奥鲁赤另有二子普答剌吉、特穆实，一孙（脱桓不花之子）察罕铁穆尔，此三人为《元史》不载。其中普答剌吉、察罕铁穆尔二人史源，就笔者目力所及仅见许有壬《有元札拉尔氏三世功臣碑铭》，收入《至正集》卷四十七。《碑》中所载该家族人物的名字译法与《元史》不同，如"豁火察"作"火火察"，"忒木台"作"忒木觯"，"脱桓不花"作"脱完普华"，"察罕

---

[1]　王慎荣主编：《元史探源》，第 383 页。

[2]　同上书，第 384 页。

[3]　同上。

铁穆尔，河南江北蒙古军都万户"作"察罕帖穆尔，河南淮北蒙古
军都万户"等，不得不让人怀疑钱氏另有所据。

　　特穆实其人，笔者在《（正德）琼台志》中查得"大师国王之
孙、郑国忠宣公之子特穆实，号鼎斋"[1]、"本军达鲁花赤特穆实"[2]、
"特穆实，洛阳人，号鼎斋"[3]；又有《天下郡国利病书》元统元年条
载"南宁军达鲁花赤特穆实"，信息不如《（正德）琼台志》全。鉴
于天一阁有藏《（正德）琼台志》[4]，不排除钱氏在天一阁阅见该书的
可能性；但由于缺乏进一步的证据，故特穆实其人史源存疑。

　　《探源》以《元史》卷一百三十一、许有壬《元札剌儿氏三世功
臣碑》为该世系的史源[5]，大体不误，但也未指明特穆实其人的史源。

　　（6）拜延八都鲁家族

　　原文列拜延八都鲁家族五世，共计六人。拜延八都鲁于《元史》
卷一百二十三有传。《探源》以《元史》卷一百二十三为该世系的史
源[6]，不误。

　　（7）脱欢家族

　　原文列脱欢家族三世，共计六人。脱欢于《元史》卷一百三十三
有传。《探源》以《元史》卷一百三十三为该世系的史源[7]，不误。

---

[1]　唐胄：《（正德）琼台志》卷十六，《天一阁藏明代方志选刊》影明正德残本，上海古
　　籍书店 1964 年版。按，"大师"当为"太师"之误。

[2]　《（正德）琼台志》卷二十五。

[3]　《（正德）琼台志》卷三十一。

[4]　参见骆兆平编著：《天一阁藏明代地方志考录》，"琼台志四十四卷"条，书目文献出
　　版社 1982 年版，第 153、154 页。

[5]　王慎荣主编：《元史探源》，第 384 页。

[6]　同上。

[7]　同上。

（8）忙哥撒儿家族

原文列忙哥撒儿家族七世，共计十七人。忙哥撒儿、伯答沙于《元史》卷一百二十四有传。《元史》载咬住有子也先，延徽寺卿，《氏族表》于此处失载；伯答沙之子八郎曾任大宗正府札鲁忽赤，《氏族表》不载其生平事迹。

《考异·忙哥撒儿传》云"《秘史》，札剌亦儿种人帖格列秃伯颜三子，长古温兀阿（即孔温窟哇），次赤剌温孩亦赤，盖即赤老温恺赤也"[1]。按，该世系前的小序云"……其曾祖赤老温恺赤，孔温窟哇之弟，即赤剌温孩亦赤"所据为《元史·忙哥撒儿传》，《考异》据《秘史》追溯的先祖世系未能补入《氏族表》中。

《探源》以《元史》卷一百二十四为该世系史源[2]，不误，惜未注意到《考异》的相关记载。

（9）博颜达家族

原文列博颜达家族四世，共计四人。钱氏自有注"见《元统癸酉进士录》"。按，钱氏阅得《进士录》是在 1795 年[3]，故此世系当写于得书之后。

（10）博颜歹家族

（11）脱颖家族

原文列博颜歹家族三代，共计三人；脱颖家族四代，共计四人。以上家族钱氏自注史源均为《进士录》。

---

[1] 钱大昕：《廿二史考异》卷九十四，第 1303 页。

[2] 王慎荣主编：《元史探源》，第 384 页。

[3] 黄丕烈：《荛圃藏书题识》卷二《元统元年进士题名录 不分卷》，收入余鸣鸿、占旭东点校：《黄丕烈藏书题跋集》，上海古籍出版社 2015 年版，第 90—93 页。

（12）潮海、民安图父子

潮海、民安图父子二人，钱氏自注史源为《忠义传》，即《元史》卷一百九十五。

3. 八邻氏／巴阿邻氏／蔑年八邻氏，伯颜家族

原文列伯颜家族七世，共计九人。伯颜于《元史》卷一百二十七有传，该世系除伯颜子朵真普一人外，均见于《元史·伯颜传》。朵真普见于元明善撰《丞相淮安忠武王碑》，收入《元文类》卷二十四。其中，述律哥图在《碑》中写作"尤律哥图"，钱大昕采用了《元史》的写法；相嘉硕利在《元史》中作"相嘉失礼"，钱氏采用了《碑》的写法。

《考异·伯颜传》云"《秘史》，孛端察儿妻阿当罕生子曰巴阿里歹，后为蔑年巴阿邻氏，即八邻也"[1]，该世系前的小序"孛端察儿之少子曰巴阿里歹，后为蔑年八邻氏"即为《考异》删削所得。《考异》又云"元明善《淮安忠武王碑》云：尤律哥图赠太尉，追封淮安王，谥武定。阿剌赠太傅，追封淮安王，谥武康。晓古台赠太师，追封淮安王，谥武靖"[2]，同样被吸收进了世系中。

《探源》以《元史》卷一百二十七、元明善《忠武王碑》、刘敏中《忠武王庙碑》为该世系史源。[3]钱氏并未拥有《中庵先生文集》，且笔者将刘敏中《碑》与世系对照，并未发现钱大昕所参引的信息，故笔者认为该世系史源仅为《元史》卷一百二十七与元明善《丞相淮安忠武王碑》。

---

[1]　钱大昕：《廿二史考异》卷九十五，第 1306 页。

[2]　同上。

[3]　王慎荣主编：《元史探源》，第 384 页。

4. 召烈台氏 / 沼兀列亦惕氏 / 昭烈部，抄兀儿家族

原文列抄兀儿家族四世，共计四人。抄兀儿，《元史》作"召烈台抄兀儿"，于卷一百二十三有传，世系中其余三人均见于此传。

该世系前的小序"召烈台氏，亦沼兀列惕氏，（《太祖纪》作昭烈部）与元同族。孛端察儿有子沼兀列歹，子孙因以为氏"，是由《考异·召烈台抄兀儿传》"蒙古、色目人皆以名行，不系以氏族。召烈台者，抄兀儿之氏，当云'抄兀儿，召烈台氏'，方合史例。《太祖纪》作'抄吾儿'"[1]，以及《秘史》所载孛端察儿有子名沼兀列歹删削、合并而成。

《探源》以《元史》卷一百二十三为该世系史源[2]，不误。

5. 阿鲁剌氏 / 阿儿剌氏 / 阿剌纳氏，博尔术家族

原文列博尔术家族六世，共计十三人（含该世系后所列玉昔帖木儿之从祖脱兀妥）。博尔术、玉昔帖木儿于《元史》卷一百一十九有传，博尔术之父纳忽阿儿兰、子孛栾台，玉昔帖木儿三子木剌忽、脱怜、脱脱哈见于同卷；阿鲁图、纽的该于《元史》卷一百三十九有传；哈班见于《元史》卷三十三《文宗二》天历二年十一月壬申条，咬咬见于《元史》卷四十三《顺帝六》至正十三年九月乙亥；秃赤见于阎复撰《太师广平贞宪王碑》，收入《元文类》卷二十三。其中纳忽阿儿兰，钱氏所采用的译法为纳忽伯颜，源自《秘史》；脱脱哈，钱氏所采用的译法为秃土哈，源自《广平贞宪王碑》；世系后又叙"玉昔帖木儿之从祖脱兀妥为顺德府断事官"，源自姚燧撰《提刑赵公夫人杨君新阡碣铭》，收入《元文类》卷五十五。

---

[1] 钱大昕：《廿二史考异》卷九十四，第1301页。

[2] 王慎荣主编：《元史探源》，第385页。

钱大昕在《考异》中对该家族人物的史源也有所论述。《考异·博尔术传》云"阿儿剌氏，《秘史》作'阿鲁剌'，阎复撰《广平贞宪王碑》作'阿而剌'，危素《送彭公权序》称阿鲁图为阿剌纳公，阿鲁图即博尔术四世孙也"[1]。《考异》又云"《文宗纪》天历二年，毁广平王木剌忽印，命哈班代之，更铸印以赐。《顺帝纪》至正十三年，以怯薛官广平王咬咬征讨慢功，削王爵。哈班、咬咬二人，盖亦博尔术之裔，本传皆阙而不书"[2]。

综上，博尔术家族世系的史源为《元史》卷一百一十九《博尔术传》、《玉昔帖木儿传》，卷一百三十九《阿鲁图传》、《纽的该传》，卷三十三《文宗二》、卷四十三《顺帝六》，《元文类》卷二十三《太师广平贞宪王碑》，姚燧《提刑赵公夫人杨君新阡碣铭》；另参考《秘史》及危素《送彭公权序》（《危学士全集》卷五）。《探源》未提及姚燧《碑》、《秘史》及危素《序》的作用。[3]

6. 珊竹氏 / 散术台氏 / 散竹台氏 / 撒勒只兀惕氏

（1）吾也而家族

原文列吾也而家族六世，共计十五人。吾也而于《元史》卷一百二十有传，其父图鲁华察、子雪礼见于同传。传载"以都元帅授其中子阿海"，而该世系失收。拔不忽及其下子孙，见于姚燧撰《江东宣慰使珊竹公碑》。拔不忽有一孙名三宝，其生平由《秘书监志》补。

《跋尾》收有《江东宣慰使珊竹公碑》，钱大昕考是碑当立于至

[1]　钱大昕：《廿二史考异》卷九十三，第 1291、1292 页。

[2]　同上书，第 1292 页。

[3]　王慎荣主编：《元史探源》，第 385 页。

大二至三年间，"《史》作'吾也而'，《碑》作'乌也而'。（姚燧撰《制词》作'乌野而'）其子雪礼，《碑》作撒里"[1]，又考"姚燧撰《江东宣慰使珊竹公碑》作'撒礼'。撒礼子拔八忽，由同知北京转运司事累迁濮州尹、平滦路总管、江南浙西道提刑按察使，改江北淮东道提刑按察使，召为刑部尚书，统于江东宣慰使，而《传》失载"[2]。

　　钱氏未提及从何处得见此碑，《全元文》从 1927 年《江苏通志稿·金石一九》中辑得此碑进行点校，以《通志》所载为底本，缺字以北京图书馆（今国图）所藏原件拓片补，题为《有元故中奉大夫江东宣慰使珊竹公神道碑铭（并序）》[3]，但拔不忽男孙八人之名断句有误，"男孙八人：嘉兴、牛儿、三宝、卜邻吉带、铁木儿、卜颜吉祥、奴也速答，而牛前卒"，《氏族表》此处所载八人为"嘉兴、牛儿、三宝、卜邻吉带、铁木儿、卜颜、吉祥奴、也速答儿"，则《珊竹公神道碑》此处应断句为"嘉兴、牛儿、三宝、卜邻吉带、铁木儿、卜颜、吉祥奴、也速答而，牛前卒"。

　　《考异·吾也而传》云"郑玉撰《珊竹公遗爱碑》云：'蒙古族珊竹台，亦曰散朮觮，其先盖与国家同出，视诸臣族为最贵。'《元秘史》，孛端察儿之兄曰不合秃撒勒吉，后为撒勒只兀惕氏，即散朮台也"[4]。按，钱氏引郑玉《碑》作用在于考订"珊竹"即"散朮"。郑玉撰《珊竹公遗爱碑》即《徽泰万户府达鲁花赤珊竹公遗爱碑铭》，收入《师山集》卷九；这段文字删削之后，被纳入该世系前小序。

　　综上，吾也而家族世系的史源为《元史》卷一百二十《吾也而

[1] 钱大昕：《潜研堂金石文跋尾》卷十八，第 496 页。
[2] 钱大昕：《廿二史考异》卷九十四，第 1296 页。
[3] 李修生主编：《全元文》第九册，江苏古籍出版社 1999 年版，第 725—728 页。
[4] 钱大昕：《廿二史考异》卷九十四，第 1296 页。

传），姚燧撰《江东宣慰使珊竹公碑》，参考了《元朝秘史》、《秘书监志》及郑玉《珊竹公遗爱碑》。《探源》以《元史》卷一百二十本传及郑玉《珊竹公遗爱碑》为该世系史源[1]，按，郑玉《碑》所记"珊竹公"为奚加穉与其子脱烈，与吾也而并非同一家族，故不能视为该世系的史源。

（2）纽璘家族

原文列纽璘家族八世，共计十四人。纽璘、也速答儿于《元史》卷一百二十九有传，纽璘祖孛罗带、父太答儿见于《纽璘传》，也速答儿弟八刺及子南加台、拜延见于《也速答儿传》；答失八都鲁于《元史》卷一百四十二有传，识里木（《氏族表》此处作"识理木"）见于同传；孛罗帖木儿于《元史》卷二百零七有传，叔父亦只儿不花、子天宝奴见于同传。另外，纽璘兄宿敦见于《元史》卷一百二十六《廉希宪传》，也速答儿子不花台见于《元史》卷三十三《文宗二》天历二年正月丁丑条。

按，也速答儿子南加台，该世系作"囊加歹"，《考异·纽璘传》云"长子南加台，官至四川行省平章政事，即囊加台也。文宗朝以拒命见诛"[2]即此。

综上，纽璘家族世系的史源为《元史》卷一百二十九《纽璘传》、《也速答儿传》，卷一百四十二《答失八都鲁传》，卷二百零七《孛罗帖木儿传》，卷一百二十六《廉希宪传》与卷三十三《文宗二》。《探源》未列《廉希宪传》与《文宗二》。[3]

---

[1]　王慎荣主编：《元史探源》，第385页。

[2]　钱大昕：《廿二史考异》卷九十五，第1308页。

[3]　王慎荣主编：《元史探源》，第385页。

（3）纯只海家族

原文列纯只海家族五世，共计五人。纯只海于《元史》卷一百二十三有传，《氏族表》此处列昂阿秃为纯只海子，而《纯只海传》载其子名为"昂阿剌"，《探源》也发现了这一不同之处[1]，但未做进一步探讨。按，《元史》同卷有唐兀氏名曰"昂阿秃"，也蒲甘卜之孙，《氏族表》中纯只海之子"昂阿秃"当为"昂阿剌"之误，应据《元史》正之。纯只海"改谥武穆"据黄溍《定西王改谥武穆制》[2]补。奚加犎、脱烈、帖古迭儿三人见于郑玉《徽泰万户府达鲁花赤珊竹公遗爱碑铭》，收入《师山集》卷九。

《考异·纯只海传》云"《郑玉集》称纯直海（即纯只海）为定西王"[3]。按，《郑玉集》即《师山集》，《考异》所引当即《遗爱碑》。

综上，纯只海家族世系的史源为《元史》卷一百二十三《纯只海传》，郑玉《徽泰万户府达鲁花赤珊竹公遗爱碑铭》，并参考黄溍《定西王改谥武穆制》。《探源》未提及郑玉《碑》，而以刘敏中撰《珊竹公神道碑》作为该世系史源，误。按，刘敏中为珊竹氏纯直海、大达立、咬住三人撰有神道碑[4]，收入《中庵集》卷六。但碑中所载人物除纯直海外，并不见于《氏族表》，且钱氏不曾拥有《中庵集》，故刘敏中撰《珊竹公神道碑》并不是纯只海家族世系的史源。

---

[1] 王慎荣主编：《元史探源》，第 385 页。

[2] 黄溍：《纯直海追封定西王改谥武穆制》，《金华集》卷七。

[3] 钱大昕：《廿二史考异》卷九十四，第 1302 页。

[4] 即《谥忠襄珊竹公神道碑铭》（纯直海）、《谥恭惠珊竹公神道碑铭》（大达立）、《谥懿靖珊竹公神道碑铭》（咬住），均收入《中庵集》卷六，《北京图书馆古籍珍本丛刊》第 92 册影清抄本，书目文献出版社 1991 年版。

7. 兀鲁兀台氏，术赤台家族

原文列术赤台家族六世，共计十一人。术赤台于《元史》卷一百二十有传，余下十人除也里不花外，均见于该传。也里不花见于《元史》卷十九《成宗二》元贞二年三月壬申，"郡王庆童有疾，以其子也里不花代之"[1]。

《考异·术赤台传》云"术赤台，《秘史》作'主儿扯歹'"（卷九十三，第1293页）。钱大昕在此处采用了《元史》的译法。世系前小序"字端察儿之曾孙，曰纳臣把都儿。生二子，长兀鲁兀台，次忙兀台"，当据《秘史》。

综上，术赤台家族世系的史源为《元史》卷一百二十《术赤台传》与卷十九《成宗二》元贞二年三月壬申条，参考了《秘史》。《探源》遗漏了《成宗二》的内容。[2]

8. 忙兀氏/忙忽台氏

（1）畏答儿—博罗欢家族

原文列畏答儿—博罗欢家族六世，共计十五人。畏答儿、博罗欢、伯都于《元史》卷一百二十一有传，其余人物均见于同卷。畏答儿之名"一作愠里答儿"，见于卷九十五《食货三》。[3]《氏族表》此处列忙哥二孙为"只里兀觯乞"、"答觯鲁"[4]，考《元史·畏答儿传》载"忙哥卒，孙只里瓦觯、乞答觯，曾孙忽都忽、兀乃忽里、哈赤，俱袭封为郡王"[5]，《探源》认为"此表列有只里兀觯，乞答觯，而忽都

---

[1]《元史》，第403页。

[2] 王慎荣主编：《元史探源》，第385页。

[3]《元史》，第2429页。

[4] 初刊本（卷一，18a）、龙氏本（卷一，18a）。

[5]《元史》，第2988页。

忽等三人失载"[1]。通过比对南监本《元史》[2]与北监本《元史》可知，由于刊本所用"兀"、"曾"二字字形不规范，故《氏族表》此处将"瓦"误为"兀"，"曾"误为"鲁"，且进一步造成断句之误。而曾孙忽都忽等三人失载，笔者怀疑可能是刊刻时表格整行脱漏所致。

《考异·博罗欢传》云"《吴文正公集》，铁木合（即蘸木曷）赠太尉，追封泰安王，谥武毅；唆鲁火都（即琐鲁火都）赠太尉，追封泰安王，谥忠定，《传》皆不书"[3]。钱氏所引为《鲁国元献公神道碑》，收入《吴文正公集》卷三十二。《考异》又云"伯都赠江浙行省左丞相，追封鲁国公，谥元献，《传》失书"[4]，被纳为世系所列伯都生平。

《跋尾·长明灯记》云"埜先帖穆而者，博罗欢之子埜先帖木儿也"，"其由河南行省参知政事迁江西，岁余，进河南右丞，未行，拜平章政事，入知枢密院事，皆《史》所未载"。则埜先帖木儿生平参考了揭傒斯所撰《长明灯记》。《跋尾》又云："碑载其子尼摩性吉、福安等，传所载有尼摩星吉、亦思剌瓦性吉二人。尼摩星吉即尼摩性吉，亦思剌瓦性吉岂即福安乎？亦别有名福安者，而传失载乎？"[5]这段文字被纳入了亦思剌瓦性吉名下。

综上，畏答儿—博罗欢家族世系的史源为《元史》卷一百二十一《畏答儿传》、《博罗欢传》、《伯都传》，吴澄撰《鲁国元献公神道碑》，

---

[1] 王慎荣主编：《元史探源》，第386页。

[2] 中国国家数字图书馆"哈佛大学善本特藏"专栏，明洪武三年内府刊，嘉靖九至十年，万历二十六年、三十七年、四十四年，天启三年南京国子监递修本。

[3] 钱大昕：《廿二史考异》卷九十四，第1297页。

[4] 同上书，第1298页。

[5] 钱大昕：《潜研堂金石文跋尾》卷十九，第510、511页。

参考了揭傒斯《长明灯记》与《元史》卷九十五《食货三》。《探源》未提及《长明灯记》及《食货三》，另以姚燧撰《平章政事忙兀公神道碑》为该世系史源，按，是《碑》收入《元文类》卷五十九，载"山东宣慰使浑都，与江东建康道肃政廉访副使拜都，及行河南省参知政事也先帖木而"，"男四人：宣慰、宪副、参政、季博罗"，拜都即伯都，也先帖木而即埜先帖木儿。笔者认为钱氏虽读过是碑，但该世系未参考此《碑》，因钱氏未提及伯都与埜先帖木儿在《碑》中的译写，且伯都的官职在该世系中仅据《元史》作"江南行台御史大夫，赠江浙行省左丞"，未提及"江东建康道肃政廉访副使"。

（2）□□先家族

原文列□□先家族四世，共计六人。钱大昕自注史源为《元统癸酉进士录》。该世系中三人，保□、完迬□木、□□先名字有缺字，由于可供佐证的史料不足，暂无法还原。

9. 八鲁剌觲氏／巴鲁剌思氏（含钱氏存疑者"八剌忽觲氏"）

（1）忽林失家族

原文列忽林失家族五世，共计五人。忽林失于《元史》卷一百三十五有传，其余四人均见于同传。《探源》以《忽林失传》为该世系史源[1]，不误。

（2）唵木海家族

原文列八剌忽觲氏唵木海家族四世，共计四人。唵木海于《元史》卷一百二十二有传，其余三人均见于同传。

《探源》另提及揭傒斯《诸王忽都答儿追封云安王谥忠武制》[2]，

---

[1]　王慎荣主编：《元史探源》，第386页。
[2]　同上。

按，此"诸王忽都答儿"当与《元史·顺帝二》中"赠宗王忽都答儿为云安王，谥忠武"[1]为同一人，与八剌忽觲氏、炮手万户忽都答儿不是同一人，钱大昕也并未引用此制文。故俺木海世系的史源仅为《元史》卷一百二十二《俺木海传》。

10. 斡剌纳儿氏 / 斡罗讷氏 / 斡鲁纳台氏 / 斡罗台氏（含钱氏存疑者"斡耳那氏"）

（1）哈剌哈孙家族

原文列哈剌哈孙家族六世，共计七人。哈剌哈孙于《元史》卷一百三十六有传，启昔礼、博理察、囊加台、脱欢、蛮蛮五人见于同传。燮理溥化见于虞集《题斡罗氏世谱》，"顺德忠献王……其族孙燮理普化举进士高科"[2]。按，《道园学古录》其他篇目中也写作"燮理溥化"。小序中"斡剌纳儿儿"，当为"斡剌纳儿氏"之误。

《考异·哈剌哈孙传》云"刘敏中撰《顺德忠献王碑》云，启昔礼谥忠武，博理察谥忠毅，囊加台谥忠愍，三世皆赠太师追封顺德王"[3]，按《顺德忠献王碑》收入《元文类》卷二十五，题名《丞相顺德忠献王碑》，此三人的谥号于《元史》不载。《元史》载哈剌哈孙"谥忠献"[4]，《氏族表》此处作"忠惠"，当据《元史》及刘敏中《碑》正之。

综上，哈剌哈孙家族世系的史源为《元史》卷一百三十六《哈剌哈孙传》，刘敏中《顺德忠献王碑》以及虞集《题斡罗氏世谱》。《探源》未提虞集《世谱》，而以《元统癸酉进士录》为燮理溥化的

---

[1]《元史》，第835页。

[2] 虞集：《题斡罗氏世谱》，《道园学古录》卷四十。

[3] 钱大昕：《廿二史考异》卷九十六，第1317页。

[4]《元史》，第3295页。

史源，按，《进士录》载"燮理溥化，由湖南举首登泰定四年进士第，授舒城县长"[1]，与该世系所载"进士，哈剌哈孙族孙"不同，故《进士录》不是燮理溥化的史源，而是虞集《题斡罗氏世谱》。

（2）阿朮鲁家族

原文列阿朮鲁家族四世，共计五人。阿朮鲁于《元史》卷一百二十三有传，其子不花见于同传；怀都于《元史》卷一百三十一有传，忽都答儿、八忽台儿见于同传。

《探源》以《元史》卷一百二十三《阿朮鲁传》及卷一百三十一《怀都传》为该世系的史源[2]，不误。

（3）怯怯里家族

原文列斡耳那氏怯怯里家族三世，共计三人。怯怯里于《元史》卷一百二十三有传，其余二人见于同传。《探源》以该传为该世系史源[3]，不误。

（4）买闾家族

原文列买闾家族四世，共计四人。钱大昕自注史源为《元统癸酉进士录》。

11. 晃合丹氏 / 晃豁塔歹氏 / 晃火坛氏，明里也赤哥家族

原文列明里也赤哥家族四世，共计六人。《考异·忠义一》云"伯八，儿合丹氏。案：目录以'伯八儿'标题，似合丹为伯八儿之氏。今检传中两举伯八名，皆不连'儿'字。又《元秘史》载蒙力克额赤格事甚详，即此传之明里也赤哥也。《秘史》谓其族为晃合坛

---

[1] 钱大昕：《元进士考》。
[2] 王慎荣主编：《元史探源》，第 386 页。
[3] 同上。

氏，'丹'、'坛'声相近，则'儿'乃'晃'字之讹"[1]。故《元史》卷一百九十三《忠义一》为该世系史源，世系前的小序参考了《秘史》的记载，《探源》不曾考出。[2]

《忠义一》载伯八子"何都兀赤"[3]，《氏族表》此处作"阿都兀赤"，中华本《元史》有校勘记云"'何'当作'阿'。'阿都兀赤'蒙语，义为'掌马群者'。钱大昕《元史氏族表》已校"[4]。按，《元史》南、北监本均作"何都兀赤"，《元朝秘史》有"阿都兀赤"（放马的）[5]、"阿都兀兰"（放牧）[6]、"阿都兀臣"（放马的）[7]，不排除钱大昕据《秘史》所载蒙语进行校正的可能性。

12. 别速氏 / 别速惕氏，抄儿家族

原文列抄儿家族四世，共计四人。抄儿于《元史》卷一百二十三有传，抄海、别帖、阿必察三人见于同传。

该世系前的小序"享端察儿五世孙曰察剌孩领忽，有子曰别速台"，出自《秘史》。《考异·抄儿传》云"抄儿系出别速氏，与元同姓。太祖之世，汴梁未入版图，抄儿何以得居之？盖太宗灭金以后，其子孙始居阳武，史家误取后来志状之文书于篇首，而不悟年代之颠倒也"[8]，为小序"徙居汴梁阳武县"之来源。

《探源》以《元史》卷一百二十三《抄儿传》为该世系史源[9]，

[1] 钱大昕：《廿二史考异》卷一百，第 1360 页。
[2] 王慎荣主编：《元史探源》，第 386 页。
[3] 《元史》，第 4384 页。
[4] 同上书，第 4390 页，校勘记十。
[5] 《元朝秘史》卷五，第 169 节。
[6] 《元朝秘史》卷六，第 170 节。
[7] 《元朝秘史》卷九，第 219 节。
[8] 钱大昕：《廿二史考异》卷九十四，第 1301、1302 页。
[9] 王慎荣主编：《元史探源》，第 387 页。

不误。

13. 薛亦氏 / 雪你台氏 / 雪泥氏 / 雪你惕氏，哈八儿秃家族

原文列哈八儿秃家族三世，共计三人。哈八儿秃于《元史》卷一百二十三有传，察罕、太纳见于同传。《探源》以该传为哈八儿秃家族世系的史源[1]，不误。

14. 瓮吉剌氏 / 雍吉烈氏 / 宏吉剌氏

（1）特薛禅家族

原文列特薛禅家族七世，共计四十八人（含不具名字者"某"五人）。特薛禅于《元史》卷一百一十八有传，其余人物均见于同传。"瓮吉剌"，《特薛禅传》作"弘吉剌"，《元史》中另有"宏吉剌"等译法。

《考异·特薛禅传》云"程钜夫《应昌报恩寺碑》称鲁国忠武王按赤那演，即按陈也"，"仁宗朝进封鲁王，《传》失书"[2]。按，程钜夫撰《碑》全名为《应昌路报恩寺碑铭》，收入《雪楼集》卷五，世系中按陈"加封鲁王"应据此碑。《考异》又云"纳陈尚太祖孙薛只干公主（程《碑》作'薛赤干'），《传》失书"[3]，也被纳入该世系中纳陈生平。忙哥陈，世系中注"本传以忙哥陈为按陈从孙，今从《后妃传》"，即从《后妃一》所载"特薛禅孙"[4]。

唆儿火都诸孙，《特薛禅传》载"孛罗沙、伯颜、蛮子、添寿不花、大都不花、掌吉"[5]六人，《氏族表》此处记为"孛罗沙、伯颜、

---

[1] 王慎荣主编：《元史探源》，第 386 页。
[2] 钱大昕：《廿二史考异》卷九十三，第 1288 页。
[3] 同上。
[4] 《元史》，第 2870 页。
[5] 同上书，第 2917、2918 页。

蛮子、添寿、不花、火都不花、掌吉"七人，疑钱大昕将"添寿不花"视为二人。

综上，特薛禅家族世系的史源为《元史》卷一百一十八《特薛禅传》，程钜夫《应昌路报恩寺碑铭》。《探源》不误。[1]

（2）孛兰奚家族

原文列孛兰奚家族四世，共计四人。孛兰奚于《元史》卷一百三十三有传，其余三人见于同传。《考异·孛兰奚传》云"雍吉烈氏，世居应昌，即宏吉剌氏"[2]，故钱大昕将该家族列为瓮吉剌氏。

《探源》以《元史》卷一百三十三《孛兰奚传》为史源[3]，不误。

（3）太不花家族

原文列太不花家族二世，共计二人。太不花于《元史》卷一百四十一有传，其子庆童见于同传。《探源》以《元史》卷一百四十一《太不花传》为史源[4]，不误。

（4）竹温台家族

原文列竹温台家族三世，共计三人。

钱氏在该世系小序中自注"有碑刻"，查《跋尾》即有《中顺大夫竹温台碑》，云"竹温台者，蒙古人，为鲁国大长公主媵臣。冒姓瓮吉剌氏，事鲁王，为管领随路打捕鹰房诸色人匠等户钱粮都总管府副达鲁花赤，迁达鲁花赤"，又云"有子曰撒而吉思鉴，事文宗，为宫相总管府副总管，入宿卫"[5]，碑文为揭傒斯所撰。按，该碑全名

[1] 王慎荣主编：《元史探源》，第 387 页。
[2] 钱大昕：《廿二史考异》卷九十五，第 1313 页。
[3] 王慎荣主编：《元史探源》，第 387 页。
[4] 同上。
[5] 钱大昕：《潜研堂金石文跋尾》卷二十，第 532、533 页。

《大元敕赐故中顺大夫诸色人匠都总管府达鲁花赤竹君之碑》，今可见于《满洲金石录》卷四，《全元文》以此为底本点校收录。是碑载野歀、竹温台、撒而吉思鉴三人，即为该世系史源。《探源》未能注意到《跋尾》的记载。

（5）虎理翰家族

（6）也先溥化家族

以上家族钱氏自注史源均为《元统癸酉进士录》。

15. 亦乞列思氏 / 亦启列氏

（1）孛秃家族

原文列孛秃家族七世，共计二十一人。孛秃、锁儿哈、忽怜于《元史》卷一百一十八有传，札忽儿臣、月列台、脱别台见于《锁儿哈传》，阿失、八剌失里、不花（又见于《公主表》昌国大长公主吾鲁真位，作"孛花"）、锁郎哈见于《忽怜传》。沙蓝朵儿见于卷一百零九《公主表》昌国公主月鲁位，帖坚干见于昌国公主亦乞列思位，帖木干见于昌国公主吾鲁真位，唆都哥见于鲁鲁罕公主位，不怜吉歹（《公主表》作"不邻吉歹"）见于普颜可里美思公主位。

其余六人，失剌浑台、盖藏八剌、阿剌纳失里、塔海、汝奴桑儿只、监藏朵儿只，钱氏自注见于张士观《昌王世德碑》。《考异·孛秃传》云"亦乞列思氏，张士观《驸马昌王世德碑》作'亦启列氏'"，又云"《世德碑》，阿失子七人，曰失剌浑台，尚宗王木南子女亦勒真公主，曰盖藏八剌，曰阿剌纳失里，曰塔海，曰汝奴朵儿只，曰监臧朵儿只，未见有名八剌失里者"[1]。按，《世德碑》收

---

[1]　钱大昕：《廿二史考异》卷九十三，第 1289、1290 页。

入《元文类》卷二十五。

综上，孛秃家族世系的史源为《元史》卷一百一十八《孛秃传》、《锁儿哈传》、《忽怜传》，卷一百零九《公主表》，张士观《驸马昌王世德碑》。《探源》不误[1]，但未能指出该世系与《考异·孛秃传》的关联。

（2）敏安达尔家族

原文列敏安达尔家族四世，共计四人。钱氏自注史源为《元统癸酉进士录》。

16. 汪古部，阿剌兀思剔吉忽里家族

原文列阿剌兀思剔吉忽里家族五世，共计十八人。阿剌兀思剔吉忽里、阔里吉思于《元史》卷一百一十八有传；不颜昔班、孛要合、镇国、聂古觯（《传》作"聂古台"）、君不花、爱不花、拙里不花见于《阿剌兀思剔吉忽里传》，尤安、尤忽难见于《阔里吉思传》；囊加觯（《公主表》作"囊加台"）、马札罕、邱邻察（《公主表》作"乔邻察"）见于卷一百零九《公主表》赵国公主位；安童、也先海迷失、阿里八觯、火思丹见于阎复撰《驸马高唐忠献王碑》，是《碑》收入《元文类》卷二十三。

综上，阿剌兀思剔吉忽里家族世系的史源为《元史》卷一百一十八《阿剌兀思剔吉忽里传》、《阔里吉思传》，卷一百零九《公主表》及阎复撰《驸马高唐忠献王碑》。《探源》不误。[2]

17. 斡亦剌氏 / 外剌氏，忽都合别乞家族

原文列忽都合别乞家族三世，共计七人。忽都合别乞，又作忽

---

[1] 王慎荣主编：《元史探源》，第387页。

[2] 同上书，第388页。

都阿别乞，见于《元朝秘史》卷十第 239 节。

《考异·公主表》据《秘史》云"哈答姓斡亦剌氏，脱亦列赤之兄也"[1]，则《秘史》为哈答、脱亦列赤血缘关系的史源。脱亦列赤，《公主表》中南监本作"脱亦禾赤"，北监本作"亦木赤"，钱氏注"一作亦纳勒赤"，所据《秘史》卷十第 239 节，"勒"在《秘史》中为小字；今日中华本校勘为脱栾赤[2]，并认为是《秘史》所载脱劣勒赤。

《考异》又云"《秘史》忽秃阿别吉之子亦纳勒赤尚扯扯亦坚公主，即阔阔干也"[3]，钱氏将《秘史》所载结合《公主表》所载"阔阔干公主，适脱栾赤驸马"[4]，便形成了《氏族表》此处"脱亦列赤：一作亦纳勒赤，尚太祖女阔阔干公主"的记载。

哈答见于《公主表》延安公主位下，钱氏注"一作脱劣勒赤"。秃满答儿、别里迷失、沙蓝、也不干四人，钱氏自注见于《公主表》延安公主位下。

综上，忽都合别乞家族世系的史源为《元朝秘史》卷十第 239 节、《元史》卷一百零九《公主表》。《探源》不误。[5]

18. 许兀慎氏／许慎氏／旭申氏，博尔忽家族

原文列博尔忽家族七世，共计二十六人。博尔忽、塔察儿于《元史》卷一百一十九有传。脱欢、失列门（《博尔忽传》作"失里门"）、月赤察儿见于《博尔忽传》，塔察儿以下别里虎台（《塔察儿

[1]　钱大昕：《廿二史考异》卷九十一，第 1268 页。

[2]　《元史》，第 2766 页，校勘记一九。

[3]　钱大昕：《廿二史考异》卷九十一，第 1268 页。

[4]　《元史》，第 2762 页。

[5]　王慎荣主编：《元史探源》，第 388 页。

传》作"别里虎觯"）、宋都觯见于《塔察儿传》。

《考异·博尔忽传》云"许兀慎氏，元明善《淇阳忠武王碑》作'许慎氏'，李兀鲁翀《河南淮北蒙古军都万户府增修公廨碑》作'旭申氏'"。[1] 此段删削之后成为该世系的小序。

《考异》又云："姚燧撰《姚文献公神道碑》云'以太师淇阳王之兄故丞相木土各儿为太子伴读'。'木土各儿'亦作'土木各儿'，其为丞相，盖在中统初，而《本纪》、《表》、《传》俱失之。"[2] 按，姚燧撰《姚文献公神道碑》即《中书左丞姚文献公神道碑》，《元文类》卷六十有收录。木土各儿与月赤察儿之关系，此为仅见之记载。

《考异》又云："月赤察儿子七人，曰塔剌海，曰马剌，曰佤头（《赵孟頫集》作'歪头'）后更名脱儿赤颜，曰迭秃儿也不干，曰也先铁木儿，曰奴剌丁，曰伯都。塔剌海官至中书右丞相、太保，赠淇阳王，谥惠穆。佤头官至太师录军国重事，遥授中书右丞相、淇阳王。也先铁木儿官至中书右丞相、知枢密院事、淇阳王。马剌之子完者铁木儿官至御史大夫、太傅、淇阳王。一门贵显若此，而《传》皆阙而不书，史臣之失职甚矣。"[3] 按，月赤察儿诸子均见于元明善《碑》，其中佤头在赵孟頫撰《歪头封淇阳王制》中作"歪头"[4]。佤头一名"脱儿赤颜"，则见于《元史》卷二十三"赐太师佤头名脱儿赤颜"[5]。另外，怯烈出见于姚燧《平章政事忙兀公神道

[1]　钱大昕：《廿二史考异》卷九十三，第 1292、1293 页。

[2]　同上书，第 1293 页。

[3]　同上。

[4]　赵孟頫：《歪头封淇阳王制》，《松雪斋集》卷十。

[5]　《元史》卷二三《武宗二》，至大二年八月甲戌条。

碑》，"女六人……次适月赤察而太师弟怯烈出"[1]。

综上，博尔忽家族世系的史源为《元史》卷一百一十九《博尔忽传》、《塔察儿传》，卷二十三《武宗二》，元明善撰《太师淇阳忠武王碑》，孛术鲁翀撰《河南淮北蒙古军都万户府增修公廨碑》，姚燧撰《平章政事忙兀公神道碑》、《中书左丞姚文献公神道碑》。《探源》仅列《元史》卷一百一十九与元明善《碑》。[2]

19. 逊都思氏 / 速勒都孙氏 / 孙都思 / 逊都台

（1）赤老温家族

原文列赤老温家族八世，共计十七人。月鲁不花于《元史》卷一百四十五有传，其父脱铁穆耳，其子老安、百家奴见于同传。锁儿罕失剌、赤老温拔都、阿剌罕、锁兀都、唐台觯、健都班六人见于虞集撰《孙都思氏世勋之碑》。[3] 其中"唐台觯"，虞集《碑》所载如是，萧启庆先生《元代四大蒙古家族》所列赤老温家族世系作"唐兀觯"，应已据元人命名规律更改。

纳图儿、察剌、忽纳、式列乌台、脱铁穆耳、大都、笃列图、完泽不花八人见于黄溍撰《逊都台公墓志铭》。[4] 黄溍《碑》另载脱铁穆耳子"次哈喇，未仕"，《氏族表》此处漏载。

《考异·月鲁不花传》云："月鲁不花，太祖功臣亦老温之五世孙也。赤老温子纳图儿，御位下必阇赤。纳图儿子察剌，随州军民达鲁花赤。察剌子忽纳，袭父职，官至江东廉访使，追封陈留郡侯，谥景桓。脱帖穆耳则忽纳次子也，以蕲县万户府东平等处管车上千

[1]　姚燧：《平章政事忙兀公神道碑》，载苏天爵编：《元文类》卷五十九。
[2]　王慎荣主编：《元史探源》，第 388 页。
[3]　虞集：《孙都思氏世勋之碑》，《道园学古录》卷十六。
[4]　黄溍：《明威将军管军上千户所达鲁花赤逊都台公墓志铭》，《金华集》卷三十五。

户所达鲁花赤分戍，自明而越。"[1]按，表所列纳图儿、察剌、忽纳、脱帖穆耳四人生平，系《考异》所载删削而成。

综上，赤老温家族世系史源为《元史》卷一百四十五《月鲁不花传》，虞集《孙都思氏世勋之碑》及黄溍《逊都台公墓志铭》。《探源》仅列《元史·月鲁不花传》。[2]

（2）塔海拔都儿家族

原文列塔海拔都儿家族四世，共计四人。阿塔海于《元史》卷一百二十九有传，其余三人均见于同传。《探源》以《元史·阿塔海传》为该世系史源[3]，不误。

（3）拜住

逊都思氏之拜住，钱氏自言"见于石刻"，《跋尾·山东乡试题名碑记》云"监试官金山东东西道肃政廉访司事拜住……字明善，逊都思氏，右榜状元"[4]，则史源为《山东乡试题名碑记》。

20. 怯烈氏／克烈氏

（1）孛鲁欢家族

原文列孛鲁欢家族六世，共计十八人（含昔剌斡忽勒之弟哈剌阿忽剌）。也先不花于《元史》卷一百三十四有传，脱不花、怯烈哥、昔剌斡忽勒（《氏族表》此处误作"普剌斡忽勒"）、哈剌阿忽剌、孛鲁欢、木八剌、答失蛮、不花帖木儿、亦怜真、秃鲁、答思、怯烈、按摊、阿荣十四人见于同传。搠思监于《元史》卷二百零五有传，其子观音奴见于同传。拜住哥与搠思监的关系，见于《南村

---

[1] 钱大昕：《廿二史考异》卷九十六，第 1325 页。
[2] 王慎荣主编：《元史探源》，第 388 页。
[3] 同上。
[4] 钱大昕：《潜研堂金石文跋尾》卷二十，第 540 页。

辍耕录》卷二十三，"拜住哥以弟搠思监拜中书右相"；《元史》卷
一百八十八《迈里古思传》有拜住哥任御史大夫的记载。

孛鲁欢家族世系的史源为《元史》卷一百三十四《也先不花
传》、卷二百零五《搠思监传》，《南村辍耕录》卷二十三及《元
史》卷一百八十八《迈里古思传》。《探源》仅列《元史·也先不花
传》。[1]

（2）镇海家族

原文列镇海家族六世，共计十三人。镇海于《元史》卷一百二十
有传，其子勃古思见于同传。

《考异·镇海传》云"许有壬撰《神道碑》云：'系出怯烈氏'，
或曰本田姓，至朔方始氏怯烈。《长春西游记》亦称为田镇海"[2]。按，
《考异》此处经删削作为了镇海世系的小序；许有壬撰《神道碑》，
即《元故右丞相怯烈公神道碑铭》，收入《圭塘小稿》卷十。世系所
列镇海家族十三人，均见于许有壬撰《碑》。

综上，镇海家族世系史源为《元史》卷一百二十《镇海传》，许
有壬撰《元故右丞相怯烈公神道碑铭》，并参考《长春真人西游记》。
《探源》遗漏了《长春真人西游记》，且未注意到《考异·镇海传》
的记载。[3]

（3）粟只脇鲁华家族

原文列粟只脇鲁华家族三世，共计五人。粟只脇鲁华，《元史》
作"粟直脇鲁华"，于卷一百二十二有传，其余四人均见于同传；普

---

[1]　王慎荣主编：《元史探源》，第388页。
[2]　钱大昕：《廿二史考异》卷九十四，第1295页。
[3]　王慎荣主编：《元史探源》，第388页。

兰奚，《元史》作"普兰溪"。《探源》以《元史·槊直腽鲁华传》为该世系史源[1]，不误。

（4）怀都家族

原文列怀都家族四世，共计九人。速哥于《元史》卷一百二十四有传，其余八人均见于同传。《探源》以《元史·速哥传》为该世系史源[2]，不误。

（5）哈散纳家族

原文列哈散纳家族五世，共计六人。哈散纳于《元史》卷一百二十二有传，其余五人均见于同传。《探源》以《元史·哈散纳传》为该世系史源[3]，不误。

（6）阿剌不花家族

原文列阿剌不花家族二世，共计二人。阿剌不花子达礼麻识理于《元史》卷一百四十五有传，阿剌不花见于同传。《探源》以《元史·达礼麻识理传》为该世系史源[4]，不误。

（7）勖实带家族

原文列勖实带家族四世，共计四人。该世系前的小序提及"程钜夫云蒙古克烈氏"，则是程钜夫撰《故炮手军总管克烈君碑铭》，收入《雪楼集》卷二十二。世系四人俱见于程《碑》。

《跋尾·勑赐伊川书院碑》云"伊川鸣皋镇炮手军总管勖实戴"，"其子慕颜铁木"，又云"士希，勖实戴之字也"[5]，则《氏族表》此

[1]　王慎荣主编：《元史探源》，第388页。
[2]　同上书，第388、389页。
[3]　同上书，第389页。
[4]　同上。
[5]　钱大昕：《潜研堂金石文跋尾》卷十九，第503、504页。

处载勖实带"一名士希"据此碑。

勖实带家族世系的史源为程钜夫撰《故炮手军总管克烈君碑铭》，并参考薛友谅撰《勅赐伊川书院碑》。《探源》仅言及程钜夫《碑》，未提及《跋尾》所载《碑》。[1]

（8）燕质杰家族

原文列燕质杰家族四世，共计四人。《探源》以《元统元年进士题名录》为该世系史源[2]，不误。

21. 兀良合氏／兀里养哈罕氏／兀良罕／兀良，合赤温家族

原文列合赤温家族七世，共计二十人。速不台、子兀良合台于《元史》卷一百二十一有传，阿朮于《元史》卷一百二十八有传。

《考异·宰相年表》云"此表至元二十三年有左丞也速䚦儿，二十四年至二十七年有平章政事帖木儿，帖木儿即也速䚦儿也"[3]，又云"据黄溍撰《安庆忠襄王碑》云也速䚦儿兀里养哈罕氏（即兀良合氏，与速不台同族），本名帖木儿，避成宗讳改"[4]。《考异》点校者（方诗铭、周殿杰）按，"《安庆忠襄王碑》，据《金华集》卷二四，黄溍此碑，名'安庆武襄王碑'"[5]。笔者按，世系载也速䚦儿"本名帖木儿，避成宗讳改"，即由《考异》删削而成；黄溍《安庆武襄王神道碑》即是哈丹—也速䚦儿一系的史源。其中，黄《碑》载也速䚦儿一孙名"金保也"，世系作"金保化"，当据《碑》更正。

《考异·速不台传》云"兀良合台赠太尉、开府仪同三司，追封

---

[1]　王慎荣主编：《元史探源》，第389页。

[2]　同上。

[3]　钱大昕：《廿二史考异》卷九十二，第1274页。

[4]　同上书，第1274、1275页。

[5]　同上书，第1275页。

河南王，谥武毅，《传》皆失书"[1]，按，程钜夫有《故祖父兀良哈台赠推忠宣力定远功臣太尉开府仪同三司上柱国追封河南郡王谥武毅制》，收入《雪楼集》卷二，《考异》所据当如是，也是世系所录兀良合台"谥武毅"的史源。《元史》卷一百二十二有《雪不台传》，雪不台即速不台，《考异·雪不台传》已辨正。

《考异·阿术传》又云"阿术谥武定，其子不怜吉歹官至河南行省左丞相，封河南王，《传》皆失书"[2]。按，不怜吉歹生平见于王恽《兀良氏先庙碑铭》[3]，应没有疑问。而关于阿术的谥号，于王恽《先庙碑》、《左丞相都元帅阿木制》[4]，苏天爵《丞相河南武定王阿术》[5]，黄溍《安庆武襄王神道碑》，宋濂《河南武定王阿珠》[6]均有记载，但仅王恽所撰两文所记"谥武宣"，其余均记"谥武定"，则不排除阿术有改谥的可能。钱大昕所录阿术"谥武定"，而暂无证据表明钱氏看过《宋景濂未刻集》，故钱氏所据可能是《名臣事略》或《安庆武襄王神道碑》。[7]

速不台一系有阔阔带，《元史·世祖二》载"（中统三年九月）癸

[1] 钱大昕：《廿二史考异》卷九十四，第 1297 页。
[2] 钱大昕：《廿二史考异》卷九十五，第 1307 页。
[3] 王恽：《大元光禄大夫平章政事兀良氏先庙碑铭》，《秋涧集》卷五十，《元人文集珍本丛刊》第 1 册影明刊修补本，台北新文丰出版公司 1985 年版。
[4] 王恽：《赠谥故光禄大夫左丞相都元帅阿木制》，《秋涧集》卷六十七。
[5] 苏天爵：《丞相河南武定王阿术》，《元朝名臣事略》卷二之二，姚景安点校，中华书局 1996 年版。
[6] 宋濂：《河南武定王阿珠》，《宋景濂未刻集》卷上，《文渊阁四库全书》本。按，"阿珠"即"阿术"。
[7] 周清澍先生《〈元朝名臣事略〉史源探讨》一文（载《元史及民族与边疆研究集刊》第 29 辑，上海古籍出版社 2015 年版，第 30 页）考王恽《大元光禄大夫平章政事兀良氏先庙碑铭》为《名臣事略》卷二《丞相河南武定王阿术》的史源。按，王《碑》与《事略》所载谥号不同，疑苏天爵在撰写《事略》时可能依据其他史料将"武宣"改作"武定"。

酉，都元帅阔阔带卒于军，以其兄阿朮代之"[1]，又有虞集《翰林学士承旨董公行状》（董文用）载"三年，山东守臣李璮叛，据济南。从元帅阔阔带，统兵伐之。五月而克其城，璮伏诛，山东平。元帅卒，公还都。元帅阿朮奉诏取宋，召公为属"[2]，而钱大昕将阔阔带列为兀良合台弟、阿朮叔父，屠寄《蒙兀儿史记·阿朮列传》云"会叔父阔阔带卒于军，阿朮佩虎符，代为征南都元帅"，下注"旧《纪》云'其兄阿朮代之'，'其兄'下脱子字，当补"[3]。笔者考南北监本《元史》均作"其兄阿朮"，且暂未查到其他史料，这一问题仍有待探讨。

综上，合赤温家族世系的史源为《元史》卷一百二十一《速不台传》、《兀良合台传》，卷一百二十八《阿朮传》，黄溍《安庆武襄王神道碑》，王恽《兀良氏先庙碑铭》，程钜夫《追封河南郡王谥武毅制》，参考《元史》卷一百二十二《雪不台传》，苏天爵《丞相河南武定王》，《元史》卷五《世祖二》及虞集《翰林学士承旨董公行状》。《探源》仅列《速不台传》、《兀良合台传》及王恽《先庙碑》。[4]

22. 燕只吉台氏 / 衍只吉氏 / 晏只吉觯氏

（1）彻里家族

原文列彻里家族四世，共计四人。彻里于《元史》卷一百三十有传，曾祖太赤见于同传。

《考异·彻里传》云"燕只吉台氏，苏天爵《名臣事略》云衍只吉氏，《神道碑》作燕只吉台氏"[5]，按，小序为此段删削所成；小序

---

[1]《元史》，第87页。

[2] 虞集：《翰林学士承旨董公行状》，《道园学古录》卷二十四。

[3] 屠寄：《蒙兀儿史记》卷九十一《阿朮列传》，台北世界书局1962年影民国刊本。

[4] 王慎荣主编：《元史探源》，第389页。

[5] 钱大昕：《廿二史考异》卷九十五，第1309页。

又言"亦作晏只吉觸氏"，出自危素《送彭公权序》。[1]《神道碑》即姚燧《平章政事徐国公神道碑》，收入《元文类》卷五十九，彻里曾祖太赤、祖父纳忽、父掬旅局均见于姚燧《碑》；《名臣事略》卷四之四有《平章武宁正宪王》，"衍只吉氏"之说即出于此。

综上，彻里家族世系的史源当为《元史》卷一百三十《彻里传》，姚燧《平章政事徐国公神道碑》，并参考《名臣事略》及危素《送彭公权序》。《探源》遗漏了《名臣事略》及危素《序》。[2]

（2）阿忽台家族

原文列阿忽台家族五世，共计五人。别儿怯不花于《元史》卷一百四十有传，其余四人均见于同传。《考异·自当传》云"自当为别儿怯不花之兄，当云燕只吉觸氏"[3]，按《元史·自当传》载"自当历事四朝，官自从仕郎累转至通奉大夫"[4]，《氏族表》此处录其官职为"侍书侍御史"，则所据仅为《元史·别儿怯不花传》所载"其兄治书侍御史自当"[5]。

阿忽台家族世系的史源为《元史》卷一百四十。《探源》不误。[6]

（3）□□达家族

原文列□□达家族四世，共计三人。钱氏自注史源为《元统元年进士录》。

---

[1] 危素：《送彭公权序》，《危学士全集》卷五，《四库全书存目丛书》第24册影复旦大学图书馆藏清乾隆二十三年芳树园刻本，齐鲁书社1997年版。
[2] 王慎荣主编：《元史探源》，第389页。
[3] 钱大昕：《廿二史考异》卷九十六，第1322页。
[4] 《元史》，第3402页。
[5] 同上书，第3366页。
[6] 王慎荣主编：《元史探源》，第389页。

23. 达达儿氏／答答里带氏／答答带氏（含钱氏存疑者"答答叉氏"、"塔塔儿氏"）

（1）塔思家族

原文列塔思家族四世，共计十二人。忙兀台于《元史》卷一百三十一有传，其祖塔思、子帖木儿不花、孛兰奚、亦剌出见于同传。

《考异·忙兀台传》："《传》失载忙兀台父名。今东平州有《忙兀台公光昭先祖神道碑》云：塔思子铁里哥，袭父职，授行军千户。铁里哥子曰札剌儿台，真州达鲁花赤、福建等处盐课市舶都转运使；曰雍乞剌台；曰亦乞里台，袭祖职，迁浙西道宣慰使。忙兀台其季子也。"[1] 按，《忙兀台公光昭先祖神道碑》为徐世隆所撰，《跋尾》与《金石文字目录》均不载，钱氏阅见是《碑》的途径尚不得而知，笔者推测可能是乾隆二十四年（1759）七月钱大昕充山东乡试正考官时所见（《年谱》）；是《碑》今不见传本，《山左金石志》、《寰宇访碑录》、《（民国）东平县志》等也仅著录碑刻形制及提要。世系中除《考异》提的塔思、铁里哥等六人，还记载了塔思弟忙古歹、子也速歹儿及也鲜不花三人，不见于其他文献，故怀疑仍出自徐世隆之《碑》。

塔思家族的史源为徐世隆撰《忙兀台公光昭先祖神道碑》。《探源》不误。[2]

（2）旦只儿家族

原文列旦只儿家族二世，共计二人。旦只儿于《元史》卷一百

---

[1] 钱大昕：《廿二史考异》卷九十五，第1311页。

[2] 王慎荣主编：《元史探源》，第389页。

三十三有传，其子建都不花见于同传。二人不见于其他史料，故《元史·旦只儿传》为该世系的史源。《探源》不误。[1]

（3）帖木儿不花家族

原文列帖木儿不花家族三世，共计四人。帖木儿不花于《元史》卷一百三十二有传，其余三人见于同传。《探源》以《元史·帖木儿不花传》为该世系史源[2]，不误。

（4）忒木勒哥家族

原文列忒木勒哥家族四世，共计六人。塔海帖木儿于《元史》卷一百三十五有传，其余五人均见于同传。《探源》以《元史·塔海帖木儿传》为该世系史源[3]，不误。

（5）脱因纳家族

原文列答答叉氏[4]脱因纳家族二世，共计三人。脱因纳于《元史》卷一百三十五有传，其余二人见于同传。《探源》以《元史·脱因纳传》为该世系史源[5]，不误。

（6）察伋家族

原文列察伋家族四世，共计四人。钱氏自注史源为《元统癸酉进士录》。

（7）伯帖木儿

塔塔儿氏伯帖木儿，钱氏自注史源为《秘书监志》。

---

[1] 王慎荣主编：《元史探源》，第389、390页。
[2] 同上书，第390页。
[3] 同上。
[4] 初刊本、龙氏本此处均作“答答义”，该世系史源《元史·脱因纳传》作“答答叉”，“义”、“叉”形近而误，当据《元史》正之。
[5] 王慎荣主编：《元史探源》，第390页。

24.蔑儿吉觰氏／蔑里期氏／麦里吉台氏／灭儿吉觰氏／默而吉台氏

（1）伯颜家族

原文列伯颜家族六世，共计十六人。伯颜、马札儿台、脱脱于《元史》卷一百三十八有传。其中伯颜曾大父探马哈儿、大父称海、父谨只儿见于《伯颜传》；马札儿台长子脱脱自有传，次子也先帖木儿见于《马札儿台传》；脱脱子哈剌章、三宝奴见于《脱脱传》。

《考异·伯颜传》云：“蔑儿吉觰氏，案：马祖常《太师秦王佐命元勋碑》作‘灭儿吉觰氏’，危素《送彭公权序》称脱脱为蔑里期公。”[1] 该世系的小序“蔑儿吉觰氏，亦称蔑里期氏，亦称麦里吉台氏，亦称灭儿吉觰氏”，按，“麦里吉台氏”之称见于《元史·绍古儿传》，则可知小序参考了马祖常《碑》、危素《序》与《绍古儿传》。马祖常《碑》全名《敕赐太师秦王佐命元勋之碑》，收入《石田文集》卷十四；危素《序》收入《危学士全集》卷五。

《考异》又云“马祖常《碑》，探马哈儿赠太傅，追封梁国公，进封阳翟王，谥敬简，加赠太师，追封淮阳王，谥忠靖”，“称海官领军百户，赠太师，追封梁国公，进封河南王，谥庄顺，又进封淮王，谥忠襄”，“谨只儿赠太师，追封河南王，进封郑王，谥忠懿”[2]。则探马哈儿、称海、谨只儿事迹史源为马祖常《碑》，《考异》此段被纳入了《氏族表》中。伯颜兄也速迭儿、雪你台、燕帖木儿、教化的四人，弟伯要台，子把刺释理（《氏族表》此处作“八刺释里”）、沙加释理（《氏族表》此处作“沙加释里”）均见于马祖常《碑》。

[1] 钱大昕：《廿二史考异》卷九十六，第1319页。
[2] 同上书，第1320页。

综上，伯颜家族世系的史源为《元史》卷一百三十八《伯颜传》、《马札儿台传》、《脱脱传》，马祖常《敕赐太师秦王佐命元勋之碑》，并参考危素《送彭公权序》、《元史·绍古儿传》。《探源》仅列《元史》传记。[1]

（2）阔阔家族

原文列阔阔家族二世，共计二人。阔阔于《元史》卷一百三十四有传，其子坚童见于同传，该世系前小序也出自同传。《探源》以《元史·阔阔传》为该世系史源[2]，不误。

（3）绍古儿家族

原文列绍古儿家族三世，共计三人。绍古儿于《元史》卷一百二十三有传，其子拜都、孙忽都虎见于同传。《探源》以《元史·绍古儿传》为该世系史源[3]，不误。

（4）曲列尔家族

原文列曲列尔家族二世，共计二人。曲列尔、阔阔台父子于《元史》无传。

《跋尾》卷二十有《济南郡公张宓神道碑》，表明此拓片为钱氏家藏。是《碑》为李国凤所撰，录文收入阮元主编《山左金石志》卷二十四。据今日可见录文，"公配蒙古迈礼吉□□，济南路达鲁花赤□列尔之孙、监十路总管阔阔台之女"，而《表》作"迈礼吉真氏"、"曲列尔"，可补碑文之缺。

曲列尔家族世系的史源为李国凤撰《济南郡公张宓神道碑》。

---

[1] 王慎荣主编：《元史探源》，第 390 页。

[2] 同上。

[3] 同上。

《探源》未能考出该世系史源。

（5）脱脱家族

原文列"默而吉台氏"脱脱家族六世，共计六人。钱大昕在小序中言"黄溍撰其先茔碑"，即《翰林学士承旨致仕脱脱公先茔碑》，收入《金华集》卷二十八。"默而吉台"可与"蔑儿吉觮"勘同。

25. 脱脱里台氏 / 脱脱忒氏

（1）布智儿家族

原文列布智儿家族四世，共计七人。布智儿于《元史》卷一百二十三有传，其余六人均见于同传。《探源》以《元史·布智儿传》为该世系史源[1]，不误。

（2）孛儿速家族

原文列孛儿速家族二世，共计二人。孛儿速于《元史》卷一百三十五有传，其子答答呵儿见于同传。《探源》以《元史·孛儿速传》为该世系史源，不误。

（3）案摊家族

原文列阔阔不花家族三世，共计三人。阔阔不花于《元史》卷一百二十三有传，其子黄头、孙东哥马均见于同传。《探源》以《元史·阔阔不花传》为该世系史源[2]，不误。

26. 土别燕氏（含钱氏存疑者"秃别歹氏"、"拓跋氏"）

（1）完泽家族

原文列完泽家族五世，共计五人。完泽于《元史》卷一百三十有传，其祖土薛、父线真见于同传。

---

[1]　王慎荣主编：《元史探源》，第390页。

[2]　同上书，第390、391页。

《考异·完泽传》云"线真以宣徽使终，后赠太师，追封秦益国公，谥忠献，《传》失书"，又云"完泽有子长寿，大德九年任中书右丞，《传》亦失载"。[1]《元朝名臣事略》卷四有《丞相兴元忠宪王》，所据为阎复撰《勋德碑》，缪荃孙辑《静轩集》卷三《丞相兴元忠宪王碑》即此。钱大昕所据应为《事略》所收之文。

综上，完泽家族世系的史源为《元史》卷一百三十《完泽传》，《元朝名臣事略》卷四《丞相兴元忠宪王》。《探源》所列"阎复撰《丞相兴元忠宪王碑》"[2]，疑将《元史·完泽传》的史源与《氏族表》所载完泽家族世系的史源混淆所致。

（2）按札儿家族

原文列拓跋氏按札儿家族五世，共计十三人。按札儿，《元史》卷一百二十二有传，作"按扎儿"。按札儿子忙汉、拙赤哥，忙汉子乃蛮，拙赤哥子阔阔朮见于同传。其余人物见于虞集撰《蒙古拓拔公先茔碑铭》，收入《道园类稿》卷四十五。虞集《碑》作"按札儿"。其余八人均见于《碑》。其中拙赤哥之子阔阔朮，《碑》作"阔阔出"；阔阔朮之子也先帖木儿，《碑》作"先帖木儿"，疑脱漏"也"字。《探源》以《元史·按札儿传》与虞集《碑》为该世系史源[3]，不误。

27. 按赤歹氏，阔里吉思家族

原文列阔里吉思家族五世，共计五人。阔里吉思于《元史》卷一百三十四有传，其余四人均见于同传。《探源》以《元史·阔里吉思传》为该世系史源[4]，不误。

---

[1] 钱大昕：《廿二史考异》卷九十五，第1310页。
[2] 王慎荣主编：《元史探源》，第391页。
[3] 同上。
[4] 同上。

28. 兀罗带氏，忽都家族

原文列忽都家族四世，共计五人。忽都于《元史》卷一百三十五有传，其余四人均见于同传。《探源》以《元史·忽都传》为该世系史源[1]，不误。

29. 彻兀台氏，麦里家族

原文列麦里家族四世，共计五人。麦里于《元史》卷一百三十二有传，其余四人均见于同传。《探源》以《元史·麦里传》为该世系史源[2]，不误。

30. 侊溯沃鳞氏，僧家讷家族

原文列僧家讷家族四世，共计四人。《探源》以虞集撰《僧家讷生祠记》为该世系史源[3]，不误。按，《僧家讷生祠记》全名《广东道宣慰使都元帅僧家讷生祠记》，收入《道园类稿》卷二十六。

31. 捏古台氏

（1）笃列图家族

原文列笃列图家族四世，共计六人。小序中有钱氏自注云"见《道园类稿》"。《探源》以虞集撰《捏古台公墓志》为该世系史源，不误。[4] 按，《捏古台公墓志》全名《靖州路总管捏古台公墓志铭》，收入《道园类稿》卷四十六。

（2）忽都达儿家族

原文列忽都达儿家族六世，共计七人。《探源》以黄溍撰《捏古

---

[1] 王慎荣主编：《元史探源》，第 391 页。

[2] 同上。

[3] 同上。

[4] 同上。

觯公神道碑》为该世系史源[1]，不误。按，《捏古觯公神道碑》全名《嘉议大夫婺州路总管兼管内劝农事捏古觯公神道碑》，收入《金华集》卷二十七。

32.卜领勤多礼伯台氏，月鲁帖木儿家族

原文列月鲁帖木儿家族五世，共计五人。月鲁帖木儿于《元史》卷一百四十四有传，曾祖贵裕、祖合剌、父普兰奚见于同传；三人的封赠情况见于危素撰《故荣禄大夫江浙等处行中书省平章政事月鲁帖木儿公行状》，收入《危太朴文续集》卷七。《探源》以《元史·月鲁帖木儿传》与危素《月鲁帖木儿公行状》为该世系史源[2]，不误。

33.秃立不带氏／度礼班氏／朵里别歹氏

（1）探马赤家族

原文列探马赤家族二世，共计二人。探马赤于《元史》卷一百三十二有传，其子拜延见于同传。《探源》以《元史·探马赤传》为该世系史源[3]，不误。

（2）脱脱出家族

原文列脱脱出、锡礼门、哈觯兄弟三人。此三人于《元史》无传。以兄弟三人均曾出任"濮州达鲁花赤"为线索，查得《潜研堂金石文字目录》卷七有"《濮州学记》，吴衍撰并正书。至元二十五年六月。在濮州学"[4]。则钱氏自藏有《濮州学记》的拓本。又，《山左金石志》卷二十一有"《濮州学记》，至元二十五年六月立，正书，碑高五尺六寸广三尺一寸，在濮州学……吴衍撰并书"，与钱

---

[1] 王慎荣主编：《元史探源》，第391页。
[2] 同上。
[3] 同上书，第392页。
[4] 钱大昕：《潜研堂金石文字目录》卷七，第171页。

氏所记为同一碑，但不见录文。

查《（嘉靖）濮州志》有《元侍御史吕衎濮州庙学记》录文，时间为“至元二十五年夏六月望日”，碑文记“中统建元，度礼班脱脱出，弟兄相继为是州，益增大之……今哈解又为学宫”[1]，可与世系所载相印证，但未提及脱脱出之弟锡礼门及三人的职务。

《（嘉靖）濮州志》又有延祐二年九月《学正马豫濮州增修宣圣庙学记》，载“粤自中统建元，故嘉议大夫上都留守脱脱出度理班，及其弟锡理门、朝列哈解”[2]，《（嘉靖）濮州志》于天一阁有藏[3]，但因《金石文字目录》未收录此文，尚不明确钱大昕是否阅读过《濮州志》，故存疑。

综上，脱脱出兄弟三人的史源，很有可能是《濮州学记》及其他文献，《学正马豫濮州增修宣圣庙学记》也有可能被钱氏引用。《探源》未考出该世系史源。

34. 兀速儿吉氏，曷剌家族

原文列曷剌家族二世，共计二人。曷剌于《元史》卷一百三十五有传，其子不花见于同传。《探源》以《元史・曷剌传》为该世系史源[4]，不误。

35. 察台氏，乞台家族

原文列乞台家族二世，共计二人。乞台于《元史》卷一百三十五有传，其子哈赞赤见于同传，《元史・乞台传》即为该世系的史源。

---

[1] 《天一阁藏明代方志选刊续编》第61册，《（嘉靖）濮州志・文类》，上海书店1990年版。

[2] 《（嘉靖）濮州志・文类》。

[3] 骆兆平编著：《天一阁藏明代地方志考录》“濮州志十卷”条，书目文献出版社1982年版，第129页。

[4] 王慎荣主编：《元史探源》，第392页。

《探源》未考出。[1]

36. 凯烈氏

（1）拔实家族

原文列拔实家族六世，共计四人，传名者仅有拔实及其子博罗贴睦尔二人，其余仅以"某"字列其位。钱氏在小序中自注"黄溍谓'惟凯烈氏世有显人也'"，查《金华集》卷二十五有《资善大夫河西陇北道肃政廉访使凯烈公神道碑》，即为该世系史源。《探源》未考出。[2]

（2）谙都剌家族

原文列谙都剌家族四世，共计三人。谙都剌于《元史》卷一百九十二《良吏二》有传，其祖阿思兰、子爕彻坚见于同传。故该世系史源为《元史·良吏二》。《探源》未能考出。[3]

37. 束吕纥氏，塔不已儿家族

原文列塔不已儿家族五世，共计五人。塔不已儿于《元史》卷一百二十三有传，其子孙四人均见于同传。

《考异·雪不台传》云"第十卷《塔不已儿传》附见其孙重喜，而第二十卷又有《重喜传》"[4]，为《元史》重复之处，故该世系史源仅为《元史·塔不已儿传》。《探源》在《塔不已儿传》之外还列《重喜传》[5]，当未能参考《考异》之说。

38. 忙古台氏，完迍不花

钱氏自注史源为《秘书监志》。

---

[1] 王慎荣主编：《元史探源》，第 392 页。
[2] 同上。
[3] 同上。
[4] 钱大昕：《廿二史考异》卷九十四，第 1300 页。
[5] 王慎荣主编：《元史探源》，第 392 页。

39. 札只剌歹氏，亦速歹家族

40. 察罕达□□氏，囊加歹家族

41. 乞失里台氏，朵列图家族

42. □□歹氏，同同家族

以上家族钱氏自注史源均为《元统癸酉进士录》。

43. 史不言氏族

（1）忽鲁不花家族

原文列卜邻吉带、忽鲁不花父子二人。《元史》卷五《世祖二》中统三年五月戊辰条有"右丞相忽鲁不花"，中华本以《宰相年表》校为"左丞相"。姚燧撰《湖广行省左丞相神道碑》载"大将卜邻吉带俾其子故中书右丞相呼鲁仆化"[1]，是二人父子关系的史源。

钱大昕《跋〈雪楼集〉》载"丞相忽鲁不花……据公所撰制，知忽鲁不花尝追封归德王，谥忠献"[2]，查《雪楼集》卷三有《故丞相忽鲁不花封归德王制》，当是世系忽鲁不花的史源之一。又，王恽《中堂事记》卷中载"忽鲁不花、耶律铸为左丞相。忽鲁不花时年三十一岁，父不令吉歹官人"[3]。疑世系并未引用《中堂事记》。

综上，卜邻吉带、忽鲁不花父子的史源为《元史·世祖二》，姚燧《湖广行省左丞相神道碑》与程钜夫《故丞相忽鲁不花封归德王制》。《探源》以《元史·世祖纪》、《宰相年表》为忽鲁不花其人的史源，但未考出卜邻吉带的史源。[4]

---

[1] 姚燧：《湖广行省左丞相神道碑》，收入《元文类》卷五十九。

[2] 钱大昕：《潜研堂序跋》卷九，第 164 页。

[3] 王恽：《中堂事记》卷中"中统二年五月十九日"条。

[4] 王慎荣主编：《元史探源》，第 393 页。

（2）铁木迭儿家族

原文列铁木迭儿家族五世，共计九人。铁木迭儿于《元史》卷二百零五有传，其曾祖唆海，祖不怜吉带，父木儿火赤，子班丹、锁南及八里吉思见于同传。《元史》卷三十四《文宗三》载"故丞相铁木迭儿子将作使锁住与其弟观音奴"[1]，则是锁住与观音奴的史源。

铁木迭儿家族世系的史源是《元史》卷二百零五《铁木迭儿传》及卷三十四《文宗三》。《探源》仅以《元史·铁木迭儿传》为该世系史源[2]，有所遗漏。

44. 蒙古世族／蒙古氏

（1）塔察儿家族

原文列塔察儿与其孙帖木儿不花二人。塔察儿见于《元史》卷六《世祖三》，"以右丞相塔察儿为御史大夫"。查《新集·至治条例·纪纲》延祐六年十二月初四条载"今命月鲁律那颜子广平王脱秃哈、塔察儿大夫孙帖木儿不花为御史大夫"，又钱大昕《跋〈元圣政典章〉》云"其后又有至治二年新集《条例》三册"[3]，则可证钱氏看过该文献。

塔察儿、帖木儿不花祖孙的史源为《元史》卷六《世祖三》及《新集·至治条例·纪纲》延祐六年十二月初四条。《探源》未能考出。[4]

（2）直脱儿家族

原文列直脱儿家族四世，共计四人。直脱儿于《元史》卷一百二十三有传，其父阿察儿、子阿兰朮、从子忽剌出均见于同传。

---

[1]《元史》卷三十四《文宗三》"至顺元年秋七月丁丑"条，第761页。
[2] 王慎荣主编：《元史探源》，第393页。
[3] 钱大昕：《潜研堂序跋》卷六，第122页。
[4] 王慎荣主编：《元史探源》，第393页。

忽剌出于卷一百三十三有传。《考异·雪不台传》云"阿塔赤、忽剌出两人，既附书于杭忽思、直脱儿之传矣，而又为立传"[1]，为《元史》重复之处，故该世系史源仅为《元史·直脱儿传》。

《探源》于《元史》卷一百二十三《直脱儿传》之外还列卷一百三十三《忽剌出传》为该世系史源[2]，当未能参考《考异》之说。

（3）速哥家族

原文列速哥家族三世，共计三人。速哥于《元史》卷一百三十一有传，其父忽鲁忽儿、子寿不赤见于同传。《探源》以《元史·速哥传》为该世系史源[3]，不误。

（4）失里伯家族

原文列失里伯家族四世，共计四人。失里伯于《元史》卷一百三十三有传，其祖怯古里秃、父莫剌合、子塔剌赤见于同传。《探源》以《元史·失里伯传》为该世系史源[4]，不误。

（5）也速家族

原文列月阔察儿、也速父子二人。也速于《元史》卷一百四十二有传，其父月阔察儿见于同传。《探源》以《元史·也速传》为该世系史源[5]，不误。

（6）朵里不花家族

原文列朵里不花[6]、达兰不花父子二人。朵里不花于《元史》卷

---

[1] 钱大昕：《廿二史考异》卷九十四，第 1300 页。
[2] 王慎荣主编：《元史探源》，第 393 页。
[3] 同上。
[4] 同上。
[5] 同上。
[6] 《氏族表》原文作"朵儿不花"，当为"朵里不花"之误。"儿"、"里"形近而误，当据《元史》正之。

一百九十五有传，达兰不花见于同传。《探源》以《元史·朵里不花传》为该世系史源[1]，不误。

（7）哈答孙家族

原文列哈答孙家族五世，共计十五人。钱氏自注"见程钜夫撰《秦国昭宣公碑》"，即《秦国昭宣公神道碑》，收入《雪楼集》卷八，碑主哈答孙，其余十四人均见于是《碑》。

（8）阿虎歹家族

（9）百嘉讷家族

（10）野仙脱因家族

以上家族钱氏自注史源均为《元统癸酉进士录》。

结　语

由上，除个别人物的史源暂无确凿证据外，《氏族表》卷一《蒙古》的史源基本得以确定。卷一收录札剌儿氏、八邻氏、召烈台氏等"蒙古氏族"计四十余种，包含家族世系表计有一百余个，所用正史、别史、政书、诗文集、石刻等多达五十余种。其中，《南村辍耕录》、《元朝秘史》与《元史》奠定了《氏族表》卷一的基本结构：《南村辍耕录》所载"蒙古七十二种"、"色目三十一种"的框架，是《氏族表》中蒙古、色目两大群体分野的基本依据，对于不见于《辍耕录》的氏族，钱氏还参考了《元朝秘史》与《元史》作为分类依据；陶宗仪"蒙古七十二种"只是铺叙了"蒙古"之下的若干氏族，

---

[1]　王慎荣主编：《元史探源》，第393、394页。

并未展示各氏族间的层级关系，呈现出"平面化"的色彩，而钱氏借助《元朝秘史》所述"蒙古先祖"世系，初步认识到构成"蒙古"的不同氏族是存在亲疏关系的[1]；《元朝秘史》也是钱氏对蒙古氏族名称进行勘同的重要依据。

　　以今日的学术眼光来看，《氏族表》卷一虽未能全数搜罗蒙古氏族和人物[2]，部分同名异译的部族名称如"克烈"、"凯烈"也未能完全勘同，但鉴于它主要依靠学者个人之力完成，就体例、内容和考订的精确度而言都具有开创意义。对《氏族表》的史源进行详细考订，有助于进一步发掘《氏族表》的文献价值和史料价值，对窥探钱大昕的治史门径或许也有所裨益。

---

[1] 《氏族表》卷一所收蒙古诸氏族的排序，是大致按照与孛儿只斤氏的亲疏关系来排列的，就此笔者另有专文讨论。

[2] 周良霄先生在《元史北方部族表》（载《中华文史论丛》2010 年第 1 辑）中钩考出 205 个元代活跃于北部中国的部族，其中有不少为《氏族表》不载，是目前收集氏族名称最全的研究成果。

述 评

清至民国间伊犁的基督教及其对满洲旗人社会的渐浸[*]

胡方艳（湖北民族学院）

　　自 20 世纪 80 年代起，唐世民、房建昌、魏长洪[1]等学者就开始较多关注近代基督教在新疆的流布情况。之后，随着国内外文献档案包括传教士留下的珍贵记录的公开与发表，对相关材料挖掘也成为可能，更多学者涉足其间，成果颇丰。尤其是新世纪之初，木拉提·黑尼亚提的《近现代新疆西方基督教传教士研究》、马占军的《晚清时期圣母圣心会在西北的传教（1873—1911）》[2]等几篇博士论文的推出，使清至民国间新疆基督教的历史轮廓及相关细节更为清

[*]　本文系国家社科基金一般项目"伊犁满洲旗人社会变迁研究（1764—1949）"
　　（14BMZ023）阶段性成果。本文"伊犁"所涵盖的地理范围包括现在伊犁哈萨克自治
　　州二市八县，即伊宁市、霍尔果斯市和伊宁县、察布查尔锡伯自治县、霍城县、巩留
　　县、新源县、昭苏县、特克斯县、尼勒克县。

[1]　唐世民：《基督教在新疆的传播》，《新疆社会科学》1984 年第 4 期；房建昌：《历史上
　　基督教在新疆的传播》，《新疆社会科学研究》1988 年第 11 期；魏长洪：《近代西方传
　　教士在新疆》，《新疆大学学报（哲学社会科学版）》1989 年第 3 期。
[2]　木拉提·黑尼亚提：《近现代新疆西方基督教传教士研究》，南京大学博士学位论文，
　　2001 年；马占军：《晚清时期圣母圣心会在西北的传教（1873—1911）》，暨南大学博
　　士学位论文，2005 年。

晰。本文在前人研究的基础上对清至民国间伊犁的基督教（指广义
层面上的）即东正教、天主教和基督教新教，对其三大宗派在伊犁
的流布历史加以考察；当时统治南北疆核心力量的满洲旗人，虽然
人数较少，但对当地社会起着举足轻重的作用，那么基督教对他们
是否有浸染？这也是本文关注的一个重点。

一、清之前伊犁的基督教概况

居于中亚孔道的伊犁，不仅是沟通亚欧大陆的锁钥，还因位于
有充沛水源和温润气候的伊犁河谷，其宜耕宜牧的地理环境使其在
历史上一直是各种势力角逐的对象，人类在这块土地上演的各类
"剧目"，到乾隆中叶也告一段落。经过几代清帝的努力，准噶尔汗
国最终被纳入清帝国的版图，连同这块土地，清帝国也"承续"了
汗国的国教——藏传佛教，位于伊犁河谷各旗营的核心区先后建立
起八大藏传佛教寺院[1]，成为旗营官兵和营众的精神依托之所。当时
除了旗营官兵信仰的藏传佛教，普通民众不乏伊斯兰教信徒。[2]伊犁
纷呈的历史一定程度上是由纷繁的民族和多元信仰所构成，对于基
督教在伊犁河谷的传播情境，很长时间以来模糊不清；需要努力拼
接历史上留下的零碎材料才能识其大概。

---

[1] 惠远城建有普化寺；察哈营建有镇远寺与集福寺；额鲁特上三旗建有圣佑寺，下五旗
建有崇寿寺，沙毕那尔建有广佑寺；索伦营建有康远寺；锡伯营建有靖远寺。

[2] 一百多年后，清同治年间伊犁维、回暴动，俄国乘机抢占伊犁，1871 年俄国统治者对
该地区的人口做了统计，总计 102, 910 人之中，当地伊斯兰教信仰的塔兰奇人、吉尔
吉斯人和东干人已达 65, 685 人，已超过非伊斯兰教信仰的蒙古、满洲等八旗和绿营
营众。数据见 A. 捷连季耶夫：《征服中亚史》（第二卷），新疆大学外语系译，商务印
书馆 1983 年版，第 61 页。

公元前后，自犹太人耶稣在巴勒斯坦创立基督教后，不管其经历多少劫难与分裂，基督教徒向四方传布的步伐从没有停止过。基督教何时传至伊犁，现有文献尚没有确切的记载，只能依靠零星的资料连缀出大致轮廓。5 世纪中叶，东罗马帝国的聂思脱里派遭到迫害，其信徒被迫向东流亡，并继续传播教义。[1] 英国圣公会传教士恭思道（T. Gaunt）会长在其著作《基督教在中国之概况》中记载："主后 424 年时，阿富汗之赫拉特城和新疆西边（古西域 Turkestan 境）之麦尔夫（Merv），均已建设基督教会，并各有会督治理教政。"[2] 这是较早记载基督教东传接近我国西境的材料。这里的麦尔夫应该就是文献中所提的木鹿城（Merw），现在位于土库曼斯坦共和国马里市城东。据英国学者 Alphonse Mingana 考证，约公元 644 年由于 Merw 城大主教 Elijah 的努力，大批突厥人皈依基督教。[3] 因为有实证支撑，现在学者大都认同基督教聂斯脱里派（我国称为景教[4]）最早大约在公元 7 世纪传入我国，笔者以为在景教风行唐帝国之前，其陆上传播的交通要道伊犁应该早于内地受其浸染。唐晚期，武宗灭佛，邱树森先生认为之后景教受到牵连，遂在中国内地渐趋绝灭，但在我国西北和北方的一些部族如乃蛮、克烈、汪古、畏吾儿等部中流行；而 Alphonse Mingana 则利用早期文献推定出基督教在当时并没有受到很大的影响。

---

[1] 邱树森：《元代基督教在蒙古克烈、乃蛮、汪古地区的传播》，《内蒙古社会科学》（汉文版），2002 年第 2 期，第 46 页。

[2] 恭思道会长：《基督教在中国之概况》，中华圣公会书籍委员会印行，1941 年，第 1 页。

[3] A. 明甘那著，牛汝极、王红梅、王菲译：《基督教在中亚和远东的早期传播》，《国际汉学》2004 年第 1 期，第 89 页。

[4] 唐朝时，基督教聂斯脱里派由边疆传入我国的内地，并受到道教、佛教、儒学的熏染和影响，在我国被称为景教。

蒙元时期，统治者实行较为宽松的宗教政策，使景教在中亚的一些地区（包括伊犁）相当活跃，与当地其他宗教共存，形成早期的多元格局。察合台汗国时，伊犁已成为基督教的传播重地。据清末至伊犁的俄国学者巴托尔德考证，察合台汗国时期的阿里马城[1]（现位于伊犁霍城县境内）曾是中世纪欧洲传教士把天主教传播至蒙古地区的一个活动中心。14 世纪 30 年代，天主教在阿里马有主教和优美的教堂。[2] 当时，作为察合台汗国中心的阿里马城是天主教圣方济各会牧师的驻扎地，这里的教会属于契丹总牧师管理。[3] 但好景不长，1339 年左右，基督教教徒及传教士受到当地伊斯兰教教徒的残酷迫害；尤其在图黑鲁·铁木尔可汗执政期间，开始大力推行伊斯兰教，基督教毫无选择地被扼杀于伊斯兰教信仰的汪洋之中。这从 19 世纪末在中亚（包括伊犁地区）陆续发现的景教徒墓碑，对若干铭文的解读也可部分地知悉当时的情况。[4] 之后，几个世纪中，关于伊犁基督教几无讯息。

二、伊犁基督教三大宗派概况及相关问题

作为世界三大宗教之一的基督教，现今已拥有遍及世界各地最庞大的信众。19—20 世纪初，基督教在世界人口大国 —— 中国的逐渐广泛传布，也是基督教成为世界性宗教的一个关键期。朱维铮

---

[1] 又写作阿力麻里，现遗址在伊犁哈萨克自治州霍城县西北。

[2] B. B. 巴尔托里德：《中亚科学旅行报告》（1893—1894），王嘉琳译，载魏长洪、何汉民编：《外国探险家西域游记》，新疆美术摄影出版社 1994 年版，第 323 页。

[3] 张星烺编注，朱杰勤校订：《中西交通史料汇编》（第一册），中华书局 1977 年版，第 289 页。

[4] 牛汝极：《中亚七河地区突厥语部族的景教信仰》，《中国社会科学》2012 年第 7 期。

先生在《基督教与近代文化》一书的代前言中写道："英国伦敦会的
马礼逊牧师入华（1807），通常被认作基督教第四次在中国传播的开
端。这话又对又不对。其实，基督教的三大宗派，有两宗从未中断
在中国的活动，罗马公教即天主教在 19 世纪初仍由澳门主教区间接
控制内地信徒的活动，而东正教也从未放弃过在北京等地的合法地
位。"[1] 对于清代基督教在伊犁的传布，某些方面是对朱先生这个讨论
的印证。自从清乾隆年间清朝统一西域，伊犁很长时间都作为清政
府统治天山南北的核心区，即使清末新疆行政中心东移，伊犁在某
些方面仍保留着特殊的地位。基督教的三大宗派东正教、天主教和
基督教新教先后或者同时在伊犁传播和存在过，与当时的官方信仰
藏传佛教和有一定群众基础的伊斯兰教构成多元信仰局面。由于地
缘和历史机缘，伊犁受俄国和苏联影响至深，东正教信徒绝大部分
是俄、苏移民，其势力与影响远远大于天主教和基督教新教。下面
就对基督教这三大支系在伊犁的传播情况进行简要介绍。

（一）伊犁的东正教

　　11 世纪中叶，基督教分裂为东、西两大教会，与罗马公教（罗
马天主教）相对立的东罗马正教会在四百年后随着东罗马帝国的灭亡
也分化成希腊正教会、俄罗斯正教会等……历史上传入我国的东正
教主要通过俄罗斯，康熙年间我国在东北与帝俄的直接交锋，其结果
使一些俄国俘虏被带回北京，入编八旗，清廷允许其在京进行东正教
活动；18 世纪初期中俄签订的《恰克图条约》开始准许俄国政府持

---

[1]　朱维铮主编：《基督教与近代文化》，上海人民出版社 1994 年版，代前言第 9 页。

续不断地向北京派遣东正教团和留学生，直至清末，这为俄国培养了一批精通中国文化的汉学家和为其攫取利益的外交家。在西北，俄国在中亚的快速扩张也使两帝国成为近邻。俄国移民（十月革命后主要来自苏联）是伊犁东正教信徒的主要来源，不同时期的移民潮也似俄、苏宗教与政治的晴雨表。据琳达·本森、英格瓦尔·斯万伯格统计，历史上主要有三次移民潮：第一次从 18 世纪 80 年代开始为躲避政府的宗教迫害，分离派教徒——"老派信徒"（the Old Believers）[1]断断续续开始进入新疆；第二次是从咸丰元年（1851）中俄《伊塔通商章程》和 1864 年中俄《勘分西北界约记》后入疆的商人、外交官员；第三次是 1917 年十月革命后，败退的白俄进入新疆，人数约 2.5 万人。[2] 笔者以为同治年间伊犁维、回暴动，清政府一度丧失了对伊犁的统治，1871—1881 年间沙俄乘机占有伊犁，此期间应该单独考察。因为十年后清政府收回伊犁，对俄籍人士从商业免税到固定资产的保护，他们的生存状态几乎没有变化。其间到底有多少俄国人留居伊犁，一直没看到官方材料。现伊宁市东正教堂管委会副主管俄罗斯族皮特罗·克拉斯娜乌索夫在其《东正教在伊宁的信仰及信仰现状》提到当时俄国居民 2000 人左右，并记有之前"1850 年，俄国商人波尔菲力·格列波维奇·乌菲姆采夫多次到伊宁做生意，认识了这里的俄国人后裔，在信仰方面属于东正教"。[3] 就是说在官方建交前，伊犁已有俄人居住。个人认为当时 2000 人这个数目是不太确实的，因

---

[1]　东正教"老派信徒"也称旧礼正教徒（the Old Believers），17 世纪因抗议尼康改革俄罗斯东正教礼拜仪式而受到政府的残酷迫害。

[2]　琳达·本森、英格瓦尔·斯万伯格著，沈桂萍摘译：《新疆的俄罗斯人——从移民到少数民族》，《民族译丛》1990 年第 6 期，第 47—49 页。

[3]　皮特罗·克拉斯娜乌索夫：《东正教在伊宁的信仰及信仰现状》，2015 年 6 月，手稿。

为 20 年前咸丰元年（1851）通过《伊塔通商章程》俄国就获得贸易免税、设置贸易圈、在伊犁设领事馆等特权，常驻领事及士兵等约有八九十名[1]，这还不算来往的俄商。在官方建立联系前，中俄民间已开始商务来往是可信的，伊犁距内地路途窎远，对俄国有商业需求，较早来伊犁的应该就是这些活跃的有西方信仰的商人，尤其在沙俄统治期，大量的俄人进入伊犁，人数应该远远高于 2000 人。

　　另，除了上述人员，20 世纪 30 年代的几次大的移民潮也需关注：首先，苏联实行集体化时先后来伊犁的约有 1.5 万人[2]；退入苏联的东北抗日义勇军官兵于 1933 年前后经由新疆回国，人数大约有两万人[3]。这些东北抗日义勇军家属大多是俄籍，总计约有三万人，其中吉林抗日自卫军王孝芝部安置在伊犁。[4]

　　进入伊犁的俄国或苏联移民（不含官方外交官员），大多以经商、经营农业、捕鱼、狩猎、养蜂、维修等经济活动为生，他们不仅带来较先进的生产工具和经营理念，还丰富了当地的农畜品种；尤其是退入新疆的白俄官兵，因其作战勇猛，为当地政治势力所利用，曾组建"归化军"，在当时的新疆社会占有特殊的地位。其中一些文化素养较高的人从事教师、医生、牙科医生、工程师等职业，这些移民普遍受到当地民众的尊重，他们带来的技艺也受到传扬。

　　据 20 世纪 50 年代在伊犁统战部工作的李秾统计，伊犁东正教有

[1] 佚名纂，吴丰培整理：《伊江集载》，载中国社科院中国边疆史地研究中心编：《清代新疆稀见史料汇辑》，全国图书馆文献缩微复制中心，1990 年，第 122 页。

[2] 李秾：《伊犁哈萨克自治州境内俄罗斯族杂记》，载《伊犁文史资料》第 13 辑，1997 年，第 54、55 页。

[3] 广禄：《广禄回忆录》，台北传记文学出版社 1970 年版，第 164 页。

[4] 张凤仪：《东北抗日义勇军进入新疆十年中的遭遇》，载《新疆文史资料精选》第 2 辑，新疆人民出版社 1998 年版，第 124 页。

五个教派：1. 正教派，占总信徒人数的 80%；2. 五旬派（又叫五十日派）；3. 洗礼派，又称巴布提斯特派，也叫浸礼派；4. 安息日派，又称苏包特塔克派，也叫星期六派；5. 克尔加克派。[1] 因为很多人至今认为俄国人都信奉东正教，所以清末民国间俄苏的基督教新教各派教徒入疆后，很长时间都把他们当作东正教的某个支派。上面的正教派是被俄、苏官方承认的国教 —— 东正教，而克尔加克派[2]，就是尼康宗教改革后从正教派中分离出来的受政府迫害的老教派。其他三个教派前两个应该属于基督教新教：（1）五旬派即五旬节派，1906 年诞生于美国加利福尼亚洛杉矶。它包括灵恩运动教会，强调圣灵的恩赐；其教义与福音派主流相同，相信三位一体，相信《圣经》无谬误。其活动特点：高声祈祷、拍手、唱歌，高举双手以及个人见证。该派现已成为基督教中的重要力量，全世界约有 1.05 亿教徒。[3] 伊犁的五旬派也属于俄罗斯人中的第二大宗教派别，1958 年，教徒还有 530 人，后来大部分去澳大利亚，少部分回苏联。（2）巴布提斯特派，其英文 Baptists，是浸礼宗或浸信会的英文对译，17 世纪从英国清教徒独立派中分离出来的一个宗派，因其施洗方式为全身浸入水中而得名；此派反对婴儿受洗，坚持成年人始能接受浸礼；实行公理制教会制度。1867 年，有个名叫科里维特的德国人到俄国的高加索进

---

[1] 李秾：《伊犁哈萨克自治州境内俄罗斯族杂记》，载《伊犁文史资料》第 13 辑，1997年，第 65、66 页。

[2] 有时译作"吉尔加克派"，又叫旧礼仪派或旧教徒，此派是源于克尔热涅茨河而得名。克尔热涅茨河是俄国高尔基省伏尔加河的一条支流，住在该河流域的俄罗斯人大多是信仰东正教的旧礼仪派教徒。载陈文新主编：《俄罗斯族（上）》，新疆美术摄影出版社 2010 年版，第 101 页。

[3] 西奥多·加布里埃尔、罗纳德·吉维斯：《流派·宗教卷》，高师宁、周齐译，生活·读书·新知三联书店 2008 年版，第 62、63 页。

行传教和发展教徒，吸收俄罗斯人入教，并成立浸礼宗。1930 年部分浸礼宗教徒因不满苏联政府逃到伊犁，当年就在伊犁成立浸礼派，有教会组织。在伊宁市飞机场路建一个教堂，1960 年大多数人去澳大利亚，教堂关闭。[1]（3）苏包特塔克派，其英文 Sabbatavianists，即安息日派。《圣经·创世记》中有：上帝用六天创造出世界和万物后，第七日就安息了。神赐福给第七日，定为圣日。犹太教认为第七日是星期六，在这一天，一律停止工作，专事敬拜上帝；反对以星期日为圣日、主日。伊犁的安息日派 1943 年成立，有教徒 21 人，在伊宁市一区建教堂。信徒基本上采用耶稣降生前的旧教义，对教徒要求：不做恶事，不抵抗敌人，不承认祖国和民族，只承认隶属犹太教会。从他们的信仰表现和申明可以判断安息日派应该属于犹太教，只是他们从俄罗斯迁徙过来，才引起当地人的误会。

由上不难看出，从 18 世纪末开始至民国间，俄苏向伊犁的移民一直存在，这些移民大多是伊犁东正教徒的主要来源，他们包括商人、领事馆工作人员、士兵、难民等。他们之中除东正教徒，正教的分裂派、守旧礼仪的老教派，在广袤的伊犁也寻到生存之所。19 世纪迅速在俄国传布的新教，也在俄向中亚扩张中担任高级官员的人群中流行。1857 年步兵上将伊·费·巴布科夫被派往西西伯利亚，深感自己深陷"异教徒"的海洋，许多高级官员是信奉新教的德国人、瑞典人。[2] 伴随着俄国扩张与移民的步伐，新教也自然传至伊犁。新中国成立后伊犁基督新教的五旬派、洗礼派受到关注，这也未必

---

[1] 李秾：《伊犁哈萨克自治州境内俄罗斯族杂记》，载《伊犁文史资料》第 13 辑，1997年，第 65—68 页。

[2] 伊·费·巴布科夫：《我在西西伯利亚服务的回忆（1859—1875）》（上册），王之相译，陈汉章校，商务印书馆 1973 年版，第 14、15 页。

是新教在此地传播的全景。由于笔者已在《清至民国间伊犁的东正教》[1]一文中对伊犁东正教堂的历史与文化已做梳理，在此不多赘述。本文有纠讹补偏的相关部分，敬请读者甄鉴。

（二）伊犁的天主教

学界把明末清初基督教入华算作自唐、元之后的第三次传入，其规模与影响也是前两次无法相比。明清鼎革，并没有打断耶稣会士自明末在宫廷中站稳的脚跟，纷乱之际也没有影响他们的传教事业，这次改朝换代却成了重要的契机。拥有渊博西学知识的耶稣会士同样征服了清代皇帝，尽心效力朝廷，赢得上层人士对他们的尊重。天主教在此时的势力已不限于宫廷，以极快的速度几乎遍布帝国全境。以天主教信徒为例：1610 年利玛窦去世时，明廷受洗的大多是政府官员和知识分子；而在 1646—1663 年清入关不到 20 年间，除云贵外，各省都有耶稣会的布道机关，这时的全国信徒已有十多万。[2]从顺治到康熙帝统治末期，以与天主教廷发生礼仪之争[3]为界，对天主教从最初的优容到清政府以国家行为开始禁止，也成为历雍正、乾隆、嘉庆及至道光统治前期（鸦片战争时）所执行的一项国策。其间对国人信西教严行禁止，对旗人尤其是满洲宗室更是不容；嘉庆帝时加大对天主教的打击力度，颁布《西洋堂管理章程》

---

[1]　胡方艳：《清至民国间伊犁的东正教》，《宗教学研究》2015 年第 3 期。

[2]　恭思道会长：《基督教在中国之概况》，中华圣公会书籍委员会印行，1941 年，第 25—28 页。

[3]　指 17—18 世纪西方天主教传教士就中国传统礼仪是否违背天主教义的争议，康熙执政晚期与传教士就儒教崇拜引发的激烈争议，教皇克雷芒十一世当时认为中国儒教的皇帝及祖先崇拜违反天主教义，引发清廷抵制，严厉限制传教士活动。直到 1939 年，罗马教廷才撤销禁止中国教徒祭祖的禁令。

和《天主教治罪专条》，以律令形式来禁止西洋人传教。[1]

　　清代伊犁较早的天主教徒应该是清政府严厉禁教的副产品。伊犁在乾隆中叶纳入帝国版图后，随即成为政治犯的贬戍之所，也是清政府惩戒崇信西教不知悔改的旗人与民人的发配之地。乾隆四十九年（1784）因查获西洋人吧哋哩等潜赴内地传教，乾隆曾谕令：

> 西洋人传教惑众最为风俗人心之害。……传谕该处夷人外，现在各省神甫名目尤当严禁。内地民人有称神甫者，即与受其官职无异，本应重治其罪，姑念愚民被惑，且利其财务伙助，审明后应拟发往伊犁给厄鲁特为奴。该犯等曾受其番银者，其原籍家产并应查抄入官。所有接引传教之人，亦应发往伊犁给厄鲁特为奴，以示惩儆。[2]

　　可以看出从乾隆中叶起，对国人信教、传教及协助者发配伊犁已成定制。乾隆五十年（1785），因四位方济各会士由广东潜入内地往陕西传教，在湖广被拘获。后查获七位中国神父和十一位教友均刺字于额，发配伊犁。[3]嘉庆十年（1805）天主教奥斯定会士德天赐（意大利人，乾隆年间来中国，任职宫廷，赐六品顶戴），因托教友陈若望带地图前往澳门，经澳门再转呈罗马传信部，但到江西时陈若望被查获。后牵连出：

---

[1] 胡建华：《百年禁教始末 —— 清王朝对天主教的优容与厉禁》，中共中央党校出版社2014年版，第93—139页。

[2] 《清实录》（第24册），《高宗纯皇帝实录》卷一二一八，乾隆四十九年，中华书局1985年版，第24859页。

[3] 徐宗泽：《中国天主教传教史概论》，商务印书馆2015年版，第180页。

在堂讲道之汉军周炳德、会长民人刘朝栋、赵廷畛、朱长泰、汉军汪茂德；或往来寄信，或辗转传惑，著照刑部所拟发往伊犁，给额鲁特为奴……民妇陈杨氏，以妇女充当会长，尤属不安本分，著发往伊犁，给兵丁为奴，不准折枷收赎。民人简恒曾代为寄信，请人传教；汉军佟恒善，经反复开导，执迷不悟，俱著枷号[1]三个月，满日发往伊犁，给额鲁特为奴。周炳德、汪茂德、佟恒善既自背根本，甘心习学洋教，实不齿于人类，均各销除旗档。[2]

从上不难看出嘉庆帝对信奉西教的国人多么深恶痛绝，尤其对旗人信教更是严惩不贷，不仅在肉体上使之痛苦，并以开除旗籍最无情地剥夺他们的依托之所。这从侧面也可看出皇帝本人对天主教在帝国境内广泛传布的历史与现实不甚了解，才难抑盛怒；抑或可解读为嘉庆帝对遍布帝国境内的天主教，作为统治者已深感危机与畏惧。入关后几代帝王的优容，虽经多次严禁，但"禁者自禁，传者自传"，天主教在帝国内的隐性传播从来没有停止过，一些家族几代信奉，已生根基。甚至在皇族中也不乏其人，雍正初年苏奴家族信教案就是个典型的例子。苏奴为努尔哈赤四世孙，辅国公，有子13人。康熙末年家族因卷入储位之争，并因其众子奉教，儿媳、孙子多人受洗，甚至苏奴的妻子在临终时也受洗。致雍正帝暴怒，苏奴被革职流放，抄没家产，子孙分禁各省，除去宗籍；苏奴过世后，还以大逆罪遭戮尸扬灰，惨不忍睹。当时不论旗、民，如果自

---

[1] 明朝创设的一种耻辱刑。枷：一种方形木质项圈，以套住脖子，有时还套住双手，作为惩罚。强制罪犯戴枷于监狱外或官府衙门前示众，以示羞辱。

[2] 方豪：《中国天主教史人物传》（下），中华书局1988年版，第220页。

愿离教、悔过，可以宽大处理，那些坚不出教者就要付出惨重的代价。乾隆元年（1736），大赦天下，恢复苏奴子孙宗籍。[1] 嘉庆十年（1805），苏奴后裔习教再次被发现，嘉庆帝谕令刑部：

> "魁敏、窝什布、图钦、图敏等私习西洋教，业经反复开导，该犯等仍坚不出教。请将魁敏等发往伊犁，充当折磨差使"等语。图钦、图敏俱系苏奴曾孙，雍正年间苏努因犯罪黜革宗室降为红带子。……经该部再三开导，犹复始终执迷不悔，情殊可恶。图钦、图敏著革去红带子，玉牒未除名。发往伊犁，枷号六个月，再行充当折磨差使。魁敏、窝什布亦坚称不愿出教，甘心受罪，著销除旗档，发往伊犁，枷号三个月，再行充当折磨差使。图钦等四犯自外生成，情同背叛，俱永远不准释回。[2]

除了清官方档案对发配伊犁的天主教信徒有所记录，教内人士对流遣伊犁的信徒也有记载。1939 年比利时圣母圣心会（Congregation of the Immaculate Heart of Mary, CICM）的隆德里神父（Valeer Rondelez, 1904—1983）在《西湾子圣教源流》中记载河套地区的费神父因为心中惦记充军新疆的教友，所以通过去新疆的商人给他们带信，并且收到回信。回信巴耆贤神父曾阅读过，并且了解到一位陕西神父去过新疆教友那里。[3] Daniël Verhelst 在《向中国传教的比利时》中记载 1814 年保定府一所寺庙的赵姓主持领洗奉教，

---

[1] 徐宗泽：《中国天主教传教史概论》，商务印书馆 2015 年版，第 178 页。

[2] 《清实录》（第 29 册），《仁宗睿皇帝实录》卷一四六，嘉庆十年闰六月，第 31157 页。

[3] 古伟瀛主编：《塞外传教史》，台北光启文化事业出版社 2002 年版，第 57 页。

因去北京庆祝复活节而被捕，后充军到伊犁河谷的伊宁。他在那里
热心宣教，1866 年当地回教暴动，回教民众攻克伊宁，并俘虏所有
的教友，俄国占领伊宁后他们又被全部释放。[1] 流徙伊犁的信徒情
况各异，文献中也记有 1718 年出生四川铜梁的刘成仁和出生于 1748
年甘肃张掖的徐格达曾经分别于 1739 年和 1773 年出国去那不勒斯
圣家书院留学，后来两人分别先后于 1785 年和 1801 年卒于流徙地
伊犁。[2] 可以大致推出刘、徐二人归国后大力宣教，政府不容，抓获
后发配伊犁。其中的情形不难想象，由于生存环境恶劣，一些遭流
放的信徒最终安息在伊犁。当然个别也有幸运的，西湾子[3] 一名山西
籍、名叫龚若望（俗名龚善林）的信徒，也曾被捕流放伊犁，但几
年后正赶上清廷废弛信教禁令，其安然返回内地。[4] 由于篇幅所限，
笔者不再列举，清代流放伊犁的天主教信徒不论旗人还是民人大多
对主怀有坚定的信念，并且在伊犁他们因信而聚在一起，在艰难的
处境中并没有疏离宗教生活，还设法与内地的天主教会取得联系。

早在 1696 年，教宗英诺森十二世将中国改设为若干个宗座代牧区，
伊犁、陕西、甘肃同属山西代牧区管理。[5] 1870 年代关于流徙在伊犁河
畔天主信徒的消息引起司格特传教士的注意，把该区纳入圣母圣心会
传教范围和派驻传教士就只是个时间问题了。1878 年，教宗列奥十三
世将甘肃和新疆伊犁独立为一个新教区，由比利时圣母圣心会管理，

---

[1] 古伟瀛主编：《塞外传教史》，第 169 页。
[2] 顾卫民：《中国天主教编年史》，上海书店出版社 2003 年版，第 382 页。
[3] 在张家口东北，现在是河北崇礼县城，清末是比利时圣母圣心会在我国传教的重地。
[4] 中国宗教历史文献集成编纂委员会编：《东传福音》（第 6 册），黄山书社 2005 年版，
     第 422 页。
[5] 陈才俊：《圣言会甘肃传教史述论》，《兰州大学学报》2010 年第 6 期，第 50 页。

韩默里被任命为首任代牧。这时西湾子已是圣母圣心会在我国的传教中心，主教巴者贤调派四位西方传教士去传教。当时新疆隶属甘肃教区，1883 年（光绪九年）杨广道（Jansen Andries，比利时人）、石天基（Joannes-Baptist Steeneman，荷兰人）、戴格物（De Deken Constant，比利时人）被派到伊犁，在那里他们轻易地就找到流放教友。先后 13 位圣母圣心会传教士在新疆传教，其中有 10 位是荷兰人。圣心会在新疆传教 38 年，直至 1922 年为天主教圣言会[1]接替。其间，在传教士们的努力下建立五个传教站，教徒从开始原有的 100 多位，发展到 300 人左右，所以新疆被他们认为是全世界收成最差的地方。石天基神父在伊犁传教 32 年，高培信神父（Frans Hoogers）在伊犁 27 年。[2]

后来，韩默里主教发现伊犁传教区距内地窎远，他与传教士联系最快捷的道路是通过布鲁塞尔再经俄罗斯，于是他请求罗马将伊犁划为独立的教区。1888 年 10 月 5 日他的建议变成现实，罗马宣布伊犁为独立教区，并任命高达道（Daniel-Bernard van Koot）神父为省会长；1890 年高神父由尹德芒（Emiel Indemans）神父陪同到传教区。1893 年石天基神父接替他，并同时担任省会长。1895 年总会长方济众神父又派遣两位修士去伊犁，这时共有三位传教士在这里工作。[3] 1918 年 2 月石天基神父因患斑疹伤寒去世，这对伊犁的传教事业是莫大的损失；6 月高东升神父接替石神父作为伊犁的最高负责人。高东升（Gerard Joseph Hoogers）荷兰人，1894 年 12 月 31 日在比利时马林（Malines）受神职，翌年来华，先后在内蒙古、上海 、布

---

[1] 圣言会简称 SVD（Society of the Divine Word），是一个天主教男性传教修会，由德国籍神父杨生（Arnold Janssen）1875 年 9 月 8 日创立于斯泰尔，故亦称为斯泰尔传教会。
[2] 贝文典：《圣母圣心会在华简史》，载古伟瀛主编：《塞外传教史》，第 293、295 页。
[3] 隆德里：《西湾圣教源流》，载古伟瀛主编：《塞外传教史》，第 171、212 页。

新疆等省市都传过教，1922 年高东升调大同任主教。[1]

　　1922 年，圣母圣心会拱手把经营多年的新疆和甘肃教区让与圣言会，而内缩回从 1865 年就开始传教的河套和蒙古地区，这也是第一次世界大战后圣母圣心会资金困顿、神职人员不济所导致。1922年后，圣言会传教士陆续进入新疆，当时新疆属于新成立的"甘肃西部代牧区"。1930 年 2 月 14 日，新疆升格为独立教区，卢菲德神父（F. Loy）被任命为本教区负责人；不久，1931 年，新疆又分成两个教区：迪化（乌鲁木齐）和宁远（固尔扎，即伊宁）。1938 年，新疆升为监牧区；在二战爆发前后（1939 年 7 月）当时亲苏的盛世才将两名圣言会传教士关进监狱，长达 18 个月；两名新疆传教士，郝伯良神父（M. Haberl）和葛纶普神父（L. Golomb）提前通过印度返回梵蒂冈。1940—1941 年，甘肃西部教区有 50 名圣言会神父和修士被分派到 27 个主要传教站，其中 5 名在新疆。1941 年 2 月，圣言会的卢菲德、奚伯鼐（G. Hillbrenner）、毛里茨（P. Moritz）、米德临 (H. Mötter)、鄂修德（Von Oirschot）等 5 位神父都从监狱中释放出来，被驱逐，他们再也没有返回新疆。[2]

（三）伊犁的基督新教与《圣经》翻译

　　清末民国间新疆的基督教新教派别有：圣公会、浸礼会、内地会、长老会、美以美会、信义会、安息日会、卫理公会、循道会等九个之多。[3] 如前文所述伊犁俄罗斯移民信仰中被误认为是东正教派

---

[1]　木拉提·黑尼亚提：《近代新疆天主教会历史考》，《西域研究》2002 年第 3 期，第 65 页。

[2]　何乐文：《1922—1953 年间甘肃、青海和新疆的"圣言会"传教使团：书目研究》，梁俊艳译，载达力扎布主编：《中国边疆民族研究》第 3 辑，中央民族大学出版社 2010年版，第 381—395 页。

[3]　唐世民：《基督教在新疆的传播》，《新疆社会科学》1984 年第 4 期，第 140 页。

的五旬派和洗礼派实属新教团体。除此，对伊犁较有影响的新教宗派就是内地会。

中国内地会（China Inland Mission，CIM）是由英国人戴德生牧师于 1865 年创办的超宗派、跨国家并以将基督教信仰传入中国内地为目标的新教差会组织。戴德生（James Hudson Taylor，1832—1905）曾言"我若有千镑英金，中国可以全数支取；我若有千条性命，绝对不留下一条不给中国"，戴氏倾其一生在中国宣教，提倡适应中国本土文化和社会习俗，传教士要在生活、语言、起居和衣着上尽量中国化，与中国人融为一体。其切近中国文化、不遗余力地宣教，也感动着勇赴新疆的内地会传教士。

George Hunter，中文名字为胡进洁，英国人。1888 年，他申请加入内地会，要求到中国传教，第二年他的愿望得以实现，成为内地会一员。胡牧师坚持戴德生的布道原则，1902 年他决定到新疆传教，开辟新的传教点。1906 年 3 月胡进洁抵达乌鲁木齐，开始了他在全疆的宣教活动。1907 年到上海参加传教士大会，胡牧师作大会发言，要求内地会总部关注中国边疆地区的传教，并介绍去新疆的途径和各民族的情况，引起总部重视。返回乌鲁木齐后，从 1907 年至 1908 年 2 月胡牧师用油印机印刷近千册挂历，并在自己设立的书店销售由英国圣经会（BFBS）[1] 邮寄来的汉语和阿拉伯文基督教福音

---

[1]　圣经会（Bible Societies）为基督教新教专门从事《圣经》出版和发行的组织。1712 年由德国人康斯泰因（Canstein，1667—1719）创立。现代《圣经》出版运动源起于 19 世纪初成立的"英国及海外圣经会"（1804 年）。宗旨是为扩大《圣经》传播范围，出版和发行《圣经》，不加评论和注释。在世界各地有相应机构成立，1816 年美国圣经会成立，1819 年俄国圣经会成立，随后苏格兰圣经会、荷兰圣经会也相继成立。其中英国圣经会和美国圣经会发展迅速。由于发展需要，于 1946 年成立了世界性的"联合圣经会"。在文本中"圣经会"常常也被译作"圣书公会"。

书，这些书引起当地人的很大兴趣，这对他启发很大。1909 年，他写信给英国圣经会，提出新疆需要八种不同文字即俄、塔塔尔、维吾尔、哈萨克、蒙古、满、柯尔克孜和藏文等语言的福音书，希望该会能提供帮助。同年，他还到伊犁，在游历新西湖时，遇见当地的蒙古王爷，并向他赠送蒙古文的福音书。20 世纪前期，在新疆活动过的内地会传教士前后有十多位。从 1906 年至 1914 年，胡进洁独自在新疆传教八年。

就在 1914 年，作为内地会成员的马慕杰（有文献写作"马尔昌"）也来到新疆，与胡进洁共同传教。马慕杰，英文名字为 Percy Marther（1882.12.9—1933.5.24），生于英国 Fleetwood, Lancashire，早年就非常渴望来中国传教。胡进洁和马慕杰主要在南北疆游历传教，曾到过阿勒泰、塔城和伊犁的哈萨克、蒙古牧区，并在南疆的阿克苏、喀什噶尔等地散发宣传册，宣讲教义。1918 年马慕杰在致英国圣经会的报告中重申新疆需要多种不同少数民族文字的福音书，要求圣经会给予支持。为了在当地哈萨克、蒙古等民族中宣教，他们也努力掌握多种民族语言。1932 年，留在塔城的马慕杰传教已有15 个月，其间他整理和翻译一本满语语法、一本满语词典、一本满语和蒙古语方言、一本塔塔尔词典、一本卡尔梅克词典。同年秋胡进洁在上海参加传教士大会，内地会上海总站分配给新疆六位传教士；于是胡牧师购得一辆大卡车，偕巴福义、柏爱生、何仁志、赵立德、朱佩儒、石爱乐等英、美籍牧师六人经过近两个月的跋涉最终顺利到达乌鲁木齐。1933 年，马仲英围攻乌鲁木齐。此时，天主教与新教的神职人员在恶劣的环境中参加抢救和护理伤员，马慕杰与巴福义牧师不幸身染斑疹伤寒而亡。内地会传教士并没有因战乱而离开新疆，等形势安定后继续宣教。但 1938 年，亲苏的盛世才开始驱逐传教士，幸存的传教士们不得不离开新疆。[1] 而传教多年的胡进洁也离开迪化（乌鲁木齐）前往伊犁。

由上不难看出，内地会在新疆宣教是以迪化（乌鲁木齐）为中心，对整个南北疆进行传教，与圣母圣心会、圣言会及其他传教团并存。但内地会秉承戴德生牧师传教精髓，为了融入边疆社会，对各民族语言的学习尤为重视，并且对推动民族语文《圣经》的翻译发挥积极作用。在众多民族语言《圣经》的翻译中，满文译介尤显特别。

1926 年，内地会三位修女 Mildred Alice Cable（盖群英）、Evangeline French（冯贵石）和 Evangeline Francesca（冯贵珠）[2] 经新疆返回英国，胡进洁牧师到哈密去接她们，在那里他们遇到满洲人。他们知道新疆满洲人是前清乾隆皇帝征西带来的兵将被封在伊犁。其中也不免流露惊讶："他们尚会说满洲话，而他们本地东三省人反不会说，这岂不是奇怪吗？早一百年的时候，有一个英国人在俄国莫斯科城遇见几个满洲人，那个英国人跟他们学会了满洲话，将福音书翻成满文。圣经会打算将此书送到满洲，可惜没有机会。铅版存在伦敦多年，人都说满文是死文，想不到胡牧师寻着那些满洲人，于是写信到上海圣经会，请求将所有满文书送给胡牧师。可见一百年前所受的劳苦，并不是徒然的，实在是主早已预定好了救这些人的

---

[1] 木拉提·黑尼亚提：《新疆内地会传教士传教经历及其中外文姓名的勘同》，《西域研究》2003 年第 4 期，第 83—90 页。

[2] 这三位内地会修女根据马慕杰牧师的日记和她们的亲身经历写成《中亚的先驱——马慕杰》一书，于 1935 年在伦敦出版。

方法啊！"[1]杨森富曾在《中国基督教史》中也记载："1816年俄罗斯圣书公会曾企图翻译满语《圣经》而未果；1825年英国圣书公会委派的滨克顿博士（Dr. Pinkerton）将新约全书译成，于1833年在伦敦出版。"[2]盖群英她们说的一百多年前翻译满文《圣经》的英国人应该就是滨克顿博士。

三年后，1929年7月胡进洁和马慕杰牧师曾到伊犁专门对满族人进行传教，向他们散发老满文《圣经》和基督教义宣传册。为了在新疆满洲人群中顺利传教，马牧师准备编撰满语词典和语法书，可是原来帮助他的俄罗斯人去了塔城。于是就出现上面提到的1932年马牧师也前往塔城，在那里一边传教一边进行翻译工作，前后达15个月。[3]

西方传教士对满文《圣经》的重视说明他们不仅对中国历史熟稔，对边疆民族的历史和现实也具备相当的常识，满洲旗人是清统治新疆的核心力量，至清亡而民国立，旗人后裔在新疆社会的重要影响并没有削弱，传教士不因他们人数相对少而忽视他们。1980年代，关注新疆基督教的魏长洪先生曾收集到1911年上海英国圣经会铅印的满文《吾主耶稣基督新约圣书》和满汉合璧的《圣经》残卷[4]，这从侧面也可说明当时内地会宣教师用力之勤与福音传布之广。

---

[1] 米德·凯伯等：《修女西行》，季理斐译，新疆人民出版社2013年版，第41页。

[2] 杨森富编：《中国基督教史》，台湾商务印书馆1968年版，第383页。这里的"圣书公会"应该就是"圣经会"。

[3] 郭益海：《近代新疆内地会传教士马慕杰传教活动评述——兼评〈中亚的先驱——马慕杰〉》，《新疆师范大学学报（哲学社会科学版）》2005年第4期，第60页。

[4] 魏长洪：《近代西方传教士在新疆》，《新疆大学学报（哲学社会科学版）》1989年第3期，第28页。

三、基督教对伊犁民众的影响和对满洲旗人社会的
　　渐浸

乾隆中叶至民国间基督教三大宗派都在伊犁存在过，但由于它们各自势力不同对当地的影响也不一样。民众通过参加宗教活动和各种仪式来培养宗教情感，而这些在被当局认可的教堂内进行其效果更是不同。

基督教三大宗派在伊犁都建立过教堂，其中较早和影响较大的当属由俄国移民建立的东正教堂。1851 年俄国取得在伊犁建立领事馆和通商的权力，依照双方签订的章程，俄人只能在自住房内做礼拜。直至 1870 年代，帝俄占领伊犁期间，在宁远城（今伊宁市）内的俄国人聚居区俄国城建立过圣先知伊利亚教堂，隶属于俄国的托木斯克教区。1881 年清政府收回伊犁后，该教堂被拆毁。民国二年（1913），由俄侨柏罗典提等捐资在伊犁俄领事馆修建尼科赏圣教堂，在苏联时期，教堂迁至俄国移民区。民国时期，由于不同背景迁来的俄、苏移民也散布在宁远城及其周边，并且先后也建有一些小教堂，尼科赏圣教堂在当时是全疆东正教的中心。新疆监督司祭管辖四个教区：伊犁教区，塔城教区，乌鲁木齐教区和伊犁绥定芦草沟教区，新疆的东正教 1935 年至新中国成立前夕又由苏联莫斯科东正教总会领导。[1]不难看出，俄、苏对伊犁的控制力由来已久。尤其是从俄、苏来的大量移民，不仅带来先进的西方生产工具与技术，还带来西方的

---

[1]　胡方艳：《清至民国间伊犁的东正教》，《宗教学研究》2015 年第 3 期，第 258、259 页。

文化用品和文明的生活方式，这些对当地民众影响是方方面面的。尤其在清末民国年间，伊犁旗营里的有识之士也推动官方与民间留学生多次到俄、苏留学。据留苏生舒慕同（锡伯营后裔）回忆，共有九批之多[1]，这其中大多是伊犁满洲旗营的后裔。锡伯营镶黄旗佟精阿家族就是个典型的事例，佟精阿通过去俄、苏经商积累财富，兴办教育，把子女送到苏联留学，其子佟荣昌夫妇受俄罗斯文化浸染较深，夫妇俩把多个子女送到伊宁市文化素养较高的俄罗斯人家寄住，并就读伊宁市的俄罗斯学校。从小受到较规范的俄式家庭教育，尤其受到素养较高、"圣母"般俄罗斯家庭主妇的礼仪熏陶。[2]民国时期曾在新疆国民党军中任职的张大军，后来利用带至台湾的新疆档案资料编成《新疆风暴七十年》，其中对当时新疆信仰东正教的群体有简洁记录："希腊教的有归化，锡伯族"[3]，这里希腊教即指东正教，归化族就是迁入新疆的俄、苏移民，这是盛世才划分新疆各民族的结果，其中有归化族、锡伯族等；锡伯族是锡伯营众的后裔。

为了陈述方便，简单介绍一下伊犁的旗营。乾隆中叶伊犁纳入清帝国版图后，设伊犁将军府管理天山南北，开始调遣内地各旗人马组建旗营镇守新疆。除了蒙古八旗（包括厄鲁特营和察哈尔营）、汉军八旗（绿营）外，就是统治的核心力量 —— 满洲八旗。满洲八旗由新、旧满营，锡伯营和索伦营构成，这些营众都由内地和东北

---

[1] 舒慕同：《清末民初赴俄留学的锡伯青年》，牡丹江图书馆全国文化信息共享，2007-06-14，http://www.mdjlib.cn/gxgc/show_zz.asp?id=8827。

[2] 佟克力：《锡伯营镶黄旗佟佳氏家族与俄罗斯文化教育》，载贺灵主编：《锡伯族文化精粹》，新疆人民出版社 2009 年版，第 433—437 页。

[3] 张大军：《新疆风暴七十年》（第 6 册），台北兰溪出版社有限公司 1980 年版，第3447 页。

各营抽调而来，各营八旗建制。老满营驻惠远城，伊犁将军府所在地；新满营驻惠宁城，两城位于伊犁河北岸，锡伯营位于伊犁河南岸，与老满营隔河相望。锡伯营是满洲各旗中比较特殊的一个，在艰难的戍边过程中天灾人祸、战乱频仍，索伦营曾沦至无兵可抽，经同治年间的暴乱，满营人丁锐减，锡伯营曾多次补充索伦营和新、老满营，成为满洲旗营的中坚。更特别的是，由东北抽调过来的锡伯营众，由于聚族而居，当新、老满营入关后渐失满语，而锡伯营众却把它保留下来。当时新疆以满语作为母语交流的人，大多是锡伯营的后裔，上文西方传教人员遇到的说满语的满洲人，应该就是锡伯人。锡伯营后裔浸染俄罗斯文化较深，后来民国期间在中亚苏联五领事馆的官员及工作人员也大多是锡伯人，所以当时官方记载锡伯人崇信东正教应该是属实的。

　　除了上述的东正教堂，在伊犁影响较大的就是天主教堂。清末官方纂修的《新疆图志》把光绪十三年（1887）石天基神父和梁明德教士在宁远城（今伊宁市）外东梁建的天主教堂作为新疆最早的教堂，其中把荷兰籍石神父误作法国国籍。[1]其实石天基（Joannes-Baptist Steeneman）神父在伊犁的传教点在绥定县，那里有个天主教堂，宣统元年（1909）教堂租种 850 亩地，教徒 129人；宁远县男女教士各 1 人，光绪十六年（1890）租地 14,630 亩地，附属民房 8 间，教民 55 人。[2]其实在《宁远县乡土志》中记载光绪十一年（1885）"法国传教士梁萌德在此修有天主堂一所，入教者无分旗人、汉人，现在民教亦甚相安……共计天主教人

---

[1]　袁大化修，王树枏等纂：《新疆图志》卷五十六，台北文海出版社1965年版，第1983页。

[2]　袁大化修，王树枏等纂：《新疆图志》卷四十三，第1602、1604页。

八十余名"。[1] 这个被国人记作梁萌德（或梁明德）的传教士本名为
Raemdonck Emiel，在《圣母圣心会塞外传教来华神父名册》中他的
中文名字为马恒德，1863 年 10 月 27 日出生于比利时的哈默，他
被派遣到伊犁的时间为 1889 年。[2] 中方文献对宁远教堂建立时间
的记载显然有矛盾。宁远的天主堂应该是石天基他们第一批教士修
建的，梁萌德神父来伊犁后，石神父又去绥定发展，其后梁神父长
期驻守宁远，才有中方的误记。1907 年 4 月，当时作为沙俄间谍
的马达汉（Carl Gustav Mannerheim，1867—1951）探险至伊犁见
到斯梯讷曼和梅仁冬克，留意伊犁的天主教，记有"斯梯讷曼主管
整个伊犁和玛纳斯地区的传教活动。伊犁地区的中国天主教信徒已
经上升到 100 人，因为早先在这里曾发生过驱赶基督徒的运动。传
教站的活动大大衰退。医疗事业是新的活动，但暂时还很少"。[3]
四年后，1911 年夏季，英国少校柏来乐旅行至宁远县也见到了常
驻此地的拉姆登克神父，只是几乎没留下相关细节记录。[4] 斯梯讷
曼（即石天基）神父从 1893 年起就主管整个新疆的教务，只是他
个人的传教点在绥定，离宁远较近，所以有欧洲访客时，他会去宁
远（伊宁）拉姆登克神父（梁萌德）处，与他们会晤。除了宁远与
绥定各一处天主教堂外，伊犁九城之一的瞻德城[5] 也有一座天主教

[1] 中国社科院边疆史地研究中心编：《新疆乡土志稿》，全国图书馆文献缩微复制中心出
版，第 370、371 页。
[2] 古伟瀛主编：《塞外传教史》，第 370 页。
[3] 马达汉：《马达汉西域考察日记》（1906—1908），王家骥译，中国民族摄影艺术出版
社 2004 年版，第 179 页。
[4] 胡滨译：《英国蓝皮书有关辛亥革命资料选辑》（下册），中华书局 1984 年版，第 520 页。
[5] 瞻德城，原名"察罕乌苏"，是准噶尔语"白水"或"清水"之意，当地汉民称其为
"清水河子"，清乾隆三十四年改察罕乌苏为瞻德城，为"伊犁九城"之一，当时驻扎
绿营官兵；现在为新疆伊犁哈萨克自治州霍城县清水河镇。

堂，教民九人。[1]

上文《宁远县乡土志》记载清末宁远（伊宁）当地入教者"无分旗人、汉人"应该是比较真实的记录，那些早先发配到伊犁信仰坚定的旗人天主教徒的后裔也许就在其中，另外从日渐松散的旗营中流离出来的旗人分散在伊犁乃至新疆各处，也有成为天主教徒的可能。内地会在伊犁未设有固定点，但是那些满文《圣经》是有目标地向这里旗人社会中一直使用满文的群体发放。宁远城隔伊犁河与锡伯营的八牛录、二牛录相望，长期在这里扎根传教的圣母圣心会传教士不会无动于衷。在《锡伯营喇嘛寺事宜》记有："光绪二十八年九月，……本月于八牛录，天主教徒来传教。"[2] 就在光绪二十九年五月十七日（1903 年 6 月 12 日）《伊犁将军马亮为覆查并无地方官勒令教民背教事咨呈外务部文》中称，光绪二十八年（1902）十二月初七日有法国教士两人带四名跟役到八牛录，档房[3]留其住宿；十四日传教士前往本牛录教友闲散[4]福禄善家中，返回时碰到福禄善的侄子达哈春，达哈春不准传教士再到福禄善家。光绪二十九年（1903）三月初三日传教士雷济华等两人又带随从 5 人往八牛录，并在档房住了两个多月。[5] 在伊犁将军马亮呈外务部一文中，可以知悉：第一，当时锡伯营八牛录已有天主教的教友；第二，伊犁旗营管理严密。那时每个牛录几乎都有各自的城墙，非旗人不得

---

[1] 中国社科院边疆史地研究中心编：《新疆乡土志稿》，全国图书馆文献缩微复制中心出版，第 357、360 页。

[2] 贺灵、佟克力辑注：《锡伯族古籍资料辑注》，新疆人民出版社 2005 年版，第 415 页。

[3] 档房：八旗营房中办理文书和管理档案的机构的统称。

[4] 清代八旗营中选拔考核未通过，没有授职、任事的旗人。

[5] 中国第一历史档案馆、福建师范大学历史系编：《清末教案》，中华书局 1998 年版，第 630、631 页。

在里面居住；有外人留宿者皆记录在案。圣心会传教士几番前去八牛录传教，遭到旗人的阻挠，福禄善受到来自旗营内的压力，欲迫使其退教。传教士电告法国大使申诉，遂有伊犁将军呈文向外务部解释，并最终以福禄善侄子达哈春顶下此事。雷济华神父为了支持教友，所以再次赴锡伯营八牛录，因为有法国公使撑腰，长时间住在八牛录宣教。这个事件也解开了为什么清末新疆官方诸多文献将圣母圣心会中的荷兰或比利时籍的天主教传教士一直误认为是法籍，因为他们的申诉是通过法国公使来进行的。并且这些传教士以为鸦片战争后，侵华各帝国通过各项条约取得在华传教与建立教堂的权力与自由在边疆也可享受，传教中却遇到了旗营顽强而有礼节的抵制。2014 年至 2016 年暑假笔者曾多次前往伊犁察布查尔锡伯族自治县八乡，原锡伯营八牛录探访福禄善的后人。在多方打听后，从一户赵姓家族（他们自称是爱新觉罗氏后裔）内知悉一点相关的影迹。早年赵姓族内的一位前辈，快到年关时去固尔扎（宁远城，现为伊宁市）置办年货，因一时起意参加赌博，输光了钱财；其担心空手回去没法向家人交代，就找到天主教堂，入了教，并向传教士借到银钱。至今笔者还能感觉到这些旗营的后裔还为老辈在回避着什么，真相到底是什么，赵姓前辈与福禄善是否是同一个人，也无人再能印证。但能肯定的是当时确实有营内旗人加入了天主教。

保持了农耕与军事制度较完美结合的八旗建制，是锡伯营在边疆恶劣环境下生存的至宝，即使在进入民国很长时间后，新疆执政者并没有因清王朝的完结而立即取消八旗制度。这也可以有力地解答在梳理伊犁基督教问题时，一直萦绕在笔者内心的一个疑问：为什么同时期在伊犁没有发生像内地一样惨烈的教案？外来宗教与传统信仰的交锋，这在恶劣的政治与经济环境下是经常发生的。但在伊犁较稳固的八旗建制是安定一方的传统力量。庚子前后，长庚任伊犁将军；长将军曾在旗营的基层历练，长期任职于新疆，对疆内军政娴熟，国际态势也了然于胸。义和团起事时，有部分义和团领导人前来伊犁招募团民。长将军一方面派人与俄国领事交涉，凡属伊犁辖地的教堂、俄国侨商的生命财产，完全由长庚负责保护；一方面把来伊犁招募练团的一批义和团首领及其成员安置在伊犁城外20 里，距俄国教堂很远的一座山庙里。这样在国际关系异常敏感的最前沿，长庚任将军轻而易举地消除了隐患。[1] 除了旗营在清末依然对伊犁社会拥有较强的掌控力外，以俄罗斯裔为代表的基督徒的地位在当地社会相对较高，自清末起由俄国移民带来的西方技术与文明已为他们赢得当地民众的普遍尊重，这在琳达·本森和英格瓦尔·斯万伯格的《新疆的俄罗斯人 —— 从移民到少数民族》[2] 一文中也能较详细地体现出来，这也是当时伊犁没有发生教案的重要原因。

　　1922 年圣言会接替圣母圣心会在伊犁的工作，伊宁的传教士换为龚峨德，男女教徒 158 人；在绥定传教的是葛纶普，那里有教友44 人。[3] 在此前后，中华续行委办会统计我国基督教的情况，根据1902 年的报告：我国的天主教徒总数为 1, 971, 189 人，新疆有 340人；同时发布的新疆基督教及天主教教友有 336 人，学生受基督教

[1] 赵欣余：《回忆先父陕甘总督长庚在西北的四十余年》，载《文史资料选辑》第 20 辑，中国文史出版社 1990 年版，第 88、89 页。
[2] 琳达·本森、英格瓦尔·斯万伯格：《新疆的俄罗斯人 —— 从移民到少数民族》，沈桂萍摘译，《民族译丛》1990 年第 6 期。
[3] 于江：《近代基督教在新疆的传播与发展》，《新疆社科论坛》1990 年第 2 期，第 71 页。

及天主教教育者有531人。[1] 虽然他们的统计数字有矛盾，但总体也能反映新疆情况。

教会对当地教育的情况，常驻宁远（今伊宁）的梁萌德神父（拉姆登克）的一位英文学生吉六也留下记录：

> 梁神甫无论冬夏，每早五时起床，敲打院中高悬的铁钟，钟声远闻，唤起教堂附近居住的男女教徒集在礼拜堂内举行礼拜。早八时左右，礼拜毕早饭，九时左右教徒子女十余人，各约八九岁，来教堂院内，各持汉文课本，由梁教给课文。十一时左右，梁给有病教徒或非教徒施诊施药，有时还到病人家中诊病……[2]

曾在俄驻中国塔城领事馆工作十年之久的尼·维·鲍戈亚夫连斯基也注意到伊犁的教会教育：

> 谈到中国西部地区的国民教育，还应提一提天主教传教士所办的学校。这些学校都在伊犁地区，那儿很早就已有传教士使团在活动。此种学校有好几所，并且都是按汉族学校方式组织的，任教的都是汉族教师。只有宗教课由传教士讲授，学生们的品德教育也是由他们负责。从这些学校出来的学生的确水平较高，甚至外表上也与其他汉族学堂的学生不同。他们总是干干净净，穿戴整齐。但是入教会学校的主要是那些基督教徒

---

[1] 中华续行委办会调查特委会编：《1901—1920年中国基督教调查资料》上卷，中国社会科学出版社2007年版，第1268、747页。

[2] 吉六：《从〈新疆图志〉谈外国教会的问题》，载《新疆文史资料选辑》第3辑，新疆人民出版社1979年版，第203页。

们的孩子。至于其他汉族人，就几乎全是家境贫寒的人，由于无力送孩子进汉族学堂……而教会学校则是免费的，同时还有各种津贴。除此之外，汉族人不肯把孩子送到教会学校去，也是由于害怕孩子们在那儿信仰起基督教。[1]

虽然各自记载有出入，但教会学校的作用是不可低估的，还有像梁萌德神父一样不计任何得失，关心当地民众，提供免费医疗服务，这在当时的边疆尤显宝贵。

结　语

清至民国间，基督教的三大宗派都以不同方式在伊犁传布过；它是近代基督教在伊犁河谷扎根的前奏。由于当时国事纷乱，我国官方资料关注极少并有错讹，很难连缀出大致概况。借助于近年国内外文献与研究成果，那段历史也渐清晰。18 世纪 70 年代，受俄国宗教迫害的东正教老派信徒应该是较早进入伊犁河谷的基督教信仰者；就在这之后不久，伊犁又成为清政府严厉禁教、惩戒崇信西教的旗人与民人的发配之地，发配到这里的天主教徒也是伊犁较早的信仰者；随后几次俄、苏的移民潮以及圣母圣心会、基督新教团体内地会的进入并推动民族语文的《圣经》翻译事业。这些基督教信徒在伊犁的人口上不占任何优势，但无可置疑的是他们在那时就奠定了伊犁多元信仰的格局。由于历史原因，俄罗斯文化曾在这里

---

[1] 尼·维·鲍戈亚夫连斯基：《长城外的中国西部地区》，新疆大学外语系俄语教研室译，商务印书馆 1980 年版，第 234 页。

风行，附着其上的宗教文化也影响着当地民众。满洲旗人曾经是伊犁乃至南北疆的真正主人，在历史巨变中他们夺得先机，积极留学，努力学习西方文化，西方宗教对其浸染也是不可避免，换句话说，西方的宗教与文化最终也攻破八旗制度的壁垒。虽然当时新疆被传教士认为是"收成最差的地方"，但其对当地的影响是不可忽视的；尤其在伊犁近代化过程中，基督教各派在文化教育等方面的影响也不可低估。伊犁在清至民国间，是基督教在新疆传布的一个核心区域，虽然它在基督教信徒发展数量上没有像内地那样显示出剧烈地增长，但东正教人数的激增与多次移民高潮成正比，这是因为天主教信徒主要来源于历史上被贬戍的虔诚信徒，虽然人数相对较少，但也有其稳定的发展。基督新教进入民众视野较晚，但最终引起民众关注，并为新教在伊犁解放后尤其是改革开放之后的快速发展奠定了基础。清末至民国间是伊犁满洲旗人社会的大变革时期，以传统信仰萨满教和官方信仰藏传佛教为主的信仰世界，在这个时期也被基督信仰再次敲开大门。

现今不论在接近边境的察布查尔锡伯自治县八乡（原锡伯营八牛录，矗立着一座异常漂亮壮观的天主教堂），还是在伊宁市，皆可看到东正教、天主教和基督教（新教）的漂亮的教堂，历史与现实之间，似乎留下太多的预设，这也许就是吸引我们去探询它们之间联系的动力吧。

译 介

若干早期内亚名号考证 [*]

艾鹜德（Christopher P. Atwood，宾夕法尼亚大学） 著

陈浩（上海大学） 译

楔　子 [1]

　　汉文史料中保存了大量突厥汗国（约 550—750 年）早期的专名、人名和政治名号。学者们已经确认了不少属于突厥语的词汇，但还有许多尚未解决。[2] 原则上学者们都是在古代突厥语和中古突

* 　译者按：此文原发表在《中亚学刊》（*Central Asiatic Journal*）第 56 期（2012/2013 年），第 49—86 页，题作 "Some Early Inner Asian Terms Related to the Imperial Family and Comitatus"。为符合汉语阅读习惯，我们译成《若干早期内亚名号考证》。原标题中的 *comitatus* 是拉丁语，意思是 "扈从、随侍"。与许多学者强调内亚政治名中有伊朗语、吐火罗语的影响不同，艾鹜德教授在此文中揭示了印地语（梵语和印度俗语）对内亚早期（四、五世纪）政治名号的影响，并且这种影响是世俗的，非宗教的。作者通过若干实例的细致考证，尤其是对漫游于不同内亚语言内的同一政治名号的追索，强调了内亚草原政治体具有统一、连续的帝国传统。本文的汉译工作得到了艾鹜德教授和《中亚学刊》杂志编辑 Lars P. Laamann 教授的授权和支持，谨致谢忱！

[1] 为方便起见，本文中使用一套简单的转写方法，即 ch 表示 [tʃ]，gh 表示 [G] 或 [ɣ]，j 表示 [dʒ]，ng' 表示 [ŋ]，sh 表示 [ʃ]，y 表示 [j]。加点的辅音表示卷舌。其他的转写符号来自国际音标，引用其他文献的读音，用 [ ] 表示。

[2] 芮跋辞（Volker Rybatzki）的文章《古突厥碑铭所见突厥和回鹘统治者名号》（"Titles of Türk and Uigur Rulers in the Old Turkic Inscriptions", *Central Asiatic Journal* [2000], 44.2, pp. 205-292）在这方面做了很好的总结。Peter B. Golden《突厥语民族导论》（*Introduction*

厥语的史料中寻找那些与汉字音译（唐代读音）匹对的形式。可是，面对大量的汉语音译专名（它们要么根本无法解析，要么不符合汉语音韵学常规的音译规则），似乎让人确信：在该领域内，因为汉字音译太不准确而导致在这个方向上根本无法取得新的进展。[1]

在本文中，我对若干名号提出语文学上的解释，到目前为止它们完全没有或者仅局部地被学者分析过。我选取这些例子是为了强调，汉译名号的对勘工作受阻的原因，并不是汉字音译不够准确，而是大量专名既非突厥语，又非伊朗语，更非吐火罗语，甚至在古代或中古突厥语文献中也没有记载。最近学界对契丹语和其他内亚东部语言的研究，证实了这些名号的存在，不仅读音准确、易懂，甚至在一些情况下提供了为其寻找语源的线索。其中两个例子表明，早期梵语和印度俗语借词在突厥和此前的内亚社会中广泛存在。其他几个例子，则在任何中古或现代语言中找不到同源词。

我选取的这些名号在语义上都跟早期中古内亚的可汗家族和扈从（comitatus）有关。白桂思（Christopher Beckwith）在他最近一本关于欧亚历史的专著中强调了一点：在中央欧亚的历史上，统治家族（有神圣的祖先）和扈从（武装）同样重要。[2] 对突厥可汗家族相关名号中的非突厥语成分及其私人扈从的分析，为一个逐渐成为共识的论点添加了新的材料，即突厥汗国的统治核心在语言上完全是非突厥的。[3] 第二突厥汗国使用的"突厥语"不是可汗家族或者

（接上页）to the Turkic Peoples, Wiesbaden, 1992, pp. 69-187）一书也有讨论，不及芮跋辞那么系统化，但涉及的范围更广。本文就是建立在这两位学者和蒲立本（Edwin Pulleyblank）的研究基础之上。

[1] Sinor 1985, pp. 149, 150.

[2] Beckwith 2009, pp. 1-23.

[3] Sinor 1985, pp. 145-159; Golden 1992, pp. 120-122.

官方语言，而是大量的西北乌古斯这些被统治民族的语言。这也说明了，突厥汗国实际上是一个"延续性"王朝和帝国传统的继承者。跟其他类似的传统一样，它是通过一套由"漫游词"（wanderwords，很容易从一种语言跳到另一种语言内）构成的词汇来保存和继承的。这套词汇的其他继承者还有契丹和东胡民族，他们将唐代和突厥的帝国机构及其名号保存到了较晚的时代。学者对契丹语的逐步释读，为突厥汗国和早期内亚的语文学研究打开了一片新的天地。

伊利（*Iri*）

"伊利"一词反复出现在突厥可汗号的汉语音译中，例如伊利可汗、伊利俱卢设莫何始波罗可汗等。[1] 它还有不同的音译"乙利"，一作可汗名，一作达干号。[2] 它可能是《通典》所载突厥二十八官号之一的"乙斤"。[3] 有人认为"乙斤"与列在后面的"屈利啜"连读，但没有证据能证明"乙斤屈利啜"是一个名号。与其将"乙斤屈利啜"读成一个莫名其妙的名号，不如把"乙斤"和"屈利啜"分读，前者的"斤"乃"利"之讹误。

　　伯希和认为"伊利"是突厥语 *el~il* "国家、政权"的音译，如果读音确实是 *el~il* 的话（恰恰这一点我不同意），这一对勘在语音上是

---

[1]　参《周书》卷五〇，第 909 页；《隋书》卷八四，第 1864、1865、1868、1869 页；《通典》卷一九七，第 5402、5404、5405 页。

[2]　"乙利"是一位可汗的名字，见《通典》卷一九九，第 54、56 页；《旧唐书》卷一九四下，第 5183 页（《新唐书》卷二一五下，第 6058 页）。"乙利达官"是一个官号，见《旧唐书》卷六〇，第 2344 页（《新唐书》卷七八，第 3534 页）。

[3]　见《通典》卷一九九，第 5453 页。

没有问题的。[1] 普里查克（O. Pritsak）基本同意这一对勘，但认为对应的是突厥语的 *ilig* "拥有国家的"。[2] 芮跋辞（V. Rybatzki）却指出，*il~el* 或 *il~ellig* 这两种形式与"伊利"对勘在语音和语义上都有问题。[3] 根据蒲立本的构拟，"伊利"的中古音是[ʔji-li][4]，在藏语中作 *ʔi-li*[5]。如果说是 *el(l)ig* 的音译，那必须假设它没有译出双辅音 *ll* 以及末尾辅音 *g*。虽然双辅音在古代突厥语中常常合并成单辅音，但末尾辅音 -*g* 的消失是很奇怪的，因为汉语中并没有用以 -*k* 收尾的入声字"力"来音译。[6] 普里查克试图将 -*g* 的消失解释成，因 *ellig külüg* 连在一起，前者的 *g* 和后者的 *k* 合并变成了 *elikülüg*。但是在汉语音译上，单词之间的语音合并现象极为罕见，而且这也解释不了"伊利可汗"这一名号。

另外，*el* 和 *ellig* 有其他汉语音译，只是形式不同。伯希和曾指出，第一突厥汗国的末代可汗颉利，正是这个词 *el*。[7] 汉语中的"贤力"则是 *ellig* 的音译。[8] 在第一个例子中，"利"字对应的是尾音节 -*l*，与第一个字"颉"的入声尾音（在流音 *r* 和齿音 *t* 之间）合并了。[9] 第二个例子中，入声字"力"*lik* 音译的是一个独立音节 *lig*。

---

[1] Pelliot 1929, pp. 209, 210.

[2] Pritsak 1985, pp. 205, 206. Nadeliaev 1969 有 *ellig* 和 *elig*，pp. 170, 171。Clauson 1972, pp. 141, 142，认为 *elig* "可能"是正确的形式。

[3] Rybatzki 2000, p. 207.

[4] Pulleyblank 1991, pp. 188, 365，参考其中早期中古汉语的读音。

[5] 高田时雄 1988，第 332 页，§0322，§0324；Coblin 1994, pp. 224-226。

[6] Pulleyblank 1991, p. 189；高田时雄 1988，第 398 页；Coblin 1994, p. 420。

[7] Pelliot 1929, p. 210.

[8] Chavannes 1912, p. 83.

[9] Pulleyblank 1991, p. 341. 关于中古汉语中非鼻音结尾的入声字，在方言学和音译名号方面都极为复杂。只能说，这类入声字代表的音可以是 [t] 也可以是 [r]。中古汉语的音译者往往倾向于在第二个字上做文章，来强化前一个字的入声，即第二个字的起首辅音与前一个字入声字尾相同。典型的例子就是"骨咄禄"（*kut-tut-lok*），用来音译 *Qutlugh*。蒲立本的字典中虽没有"咄"字的读音，但通过"当没切"，可以推断出其

两个例子中 *el* 的音译都有一个首辅音，早期中古音中是［γ］，晚期中古音中是 [xh]。这个首辅音在多数突厥语中都已经脱落了，唯独在喀拉哈语（Khalach）中保留，这一点可以通过大夏语碑铭中将突厥语名号"颉利发"写成 *hilit-ber* 得到印证。[1] 因此，很明显，在汉语音译对应的突厥方言里，形式是 *hel* 和 *hellig*，而非 *el* 和 *ellig*。

　　既然如此，伊利可汗的名号到底作何解呢？芮跋辞说过这样一句话："我有一种强烈的感觉，'伊利'不是 *el* 或 *elig* 的音译，但暂时我又给不出任何建议。"幸运的是，粟特语和契丹语研究的进展为我们寻找其词源提供了可能。《布古特碑》中发现了一个名号 *iri*，和 *my'*（见下文）连用。[2] 与此同时，契丹语碑铭中也找到了 *iri* 这一名号，意思是"名"。[3] 可惜，在古突厥语中它的具体语义还不明确，或许是"著名的"、"有名号的"。无论如何，未来将"伊利"与 *hel(lig)* 联系起来的努力可以休矣，因为我们可以确定它是 *iri* 的音译。尽管后者的词源不明，但至少我们知道，它用于突厥和契丹首领的名号。

滑（*War*）

　　据我所知，*war* 一词还没有在与突厥汗国直接相关的名号中找

（接上页）读音是 *tut*。其中"骨"字的入声尾音 *-t* 与"咄"字的起首辅音 *t-* 相同。在这里，两个辅音 *t* 合并了，而"咄"字的入声 *-t* 则和"禄"字的 *l-* 合并，实际读音当如 *kuttullok*。关于中古汉语入声的专门讨论，参见 Pulleyblank 1965, pp. 121-125。

[1] Sims-Williams 2002, p. 235.

[2] 吉田丰、森安孝夫 1999，第 122—125 页；Rybatzki 2000, p. 217。

[3] Kane 2009, p. 108 (§3.137), Shimunek 2007, p. 75. 郎君碑的录文见 Kane 2009, p. 189 (§6.3.12)，《耶律迪烈墓志》的录文，见 Kane 2009, p. 196 (§6.6.9, 11), p. 197 (§6.6.12 复数宾格)。

到音译，但在稍早的以及与突厥同时的（对立的）政治体中则有几个例子。蒲立本注意到[1]，梁朝史料中的嚈哒（Hephthalite）作"滑国"[2]，玄奘则作"活国"（玄奘于 630 年经过当地）[3]，两者对应的都是 war，希腊碑铭中的 ouar。因此，"滑国"、"活国"都是指"War 国"。用这一名称指代嚈哒的直接原因似乎是嚈哒的都城是 wālīz~wālij "War 城"（突厥语 balïq）。早期阿拉伯地理学家的记载证实，war 是城市名的一部分，本作 Warwālīz，后来讹变成 Walwālij。[4] 和 War 一样，汉语里"活路城"的原形 Warlu[5]，都被证实是大夏地区嚈哒的都城。Warlu 应该是在 War 上加 -lu 构成的，该词缀似乎可以与突厥—蒙古语的词缀 -lig/-ligh 或者蒙古语的格词尾 -lüge/-lugha 联系起来，功能是在名词基础上构成新的名词，或者是表示一种协同意义。[6] 名词 war，汉语音译作"活"，似乎也作为"颉利发"的前缀词出现过：活颉利发 War-Hilitber。[7]

希腊语中 war 出现过两次，都是作为复合名称的一部分，Ouar-Khoun 或 Ouar-Khōn，指阿瓦尔人的核心部落。这里的 Ouar 很容易和阿拉伯语的 war 以及中古汉语的"滑"[ɣwɛːr]、"活"[xɦuar] 勘同

[1] Pulleyblank 1962, pp. 258, 259.

[2] 《梁书》卷五四，第 814 页；《南史》卷七九，第 1984 页。

[3] 《大唐西域记校注》卷十二，第 963、964 页。

[4] Barthold 1968, p. 67; Minorsky 1970, pp. 72 (§6.12), 109 (§23.73). 关于该地名，巴托尔德（W. Barthold）认为是"从 Khulm（蓝氏／昏磨）两天的路程"，米诺尔斯基（V. Minorsky）勘定为今 Qunduz。

[5] 《旧唐书》卷四〇，第 1649 页。余太山 2011，第 103、104 页。"路"字，蒲立本拟音为 [luəʼ]，见 Pulleyblank 1991, p. 200。藏文音译为 lo，见 Coblin 1994, p. 155，高田时雄 1988，第 312 页。

[6] War 和 Warlu 是作为嚈哒都城的大夏语名称出现的，Warlugān 或 Wargan，意思是"War 或 Warlu 的人"，见 Sims-Williams 2013。其中，蒙古—突厥语的词尾以及蒙古语的格词尾 -g-/-gh-，通常都会省略。

[7] 《通典》卷二百，第 5491 页，hilit-ber 是大夏语形式，突厥语作 el-teber。

起来。[1] 于是，Czeglédy 将欧洲的阿瓦尔人跟一支阿瓦尔（与 War 勘同）与匈人（与 *Khoun* 或 *Khōn* 勘同）的联盟联系起来。他还将此 War 跟嚈哒联系起来。[2] 我已经在其他地方表达了反对的看法，希腊碑铭中的 Khoun/Khōn 或突厥语中的 Qon 不可以跟匈人联系起来。[3] 在认可 War-Khōn 里的 War 和 Warlu 里的 War 都是嚈哒都城的同时，我不知道有无必要在它们之间扯上"民族意义"上的联系。这是因为，我发现 war 在契丹人中不是一个族名，而是一个官府名。

《辽史》中有"瓦里"一词，在语音上与 *war* 的早期现代汉语读音完全匹配，意思是"官府名，宫帐、部族皆设之。凡宗室、外戚、大臣犯罪者，家属没入于此"[4]。又"抹鹘，瓦里司之官"[5]。《辽史·百官志一》载：

> 遥辇痕德堇可汗以蒲古只等三族害于越室鲁，家属没入瓦里。应天皇太后知国政，析出之，以为著帐郎君、娘子，每加矜恤。世宗悉免之。其后内族、外戚及世官之家犯罪者，皆没入瓦里。[6]

由此可见，瓦里内人的功能与蒙古皇帝的 *ba'atud* 一样，是在禁

---

[1] Pulleyblank 1991, pp. 128, 135.

[2] Czeglédy 1983, pp. 92-95.

[3] Atwood 2012, pp. 42-44.

[4] 《辽史》卷三一，第 362 页；卷一〇六，第 1544 页。Wittfogel and Feng 1949, p. 541.

[5] 《辽史》卷一〇六，第 1544 页；卷四五，第 718 页。Wittfogel and Feng 1949, p. 430. "抹鹘"一词似乎与"抹里"同词根，是禁卫军的词汇，除了普通人、低级囚犯，见《辽史》卷四五，第 718、719 页。"抹里"的司官是"闸撒狨"。这两个名号的读音不易确定，因为不清楚它们究竟属于何朝何代，所以不知道用何种构拟读音合适。

[6] 《辽史》卷四五，第 702 页；Wittfogel and Feng 1949, p. 226。

卫军内服役来赎罪的一批人，不同的是，这里不是罪犯自己，而是
他们的家族赎罪。彭大雅在《黑鞑事略》中记载：

> 有过则杀之，谓之按打奚，不杀则充八都鲁军，或三次，
> 然后免。[1]

"八都鲁"这一机构在波斯史家朮外尼（Juwaynī）的书中有详
尽的记载。[2]魏特夫（W. Wittfogel）和冯家昇提议，*wali* 是蒙古语
ayil（阿寅勒，误作 *hayil*）"村"和满语 *falga* "部落、街道"的同源
词。[3]实际上，无论从语音上还是从语义上看，这两个词都不可能是
"八都鲁"的同源词。但 *war* 是一个高级官员因获罪而服刑赎罪的内
府机构，这一点似乎能与嚈哒的都城和阿瓦尔人的特性（骁勇善战）
联系起来。然而，嚈哒和阿瓦尔人中都有"瓦里"这一机构，并不
说明它们二者之间存在某种联系。很可能，所有的中古内亚政治体
都有类似 *war* 的机构和名称，只是偶然在嚈哒和阿瓦尔人中得以保
存了下来。同时，这些机构名称（与关押在内的人群有关）最后变
成该民族的族名，在内亚是很常见的。

另一个可能源自 *war* 的类似族名是越勒，高车部落，也就是早
期的乌古斯人。[4]根据蒲立本的构拟，"越"字读 [wuat][5]，唐代藏文

---

[1]　彭大雅：《黑鞑事略》，第 497 页；萧启庆 1978，第 36 页；Allsen 1987, p. 21。

[2]　Juvaini, 'Ala ad-Din 'Ata-Malik, trans. by John Andrew Boyle, 1958, *The History of the World Conqueror*, Cambridge: Harvard University Press.

[3]　Wittfogel and Feng 1949, pp. 430, 514.

[4]　关于"敕勒"、"铁勒"是操原始突厥语的"高车"部落，参 Pulleyblank 1990, pp. 21-26。

[5]　Pulleyblank 1991, p. 388.

转写作 *'war~'gwar~ywar*。[1] "勤" 字的中古汉语是 [gin]（早期）和 [kɦin]（晚期），正好是蒙古语的部族词尾 *-qin~-kin*。[2] 所以其全称应 该是 *Warkin~Warqin*，意思是 "War 人"，这是一个源自 *war* 的部 落名称，就像蒙古卫拉特部的名称来自 *ba'atur* "英雄，勇敢的刑 徒" 一样。

最后，*war* 这一名称似乎也是阿瓦尔人 Avar~Awar 的词源，即 东汉时期内蒙古东南的乌桓或乌丸人。[3] 这一点也可以从嚈哒都城 War 的不同名称中看出来。桑山正进和余太山指出，该城又名 "阿 缓"、"遏换"。[4] 两者的第一个音节都是 -a（一个是入声），第二个 音节是 *hwan*，用 *-n* 来音译末辅音 *-r* 是很常见的。[5] 既然 *Awar* 是 *War* 的一个异写，那很可能 *Awar* 作为地名，就是来源于 *War*。关于 阿瓦尔人早期的描述都是说他们跟鲜卑人一样好战、英勇，这说明 了它的得名或许跟 "瓦里"（*war*）这一机构有关系，因为瓦里正是 高级官员因鲁莽获罪而服刑的地方。

至于 *war~awar* 之间的变化，具体原因尚不清楚。首音节 -a 可 能是某种荣誉性或亲属前缀，类似于日语里的 *o-* "敬称" 或汉语里

---

[1]　Coblin 1994, p. 339, § 0735；高田时雄 1988，第 372、373 页。

[2]　Pulleyblank 1991, p. 254. 在元代史料中，它确实是用来音译这个词尾的。

[3]　Pulleyblank 1983, pp. 452-454.

[4]　"阿缓"，见《新唐书》卷四三下，第 1135 页；卷二二一下，第 6252 页。《唐会要》 卷九九，第 1773 页。"遏换" 见《旧唐书》卷四〇，第 1649 页；《唐会要》卷七三， 第 1323 页。关于这些名号的讨论，参桑山正进 1989，第 124—126 页；余太山 2011， 第 103、104 页。

[5]　蒲立本的构拟是 [ʔa-xɦuan]、[ʔat-xɦuan]，Pulleyblank 1991, pp. 131, 130。唐代藏文音 译作 *a-hwan*，Coblin 1994, pp. 125, 126, 312, 313, §0016, §0639a；高田时雄 1988，第 304、364 页。"遏" 字的入声 *-r* 以及其他情况下的 *-a*，可以和下一个字的辅音合并， 变成 *Awwar*。

的 a- "尊称"。但更有可能的是，它是一种语音音位上的需要。试想，操鲜卑语的阿瓦尔人和嚈哒人发不出首音节 w-，必须要在 war 前面加一元音 a- 才行，而 war 是一个外来词，已经广泛地流行开来，于是便出现了 war 和 awar 两种形式并存的现象。后者主要是上层人士、多语种的人使用，而后者则流行于本土的居民。类似的现象在今天蒙古国很常见，往往是蒙古化的和非蒙古化的俄语词汇并存。要想证实这一假设，还需要对操原始蒙古语的鲜卑部落中 war 一词的遗存，以及该词可能的词源，做大量的工作。

舍利（Shar）

舍利（Shar）是东突厥汗国的十二部落之一。跟吐利（Tüli，见下文）一样，是唐朝征服突厥之后在内蒙古设立的羁縻州。在他们向朝廷进贡的马匹身上有自己独属的马印。[1] 幸运的是，唐代吐蕃游记中也提到了舍利 —— 吐利，藏语音译作 Shar Du-li，坐实了其读法的正确性。[2] 关于"舍利部"的唯一石刻史料似乎是山西出土的《舍利石铁墓志》。在这方墓志中，"舍利"仅仅被描述成"北方人也"，祖上第三代在降唐之前是突厥的低级官员，所谓"曾祖本蕃豪杰"。[3]

然而，历史上"舍利"（Shar）的重要性似乎要比这墓志中所描述的大得多。这个名称还出现在汉文史料里关于突厥祖先传说的记

---

[1] 《唐会要》卷七三，第 1315 页；卷七二，第 1307、1308 页。
[2] Venturi 2008, p. 21；《新唐书》卷四三下，第 1120 页。
[3] 《舍利石铁墓志》，载《隋唐五代墓志汇编》卷二七"山西卷"，第 143 页。

载中。《酉阳杂俎》载"突厥之先曰射摩、舍利海神，神在阿史德窟西"[1]。在这个故事中，因一金角白鹿被杀，射摩"即取呵尔部落子孙，斩之以祭也"[2]。下面还讲述了射摩跟突厥阿史那家族的联系，但值得注意的是，舍利似乎是跟阿史那和阿史德家族（阿史那的联姻家族，见下文）并列的一姓。因此，虽然舍利没有什么光荣的身份，但却是和可汗家族的起源有关联的。

契丹史料能帮助我们确认"舍利"（Shar）是一个对于突厥可汗家族的扈从而言极为重要的一个词汇。这个词在契丹史料中的音译跟突厥时代没有什么不同，证明了制度的延续性，但偶尔也有新的译法。[3]跟"瓦里"相似，《辽史》对"舍利"的解释是：

> 契丹豪民要裹头巾者，纳牛驼十头，马百匹，乃给官名曰"舍利"。后遂为诸帐官，以郎君系之。[4]

---

[1] 可惜此处有异文，不能确定其正确形式是"呵尔"还是"阿尔"。《太平广记》作"阿尔"，《酉阳杂俎》作"呵尔"。拉丁语谚云"读书难！"（*lectio difficilior*）。虽然"呵"字也有"阿"的读音，但在契丹语碑文里读 *hē*。唐代读音是 [xa-ri]，见 Pulleyblank 1991, pp. 88, 122。它应当是用来音译诸如 *harï~halï~har~hal* 的音。起首辅音 q- 音译成汉语时，不是 [x]，而是一个急促语气，所以我们可以推断起首辅音应该是 *h-*，这个语言现象仍然保留在 Khalach 语里。

[2] 《酉阳杂俎》，第 44、45 页；《太平广记》，第 480 页，56a (1299)；Sinor 1982, pp. 230, 231；大泽孝研究此传说时，将其与鹿的形象联系了起来，见大泽孝 2009，第 401—416 页。

[3] 《辽史》里的这个词显然沿袭自突厥时代，包括"舍"字的古读和"利"字的使用。"沙里"则是契丹时期的新译法，但仍然用在契丹建国传说的语境中。见《辽史》卷一，第 1 页。在《辽史·国语解》中"沙里"被解释成"郎君"，即贵族出生的军人扈从。见《辽史》卷一一六，第 1534 页。在《辽史》中，耶律阿保机为"挞马狘沙里"，据《辽史·国语解》"挞马，人从也"，国人又号"阿主沙里"，据《辽史·国语解》"阿主，父祖称"。见《辽史》卷一，第 1 页；卷一一六，第 1534 页。

[4] 《辽史》卷一一六，第 1536 页；Wittfogel and Feng 1949, p. 290。

　　甚至有专门的"舍利军详稳司"，"统皇族之从军者，横帐、三父房属焉"。与契丹的舍利军主要来自皇族成员不同，奚的舍利军属于奚王府。舍利司掌皇族之军政，及不同层次的机构（主要是契丹国家内非汉人的机构）。[1] 舍利军是契丹军事力量主要的组成部分之一，在王朝的行政和政治史中扮演过重要的角色。[2] 这个词汇在契丹碑铭中有单数和复数形式，各种不同的格，其中有被译成汉语的"郎君"。[3] 复数形式可能是 shad。[4]

　　名号 shar 在元代高昌回鹘人中也有发现。据欧阳玄撰《高昌偰氏家传》"（偰氏）子弟以暾欲谷之后，世为其国大臣，号之曰设，又曰沙尔，犹汉言戚畹也"[5]。由此可见，这一名号确实与可汗的亲近随从有关系。

---

[1] 《辽史》卷四六，第 738、739 页；卷四六，第 749 页；卷四五，第 709 页。Wittfogel and Feng 1949, pp. 521,522,550.

[2] 《辽史》卷八七，第 1332 页；卷一七，第 203 页。Wittfogel and Feng 1949, pp. 419,420.

[3] 录文见 Kane 2009，§6.3.1 (p. 186)，§6.6.2（复数，p. 191），§6.6.10（复数和单数，p. 196），§6.6.28（复数，p. 205），§6.6.30（属格，p. 206），§6.6.31（位格，p. 207），§6.6.35（位格，p. 209）。这个词用契丹文写，见 no. 028, no. 189, no. 069。关于读音的问题，见 §2.028, §2.069 (pp. 38, 42, 43)。Kane 建议读成 -ri，但根据已有的证据，可以将其读成 -r。

[4] 复数形式通过加契丹语 no. 254（Kane 2009, §2.254, p. 65）来构成，读作 d~t。字面上看，复数形式可能是 shard。根据汉语音译和阿尔泰语复数形式来类推，我建议其复数形式是 shad。换句话说，这个字的音节都被拼写了出来，但复数词尾不是直接加上去的，而是取代了音节末尾的辅音。有点类似于元代音译中的"惕"、"丁"或"勒"，与以 -n 结尾的字一起出现时，往往会用 -t, -d, -l 来取代前一个音节末尾的 -n。例如"皇后" qatun 的复数 qatud 的音译是 qatund。

[5] 欧阳玄：《高昌偰氏家传》，《圭斋集》卷十一；又《高昌偰氏家传》，收入《元文类》卷七十，第 1016 页（这段文字不见于任何版本的《元文类》）。汉语"戚畹"，犹如"戚里"，后者见《史记》卷一〇三，第 2763 页，是长安城内宫女住的地方。参 Burton Watson 译文 Records of the Grand Historian, 1993, Han II, p. 477。但宫女的亲戚也住在这里。欧阳玄进一步将其与突厥名号"设"联系起来。从汉语音译看，"沙尔"是元代的音译，而"设"则是欧阳玄从唐代史料中查到的音译。

契丹和回鹘的史料丰富了我们对突厥祖先传说中舍利角色的理解。在这个传说中，射摩是汗室家族，舍利是出身豪族的勇士扈从，而阿史德则是汗室的联姻家族。了解这一层社会关系后就可明白，这个传说实际上表明了，射摩和舍利及阿史德一起构成了统治阶层，共同统治着一群人（即 Harï~Hal），后者中的一些人被用于祭祀射摩。另外，*keshigten* 本来是蒙古帝国扈从的一个词汇，后来变成了蒙古的一个旗（清代的封禄单位），与此一样，舍利（Shar）在某些情况下也是突厥的一部，而在其他语境中却保留着它所具有的"职业性"（勇士、扈从）的含义。

吐利（*Tüli~Duli*）

与"舍利"相关的一个地名是"吐利"，在藏文中作 *Du-li*。藏文形式与汉语音译几乎一致。"吐"字源自"土"，在唐代有两种读法，*tho* 或 *do~du*[1]，后者是 P. T. 1283 号文书中的读音。这个名号不见于他处，但辽代的奚王是"吐里"~秃里。[2] 在《辽史》和《金史》中，两种写法被视为同音异译。据《辽史》，北面部族官中"奚六部"有"吐里太尉"。[3] 所有担任此职的都来自耶律氏。[4] 到金代写作"秃里"，秃里一员，从七品，掌部落词讼、防察违背

---

[1] 同音字"土"，Coblin 1994, p. 148；高田时雄 1988，第 310、311 页。Pulleyblank 1991 只列出了第一个读音，见"吐"，p. 312。"利"字的读音没有疑问，见 Pulleyblank 1991, p. 188; Coblin 1994, §0324, pp. 225, 226；高田时雄 1988，第 332、333 页。

[2] 《辽史》卷一一六，第 1549 页；Wittfogel and Feng 1949, pp. 432, 439。

[3] 《辽史》卷四六，第 726 页。

[4] 《辽史》卷六九，第 1113 页；卷七四，第 1229 页；卷九五，第 1392 页；卷一一六，第 1549 页。

等事。[1]

但这个词的勘同不像"舍利"那么有把握，因为辽金时期是清辅音 *tu-*，而唐代吐蕃音译则是浊辅音 *du-*。虽然对藏文音译突厥词汇的具体原则还不清楚，但可以参照"突厥" Türkü 一词在藏文中作 *Dru-gu*，而"突厥人"作 *Dur-gyis*，说明藏文确实有用浊辅音来音译清辅音的情况。如果我们应用这一规律，可以根据确定其形式为 *tüli*，也符合契丹和女真的铭文。

其他印地语借词

尽管学者们乐于在突厥语（甚至古代突厥语）中寻找非突厥语的成分，但主要还是局限在伊朗语和吐火罗语中搜寻。这些借词的语境是中亚操伊朗语和吐火罗语的游牧民及绿洲定居民与古代突厥人的一种紧密互动。但我相信，我们可以在古代突厥语中找到一些重要的词汇，不是来自中亚牧民或农民的土语，而是来自印度的文学语言，特别是印度俗语和梵语。学者们不太愿意去认定那些梵语借词，可能是认为这些借词一定跟佛教有关，而佛教对早期突厥人是否有影响还缺乏证据。但梵语（广义地讲，是印地语，包括佉卢文的俗语）对早期内亚的影响，可绝不仅限于佛教。[2] 我在最近的一篇文章中写道，希腊语 *Ounnoi* "匈人"和大夏语希腊文 *'Onna-Shah* "匈人之王"最好都解释成来自梵语 *Huṇa*。[3] 这表明，早在 4 世纪中晚期，印度对中

---

[1]　《金史》卷五七，第 1330 页；《金史·国语解》，第 2892 页。

[2]　一个显著的例外是，白桂思在近期一篇文章中讨论 "Tibet"、"Tabghach" 和 "Türk" 等词的汉语音译时发现，这些音译中都包含梵语词 *pati* "君主" *lord*，参 Beckwith 2005。

[3]　Atwood 2012.

亚的影响已经很显著了，这种影响不是以宗教，而是以世俗和商业为媒介的。同样的，接下来我将证明早在 4 世纪下半叶，梵语词就已经进入了内亚民族内与汗室、王权相关的词汇中了。

莫贺（*magha*）

汉文史料中保存了多处"莫贺"、"莫何"的音译，通常都是跟其他名号搭配使用。在早期中古汉语（约四至五世纪）中读音是 *mak-gha*，在唐代藏文音译中作 *'bag-ha*。这个"莫"字的辅音在唐代从 *m* 变成了 *b* 是很值得重视的现象，尽管蒲立本的构拟没有清楚地表达出来。[1]

这个词最早出现在《宋书·鲜卑吐谷浑传》中："（世子）号莫贺郎。莫贺，宋言父也。"《宋书》定稿于492—493 年之间[2]，而《吐谷浑传》涉及的史实则是 375 年左右。[3]伯希和于 1921 年撰文讨论此节，最近陈三平又重新检讨并澄清了相关问题。[4]陈三平指出，魏晋时期的"郎"是一个常见的尊称，意思是"贵族子弟、王子"。他还认为，这里提到的"父"是"君父"的讹误。于是，他认为《宋书》里的这段话应该理解为，"莫贺"的意思是"君父、大臣"。

---

[1] Pulleyblank 1991, pp. 218, 122, 123. 藏文音译，见 Coblin 1994, §0890, §0020, §0018, 以及高田时雄 1988。

[2] Wilkinson 2000, p. 503.

[3] 《宋书》卷九六，第 2371 页。后来这个故事也被收入《北史》卷九六，第 3179 页。《北史》的故事版本应当来自《魏书》已经佚失的某卷。《北史》的相关部分被译成英文，见 Molè 1970, p. 4. 译者还参照了《宋书》的版本（p. 23），并做了注解（pp. 77, 78, n. 38）。

[4] Pelliot 1921, p. 329; Chen Sanping 2002, pp. 289-325, 尤其是 pp. 304-306。

　　比吐谷浑年代稍晚的时代，"莫贺"也开始跟其他表示"子"、"王子"的名号一起出现了。陈三平辑录了大量例子，如在蒙古和东北地区有许多低级官员被授予"莫弗"、"莫贺弗"、"莫何弗"，都是"莫贺"的变体。[1] 这个词最早出现是 403 年一位越勤（＜ *Warkin）部的首领叫"莫弗"。越勤部应该是操原始突厥语的高车部落[2]，活跃于蒙古高原和中国北部边疆[3]。跟其他后来突厥汗国的名号一样，它在柔然汗国也有出现，"高车莫弗"，"斛斯椿，其先世为莫弗大人"。[4] 后来，在东北民族，如契丹、奚、室韦和勿吉中也有出现。[5] 据史料记载，"莫弗纥"、"莫弗贺"被视为"酋长"，契丹则称为"酋帅"。[6] "乌洛候"（＜ *Olakko）[7] 部落的莫弗是世袭的[8]。在契丹和奚中，此称谓一直行用，经唐朝，至辽

[1] Chen Sanping 2002, pp. 295-298. "莫贺弗" *maghapur* 是隋唐时期对北魏"莫弗" *magh(a)pur* 的完整音译，可以参看《魏书》卷一〇〇，第 2223 页；《北史》卷九四，第 3127 页。

[2] 上文已经提过，我接受蒲立本的观点，即铁勒、丁零都是高车人，操原始突厥语（Proto-Turkic），见 Pulleyblank 1990。

[3] 《魏书》卷三，第 40 页；卷四，第 79 页；卷二四，第 635 页；卷四〇，第 902 页。《北史》卷一，第 22 页。Chen Sanping 2002, p. 296.

[4] 《北史》卷九八，第 3255 页；卷二八，第 1007 页；卷四九，第 1785 页。

[5] 契丹：《魏书》卷一〇〇，第 2223 页；Wittfogel and Feng 1949, p. 430；《隋书》卷八四，第 1881 页。乌洛候/*Olakko 室韦：《魏书》卷一〇〇，第 2224 页；南室韦：《隋书》卷八四，第 1882 页（作"莫弗瞒咄" *maghapur~mantur*），参 Paul Ratchnevsky, "Les Che-wei étaient-ils des Mongols?" in *Mélanges de Sinologie offerts à Monsieur Paul Demiéville*, Vol. 1, Paris: Bibliothèque de l'Institut des Hautes Études Chinoises [Vol. 20], Presses universitaires de France, 1966, p. 234（保尔·拉契涅夫斯基：《室韦是蒙古人吗？》，载《对戴密微先生的汉学杂评》卷 1，巴黎，汉学高等研究院图书馆，卷 20）。勿吉：《魏书》卷一〇〇，第 3124 页；《隋书》卷八一，第 1821 页（也作 *maghapur~mantur*）。参 Chen Sanping 2002, p. 296.

[6] 《魏书》卷一〇〇，第 2224 页；《辽史》卷一〇六，第 1547 页，后来的史家将其改成"莫弗贺"，仍然称之为"酋帅"。

[7] 关于乌洛候、乌洛浑，见 Janhunen 1996, pp. 184, 193。姚薇元：《北朝胡姓考》，第 279、280 页，"乌"字下有北方姓氏"乌洛候"。

[8] 《隋书》卷八四，第 1882 页；《旧唐书》卷一九九下，第 5353 页；Chen Sanping 2002, p. 296.

代早期。[1]

正如陈三平所注意到的，这个词的第二个字"弗"是粟特语 *p'wr*（读作 *pūr*），意思是"儿子"，出现在粟特语和其他伊朗语的词组中，如 *shābuhr* "王子"，*bagapūr*（晚期 *faghfūr*）"神子"或"天子"。[2] 故，"莫贺郎"和"莫贺弗"的意思是一样的，前者是汉语，后者是粟特语（或其他相关的伊朗语），都是指"贵族子弟"。这里 *pūr* 是"儿子"的意思可以由一个柔然的名号"莫贺去汾"（*Makgha-kʻobun*）[3] 来证实，其中 *pūr* 被意译作"去汾"（*kʻobun*），很明显就是中古蒙古语 *kö'ün*（可温）。[4] 于是，我们有三个不同的例子，其中"莫贺"作"子"、"王子"讲，来表明自 375 年开始，这个名号就已经被广泛地使用于不同的语言环境中了。

莫贺、莫何的读音及其词源究竟是什么呢？关于这个问题，学者已经在古代突厥碑铭中找到了答案：*bagha*，正好可以与"莫贺"

---

[1] 《辽史》误作"莫弗贺"，见 Chen Sanping 2002, pp. 297, 298。Wittfogel and Feng 1949, pp. 428, 471 袭《辽史》之误，Holmgren 1986 也引作"莫弗贺"。魏特夫和冯家昇（p. 430）视为两个不同名号，但它们实际上是一样的。我怀疑契丹早期历史上的"大贺氏"（Holmgren 指出，此名号只出现于《辽史》追溯契丹崛起历史的语境中，没有出现于辽朝当代的文献中，pp. 46, 47）是否是"大莫贺"，即"大的莫贺"之省称，它是一个音译、意译相结合的产物。

[2] Chen Sanping 2002, pp. 289-325, 特别是 pp. 295-299。Pelliot 1959, Vol. 2, pp. 652-661 讨论波斯语 *faghfūr* 指代中国皇帝。

[3] 关于"去"、"汾"的中古汉语，参 Pulleyblank 1991, pp. 261, 94。Coblin 1994 和高田时雄 1988 仅有"去"字，§0132。

[4] 《北史》卷九八，第 3256、3258、3261、3265 页等。按照古典蒙古语的正字法，应该是 *köbegün*，但这似乎是蒙古语元音间辅音被古代正字法学家错误分析的一个地方。参见 *qughur* "琴"，突厥语对应的词是 *qobuz*。最早的蒙古语形式是 *qu'ur*，是 *qobuz* 一词滑音化（rhotacist version）的结果，即辅音 *-b-* 被滑音 *-r-* 取代。蒙古字母的发明者通常用 *-gh-* 或 *-g-* 来代表所有这一类元音之间的滑音，即便原本它们是因为 *-b-* 音的消失而产生的。

勘同。[1] 于是，这个词的首辅音被假定为 b-。陈三平将该词与粟特语 baga "神、天" 联系起来。[2] 但我认为，该词的首辅音不是 b- 而是 m-。首先，如前文所述，"莫" 字的早期中古音是 mak。只是到了唐代，"莫" 字才出现去鼻音化的现象，在藏文音译中变成了 ᵐbak。[3] 这是唐代西北方言中广泛存在的 "去鼻音化" 现象的一个例子，柯尉南认为发生在 7 世纪。[4] 因此，没有理由认为在 375 年 bagha 为何没有被音译成 "泊"（早期中古音 bak）或 "缚"（早期中古音 buak）。[5]

另外，maga~magha 在其他拼音文字中也作为名号出现过。在吐蕃，吐谷浑的首领被称为 ma-ga Tho-gon kha-gan。[6] 粟特语中，早期突厥的可汗号中也常见 magha。[7] 最后，大夏语文书中也有一个稍异的形式，可以明确地证明汉语 "莫贺" 的形式是 magha，而非 bagha。在大夏语文书中没有 magha 的原形，而是 maghator，即 baghatur。在古代突厥碑铭中有 baghatur，汉语音译是 "莫贺咄"。前两字正是我们讨论的 "莫贺"，语文学家也是如此联系的。但辛姆斯·威廉姆斯注意到，该词在大夏语文献中是 magator，而非

---

[1]　Pelliot 1921, p. 329; Chen Sanping 2002, p. 298, 陈三平说，汉字 "莫贺"~"莫何" 与突厥语 bagha 的对应是 "学界之共识"。

[2]　Chen Sanping 2002, p. 298ff.

[3]　Pulleyblank 1991, p. 218; Coblin 1994, pp. 385-386(§0890)；高田时雄 1988，第 388、389 页。唐代汉语中 -m 被去鼻音化之后变成 -b 的例子有：Bögü "牟羽"、Bayan "磨延"。参 Golden 1992, pp. 158,159.

[4]　Coblin 1991, p. 13.

[5]　Pulleyblank 1991, pp. 98, 241；"缚" 字见 Coblin 1994, §0925, 及高田时雄 1988.

[6]　"吐谷浑莫贺可汗" Ma-ga Tho-yo-gon (或 Tho-gon) Kha-gan，见 Molè 1970, pp. 74,75 引 Giuseppe Tucci；见 Uray 1978, pp. 543,544, 553, 554, 575.

[7]　Rybatzki 2000, p. 220.

bagatur。[1] 这一个关键性的观察证实了"莫贺"一词应当读如早期中古汉语 *maga*，而非晚期中古汉语 *baga*。但将"莫贺"读成 *maga*，绝不是说它就和 *bagha* 这个名号不是一回事了。勉强可以接受的一种解释是，突厥碑铭中所反映的古代突厥语方言跟唐代西北方言一样，所有的外来词也有一个首辅音"去鼻音化"的现象。如果古代突厥语和唐代西北方言都有一个 *m- > -b* 的变化，那么可以猜测，一个早期的非突厥语词 *magha* 到突厥碑铭里被写成了 *bagha*。而大夏语文书中的 *magator* 正好可以证实这一猜测，即突厥语的 *baghatur* 是早期 *magator* 的去鼻音化的结果。因此，*bagha* 和 *baghatur* 都是"莫贺"的原形，是晚期的去鼻音化后的形式。

一旦确定了 *magha* 是"莫贺"的原始形式之后，它与 *baga* 的联系就变得有疑问了。陈三平假设内亚语言中的形式总是 *bagha*，自信地将其与伊朗语（特别是粟特语）*baga* "主、神、天"联系起来。于是，他将"莫贺郎"、"莫贺弗"以及"莫贺去汾"（尽管陈三平没有注意到此名号）解释成"神之子"。根据这一词源学解释，突厥名号中的 *magha~bagha* 也有"神圣"的意思。[2] 但一旦将 *magha* 确定为原始形式之后，这个解释就显得站不住脚了。相反，我认为没有理由反对 *magha* 来自梵语 *mahā* "大"的这一观点，尽管芮跋辞（V. Rybatzki）建议无视此观点。[3] 如果是这样的话，*magha* 就是突厥佛教文献中用来音译梵文 *mahā* "大"的成分。*magha* 的变体是 *makha-*，前者的年代更早，是粟特语化的音译。[4] 我相信，除了内典

---

[1] Sims-Williams 2003, p. 235.

[2] Chen Sanping 2002, p. 295ff.

[3] Rybatzki 2000, p. 220.

[4] Nadeliaev 1969, pp. 335a, 338a-b; Rybazki 2000, p. 220.

之外，还能找到许多理由来证明"莫贺"（*magha~bagha*）这一世俗名号的语源更可能是 *mahā* 而非 *baga*。最直接的证据是，*magha* 实际上在突厥名号中总是和 *bagi(βγy)* "像神一样"连用，例如在《布古特碑》中有"您，像神一样的 *magha tatpar* 可汗"[1]*βγy my' t'tp'r x'γ'n*。[2] 而这里的 *bagi* 源自 *magha* 的可能性是极小的。如果真如许多突厥学家所相信的[3]，突厥名号 beg "官员"是来自伊朗语 *baga* "神、天"，那么根据元音和谐律，伊朗语中的前辅音 -g- 应该将其元音变为前元音，这就排除了它与 *magha~bagha* 是同一词源的可能性，因为后者是后元音。突厥语中 *beg* 的这一形式说明了，*baga* 在借入突厥语时是按照前元音和谐律而被处理过的，而 *magha~bagha* 则总是后元音和谐。若没有一个合理的解释，将二者联系起来是不可取的。

"莫贺"、"莫何"出现在一些语境中，如地名里，只能作 *mahā* "大"而非 *baga* "神"解。例如吐谷浑境内（今青海）的"莫何川"。[4] 还有一个"莫贺延碛尾"[5]，不管"延碛尾"指什么，将"莫贺"理解成"大"比"神"更解释得通。[6] "莫贺"、"莫何"还直接

---

[1] 粟特语 *βγy*，在 Kljaštornyj & Livišic 1972, pp. 79, 80 中被译成"主"，但在吉田丰、森安孝夫 1999 中被译成"像神一样的"，pp. 123, 124。参见 Gharib 1995 *βγ* (§2543, 100) *βγ* 读作 *baga* "神、主、王、先生"；*βγ'n'yk'*(§2552, 101) 读作 *βayānīk*（参帕提亚语 *bagānīg*）"神圣的"；*βγy 'γšywny* (§2611, 103) 读作 *βaye/I axšēwanē* "陛下"。

[2] 参见吉田丰、森安孝夫 1999，第 123、124 页，B-1, 1.3, B-2, II. 4, 6, 11。Kljaštornyj & Livišic 1972, pp. 85-87; Rybatzki 2000, pp. 215,216。值得注意的是，尽管吉田丰和森安孝夫对 Kljaštornyj & Livišic 的释读做了许多修正，在 *βγy my'* 这一点上是意见相同的。这个词在 Kljaštornyj & Livišic 1972 中读作 *βγy my' tykyn* "主公 Mahan 特勤"。

[3] Kljaštornyj & Livišic 1972, p. 80; Chen Sanping 2002, pp. 300, 303 有相关引文和讨论。

[4] 《晋书》卷九七，第 2541 页；Carroll 1953, p. 13, n. 105。

[5] 《新唐书》卷二一六下，第 6104 页。

[6] 在吐谷浑的史料中可以找到军事词汇"大莫门"以及表示都城的"墨离"。同样，在这些地理名词中，最好理解成"大"而不是"神圣"。非常感谢 Huang Bo 提醒我这些名号（2012 年 6 月与其私谈）。

出现在梵语名号中，毫无疑问是 *mahā* 的转写。经常被人研究的突厥可汗摄图，即"沙钵略" < Īśvara，他的名号之一是"莫何始波罗"，显然是 *maheśvara* "大首领"的音译，是婆罗门神的别称。[1] 它也是帕米尔高原上识匿王（Shugnān）名号的一部分，全称"罗旅伊陀骨咄禄莫贺达摩萨" *Lal idä qutlugh mahā dharmasattva*。[2] 无论 lal 是什么意思，后面的 *idä* 是突厥语"首领"，*qutlugh* 是"有福分的"，接下来就是梵语"大法身"[3]，其中"莫贺"就是"大"的意思。

最后需要说明的是，陈三平关于"莫贺郎"、"莫贺弗"和"莫贺去汾"这几组名号的涵义经常发生贬值的这一论断是正确的。随着时间的推移，拥有"神之子"这样名号的人可能只是一个不起眼的部落首领。不过，需要注意的是，这一"神之子"的名号从未冠于任何一位内亚最高统治者头上，从它首次出现开始，一直都是用

---

[1] 《隋书》卷八四，第 1865、1868 页；《北史》卷九九，第 3291、3293 页。参 Beckwith 2005, p. 17, n. 53。

[2] 《新唐书》卷二二一下，第 6255 页。关于 Shughnān，参 Bosworth 2013。

[3] 关于这个名号，Richard Nance 在给我的一封电子邮件（2011 年 6 月 29 日）中写道："关于 *dharmasattva* 的形式，有两个问题。第一，这个形式从语法角度说得通吗？第二，这个形式是佛教徒所使用的吗？奇怪的是，第一个问题的答案是'否'，第二个问题的答案是'是'。我们不妨考虑一下类似的一个词 *bodhisattva* '菩萨'。在《巴利语学生字典》中，Steven Collins 总结了这个字的难解之处：'这个字通常被分析成 *bodhi*+*sattva*（觉悟之身），但却在语法上说不通。很可能其中发生了一些语言变化，巴利语的 *satta* 已经重新梵语化了，变成了 *sattva*。这是一种可能的对应，但巴利语的 *satta* 还可以和其他两个梵语词汇更好地对应。第一种可能是，来自 √*sañj* "坚持、执意"，过去式是 *sakta*，对应巴利语是 *satta*。第二种可能是 √*śak* "能够、有能力"，过去式是 *śakta*，对应巴利语也是 *satta*。"坚持觉悟"和"能够觉悟"都比"觉悟之身"讲得通。所以很可能，*bodhisatta* 的两个意思中的一个是其原始意义。'如果能在巴利语中找到 *dharmmasatta* 作为名号的例子就好了。但匆匆浏览 Malalasekara 的字典找不到。我在巴利语文献数据库中也找了，发现 *dharmmasatta* 根本找不到。在 Edgerton 的《佛教混合梵语字典》中也没有列出 *dharmasattva*。查海德堡的梵语数据库也一无所获。这说明了，这个词在印度佛教徒中流传并不广。但是 *bodhisattva* 的例子很有参考意义，不能仅仅依据语法上无法解释得通这一点就直接将这种可能性完全排除。"

于相对低级的某某王。

Magha 作为一个单词可以生成新的名号，其意思往往还是"大"而非"神"。"莫贺"跟其他名号在一起的例子在突厥汗国比比皆是：莫贺可汗 magha qaghan[1]、莫贺单于 magha chanyu[2]、莫贺达干 magha dargan[3]、莫贺设 magha shad[4] 以及莫贺俟利发 magha hilitber[5]。因此，"莫贺"似乎是一个强化的修饰成分，意思是"大"，来组成若干新的名号。既然"莫贺"是一个普通的名号修饰成分，陈三平的观点就有很大的可靠性了[6]，即 maghator (baghatur > ba'atur > baatar) 可以分析为 magha + tor，而 tor 是另外一个名号，或许也跟扈从有关。但仅仅据此就认为 tor 是一个单独名号，似乎有些臆断。

关于内亚名号 magha 一词，我还想做最后一点补充，仅仅是推测而已。契丹语释读工作的进展之一是发现了一个此前不知道的阿尔泰语共同词汇 mo "大"。[7] 这个字在成吉思汗以前的蒙古地名中也有出现：Mo-Ündür "莫运都儿山"。[8] 这里的"莫"与 magha 的意思相仿，那"莫" mo 会不会也是来自梵语呢？从 magha 到 mo，

---

[1] 《旧唐书》卷一九九，第 5343 页。

[2] 《新唐书》卷七一下，第 2403 页。

[3] 《旧唐书》卷九，第 213 页。这个常见的组合也见于古代突厥碑铭，参 Nadeliaev 1969, p. 77。

[4] 《旧唐书》卷一九八，第 5301 页。

[5] 同上书，第 5303 页。

[6] Chen Sanping 2002, pp. 320-323. 我不同意陈三平 magha~bagha = baga "神"的勘同，我对该种可能性的语义学方面的评估也是很不一样的。

[7] Kane 2009, 3.008, 2.133; Shimunek 2007, p. 82.

[8] 《圣武亲征录》，见王国维：《蒙古史料四种》，第 46 页；贾敬颜：《圣武亲征录校本》卷二，第 81 页。在《蒙古秘史》SHM §170 中是"卯危温都儿山"。但我在即将出版的校勘本《圣武亲征录》中会指出，在汉文史料和拉施德丁的书中都出现的"莫" mo 更可能是其原形，因为"莫"不是一个常见的蒙语词汇，而"卯" mau（意思是"危歹"）是一个常见的词。错误的释读往往容易朝常见词的方向去，而不是偏离它们。

需要两个步骤，在内亚很常见。第一步是辅音 *gh* 的消失，以及两个元音 *a* 的合并。这一语音变化在蒙古语中极为常见，在契丹语中也有记载，例如 *pulu*（来自古蒙古语 **pülegü*），*shawa*（来自古蒙古语 *sibaghu*）。[1] 第二步是元音 *a* 变成 *o*。这一现象在汉语方言中很普遍，也是中古汉语到现代汉语转变的一个标志。这一点甚至可以从吐谷浑的地名"莫何川"的异译中得到印证。正如 Molé 所指出的，这条河的名字也叫"慕贺川"[2]。而"慕贺"在中古汉语中是 *mogha* 而非 *magha*。这个音译的年代大约是南朝的刘宋时期（420—479）。或许可以说明，在 5 世纪吐谷浑的口语中，*magha* 向 *mogha* 的转变已经开始了。如果是这样的话，它与契丹语 *mo* 有联系的可能性就增强了。

阿史那及相关名号

突厥汗国历史上最重要却尚未弄清楚的名号就是可汗家族的姓氏，汉文史料中写作"阿史那"。这几个汉字的中古音还是比较清楚的，蒲立本构拟作 /ʔa-şi'-naʰ/，柯尉南重构的西北方音（约 5 世纪）是 /ʔa-sə-na/，在晚唐藏文中写作 "*a-shi-'da*。[3] 音译变化比较多的是"阿"字，在唐代藏文和于阗文文献中或作 "*a*（24 例），或

---

[1] Shimunek 2007, pp. 89, 92. 关于词尾 -gh- 似乎在契丹语里保存得更好，参 **ituGan*，Shimunek 2008, p. 75。

[2] 《宋书》卷九六，第 2373 页；《南齐书》卷五九，第 1026 页。Molè 1970, pp. 77-78. 文献中本来的形式是"慕驾州"，但显然是讹误，相关点校本都已经校改。

[3] Pulleyblank 1991, pp. 23 (cf. p. 86), 221, 283; Coblin 1994, §0016, §0328, §0005, pp. 124, 125, 240, 241, 121；高田时雄 1988，第 304、305 页。

作 "an~aṃ（20 例），或作 ar（1 例）。[1] 鉴于此名号在唐代鼻音脱落化之前已经用汉语写定，其形式应当是 Ashina（巧合的是，与现代汉语拼音一致），或 Anshina，甚至可能是 Arshina。

汉文史料中还有此名号的几种异译形式。《贤力毗伽公主墓志》有"阿郍"，或是"阿史郍"之讹。[2]"郍"字的中古音与"那"同。另一更有意义的异译是"阿史那施"[3]。这里的"施"用来音译 -sh，一个用来构成名词的突厥语词缀，例如 aghïsh"财富"，来自 aghï"财"，再如 ödüsh"时间"，来自 öd"时间"。[4] 从语音学角度讲，-s（突厥碑铭中口语化的形式）和 -sh（更加书面语）之间还是有差别的。[5]

最后一种异译是"阿瑟那"，白桂思已正确地将其与"阿史那"勘同。[6] 第二字不是"史"而是"瑟"，蒲立本构拟的早期中古音是 /ʂit/，晚期中古音是 /ʂət/，柯蔚南构拟的隋唐方音作 ʂir。[7] 既然"阿史那"是常见的音译，那么选用"瑟"字来译写，一定是考虑到了当地方

---

[1] 高田时雄 1988，第 304、305 页。

[2] Chavannes 1912, p. 82, n. 5.

[3]《新唐书》卷二一七下，第 6143 页。

[4] Tekin 1968, p. 107. 这个词尾在古代突厥语里是一个常见的构成部族名称（世系名、军事政治名、族名）的词缀，往往加在人名、地名或名号之后。例如"突骑施"Türkish 来自 türki、"郁射施"*Ukzhash 来自"郁射"*Ukzha、"鼠泥施"或"苏尼失"süngʻish 来自"苏尼"süngʻi、"车鼻施"来自"车鼻"čabï。这个词缀还有别的用法。在《周书》突厥祖先传说中（《周书》卷五〇，第 908 页），我们找到"处折河"，跟"践斯处折施山"这一山名有关。

[5] Tekin 1968, pp. 93-98.

[6]《新唐书》卷二二一下，第 6250 页，该名号出现在贞观年间的史料中。在文献中"阿瑟那"似乎是一位征服了费尔干纳的突厥国王。他的名字是"鼠匿"*Shünrik，可能跟"鼠泥施"及"苏尼"有关，都来自 süngʻü 和 süngʻüsh~süngʻish"士兵、战争"，只不过词根 shüngʻi 稍异。

[7] Pulleyblank 1991, p. 273; Coblin 1994, p. 368, §0829.

音的特点，或者是为了更接近原音。主要差异还是在末尾辅音，在当时是一个流音。在音译过程中，由于末尾辅音通常会跟后接音节的起首辅音合并，故"那"很可能读作 -la。换句话说，"阿瑟那"这个音译表明，Ashina 应该读成 Ashila 才对。另一方面，根据柯尉南搜集的音译例子，"瑟"字是专门用来音译梵文的辅音丛，例如 ṣn~ṣṭ~ṣṭh。"阿瑟那"的"瑟"很可能对应的也是一个辅音丛，而非单一辅音。Arsila 有两个连在一起的辅音，这一特点正好可以在音译中反映出来。

尽管"阿史那"一词在汉文文献中极为常见，在其他语言文字中尚未找到其对应形式。即便有人宣称找到了，也未获得学界普遍认可。目前学界流行三种不同的观点，我想提出第四种方案。最新的观点来自吉田丰和森安孝夫，他们号称在《布古特碑》中找到阿史那的粟特语形式 '(')šy-nʾs。[1] 这一形式的末尾辅音 -s~-sh，在汉语音译"阿史那施"中也能得到印证。由于碑铭中此处文字已经残损，他们二位的读法与克利亚什托尔内和李维斯基的读法不同，更是受到白桂思的质疑。[2] 阿史那施（Ashinash~Ashinas）也可以和见载于晚期阿拉伯语和波斯语文献中的两个名号联系起来。第一个名号是 Ashinās~Ashnās，是一位在阿拔斯王朝效力的突厥仆人，后来成了埃及的都护。他的名字有一个波斯语的解释：一旦冲锋陷阵，他就会大喊"认得我！"[3]（ashinās mā-rā）在我看来，这不过是民间词源学的解释，即用当地人听得懂的语言来解释那些非波斯语、非阿拉

---

[1]　吉田丰、森安孝夫 1999，第 122—125 页。

[2]　Kljaštornyj & Livišic 1972, p. 85 读作 c(yn)stʾn 或 Chinastan "中国"；Beckwith 2005, pp. 14, 15 认为这一新读法没有说服力，但也没有提供自己的读法，而是专注于该词所在的语境。

[3]　Golden 2004, p. 298, n. 88, pp. 295, 296, 299.

伯语的名号。类似的，在锡尔河流域有一座城叫 Ashnās，现在的读音是 Asanas。[1] 这个名字跟吉田丰和森安孝夫提出的阿史那之粟特语形式，在语音上几乎完全吻合，只不过音节末是 -s 而非 -sh。这些名号都可以和突厥可汗家族的姓氏"阿史那"或者其原形联系起来。就像滑国将"滑"字用来命名城市一样，突厥可汗家族也可以用国姓来命名一座锡尔河沿岸的城市。[2]

克利亚什托尔内最初建议 Ashina 和于阗塞语文献中的 āšāna "高贵的"相勘同。[3] 后来他又改了主意，将其与塞语文献中的 āṣṣeina~āššena "蓝色"（在吐火罗语甲种方言中作 āšna）对勘。[4] 这一勘同又促使他将其与突厥碑铭中常见的 kök türük "蓝突厥"联系起来。这样就可以解释，为何"阿史那"在突厥碑铭中从未出现过：它是以意译而非音译的形式出现的。[5] 但如果《布古特碑》中阿史那一词音译的读法可靠的话，他的观点就不具说服力了。

后来，白桂思提议将阿史那和拜占庭史家梅南窦记载的，突厥王朝祖先（实际上是指长辈）的名号 Arsilas 联系起来。[6] 原文是："突厥人民的首领将土地分成八块。突厥人年长的首领叫 Arsilas。"[7] 这一观点具有很强的说服力，因为它是在一份与突厥汗国直接相关的史料中找到的名号。[8] 由于 Arsilas 不曾在其他地方出现过，最好

---

[1] Barthold 1968, pp. 179, 414; Juvaini (Boyle 1958), pp. 87, 88.

[2] Czeglédy 1983, p. 93.

[3] 这显然与吐火罗语 aṣaṃ "值得"是同源词，见 Adams 1999, pp. 32, 33; Carling 2009, p. 55。

[4] Kljaštornyj 1994, pp. 445-447; Golden 1992, p. 121.

[5] Kljaštornyj 1994, p. 447.

[6] Beckwith 1987, pp. 206-208.

[7] Blockley 1985, p. 276.

[8] 克利亚什托尔内（Kljaštornyj S. G.）经常说"从历史学的角度，有很强的说服力"，但从语音学的角度看，他的说服力却很弱。参见 Kljaštornyj 1994, p. 446。

还是将其理解成某位同名的突厥王朝祖先，而不是某位无名的历史人物。跟吉田丰和森安孝夫的读法一样，白桂思建议的读法中也有末尾辅音 -sh 或 -s，与"阿史那施"合。

　　以上四种勘同中对汉字"阿史那"的读法都不一样。[1] 白桂思的 Arsila 一说中，汉字读法颇为异常，当然也并非没有可能。克利亚什托尔内的于阗语 āśāna "高贵的"或 āṣṣeina~āššena "蓝色"一说中，汉字"史"的音值未能准确反映出来。相反，吉田丰和森安孝夫的粟特语读法是最能吻合汉字读音的。白桂思的观点有两个前提：一是"阿"字有末尾辅音，当读 an；二是"那"字当读如 la。在藏文《金刚经》、《心经》的换写和于阗文婆罗迷文书的转写中，"阿"字是经常用来转写 an 的。[2] 至于"那"字，转写的音值当然是 na[3]，

---

[1]　P. Golden 已经注意到这一难点了，见 Golden 2006, p. 20。

[2]　高田时雄 1988，第 304、305 页，§0016。"阿"字总是用来音译 anuttara samyak-sam-bodhi "阿耨多罗三藐三菩提"中的 an，而后面接着的就是"耨"。白桂思对自己的读法提出了一点辩护，我却不敢苟同："第一个字的唐代读音通常是 ar（至少在音译名号中如此），在许多例子中都可以看出来，包括 Arsïlan/Arslan。（p. 207, n. 5）"实际上，根据标准的研究，例如高田时雄和柯尉南的研究，根本不是如此。"阿"字对应的音节更多的是 a- 和 an-，而非 ar-，后者只有一例。参见 Coblin 1994, §0016, pp. 124, 125 和高田时雄 1988, pp. 304, 305, 256, 1. B 2，唯一的 ar- 是"阿閦鞞佛"Aksobhya Buddha。参见 Soothill 1937, p. 293 "阿閦"。白桂思所谓的"阿"字对应 ar 的 Arslan 的例子，在唐代文献中作"阿悉烂"。这里的"阿"对应的音值确实是 ar。但"阿悉烂"Arslan 是唐代音译外来名号中的一个特例。三个辅音连在一起音译成汉语很困难，所以常常会省略 r 音。因此，在元代，当"阿"字对应的音值绝对是 a- 或 o- 时，arslan 一词通常被音译成"阿昔兰"、"阿思兰"、"阿思蓝"，完全把 -r 的音节给忽略掉了。参见姚景安：《元史人名索引》，第 415、422 页。但是，"阿"字极少对应 ar- 的这一事实并不能彻底把白桂思的观点给否定了，因为如果"阿史那"的原形也有三个辅音连在一起的话，譬如 Arshla~Arshna，译成汉语也可以是 Ash(i)na，就像 Arslan 译成汉语是 As(i)lan 一样。另一种可能性（我认为更可靠一些）是，"阿"对应 an-，而这个 n- 往往可以用来替代末尾辅音 -r。总之，尽管白桂思的论据有问题，但他的结论是正确的，即 Arshi- 是"阿史那"的一个可能的对应形式。但是必须指出，它并不是唯一的可能形式。

[3]　Coblin 1994, p. 121, §0005；高田时雄 1988，第 304、305 页。

但唐代音译中也有齿鼻音和齿流音混淆的实例，特别是在音译吐蕃人名的时候。譬如，"苏农"或"思农"对应藏文的 Srong，而"奴刺"则用来音译 Lolad，见于 P. T. 1283 号文书。[1] 这些例子说明，外来语言中的 -la，很可能音译成汉语时就成了 na。尽管在古代突厥语中尚未找到实例，但也无妨，因为"阿史那"本身并非突厥语。"阿史那"的一个异译"阿瑟那"（*Ashilna）倒是可以印证这一点。前面也提过，这个异译提醒我们，"阿史那"当读作 Ashila（不管是普遍如此，还是仅仅某种方言中如此）。但我们也讲了，"瑟"字对应的可能不是单个辅音，而是辅音丛。结论是，"阿史那"可能是 Arsilas 的一种音译，但似乎并未准确反映出其原音值。[2] 现在摆在我们面前的是，一个粟特语 Ashinas(h)，一个希腊语 Arsilas。汉文音译与前一种读法更吻合，但也不排除第二种的可能性。那么，这两种读法之间是否有联系呢？我相信，这两种读法实际上是同一名号的两种不同形式。但要证明这一点，还需要对其涵义和起源做进一步的分析。

解决这一难题的第一个步骤是，将"阿史那"与古代突厥语的 arslan "狮子" 一词切割开来（白桂思在提出 Arsilas 的观点时将二者联系起来）。这样做最直接的理由是，如果该名号真的与 arslan "狮子" 有关，那为何不直接写成"阿悉烂"呢？后者是唐代文献中"狮子"一词最常见的音译。再者，arslan 在音节末尾有一个 n。如果说，用 -a 或 -as~-ash 来替代 -an，无论如何是说不过去的。另外，

---

[1]　Venturi 2008, p. 21；例如"弃苏农"唐代读音 Khi-so-'nong，见 Coblin 1994, §321c, 0101a, 1151，是 Khri Srong 的音译，见 Pelliot 1961, p. 82。来自《新唐书》。

[2]　"阿那"被用于音译内亚名号还有一例："阿那瑰"，白桂思和其他多数学者都将其比定为希腊文献中的 Anagai。参 Beckwith 2009, pp. 9, 114。

《布古特碑》和 P. T. 1283 号文书上的读法都有 *ashi*，与 *arslan* 也无法匹配。最后，正如我下面将要讨论的，"阿史那"只是一个合成词，类似的情况还有不少，都是由词根"阿史"＋某词尾构成。如果理解了"阿史那"的内在结构，就会发现它与 *arslan* 是没有关系的。

现在有必要对"阿史那"的内部结构做深层次的分析了。好在"阿史"二字不仅出现在"阿史那"的音译里，还出现在其他几例相关的名号中。[1] 其中最重要的是"阿史德"，即可汗家族阿史那氏的联姻家族。既然是联姻家族，两个名号中相同的"阿史"（*arshi-*）应该是词根，而"那"和"德"则分别是词缀。另外一个类似的例子是中亚石国国王"阿失毕"，尽管中间的字稍异，也是"阿失"＋"毕"（中古音 *pit*）的组合。[2] 这个"毕"字，在其他地方有明确的含义。学界普遍认为，"失毕"用来音译突厥名号 *shadapït*，词源可能是一个经过了吐火罗语中转的印度俗语词汇 *śadavida*。其中 *pït* 对应的是印度——伊朗语中的 *pati* > *vida* "主人"。[3] "失"字不同于"史"，是入声字，蒲立本拟作 /ṣit/，在唐代藏文转写中作 *shir*。换句话说，"阿失毕"中的前两个字与"阿瑟那"（Ashilna）中前两个字所对应的词根是吻合的，但最后一个字，用 *pït* 或 *vida* 取代了 *-na*。这个例子很有意义，因为"失"字的入声 *-t~-r* 无法影响

---

[1] 还有一座"阿史不来城"，位于今 Kainda 附近，在比什凯克（Bishkek）以西。参 Chavannes 1900, pp. 10, 304。沙畹将其比定为 Ibn Khurdādhbih 书中的 Ashpara~Asbara，参 Minorsky 1970, p. 289。暂且不管沙畹的比定，这个名字中"阿史"似乎也可以跟 *ash(i)* 联系起来。

[2] 《通典》卷一九八，第 5438 页。

[3] Bombaci 1976, pp. 32-41. 佛教文献中的 *pati*，参 Soothill 1937, p. 266 "波帝"。Beckwith 2005 认为 *pati* 也出现在汉语对"吐蕃"、"突厥"和"拓跋"等词的音译中。

到下接字"毕"的首辅音，后者也不是 -l 或 -r。这一点说明，"阿
失毕"和"阿瑟那"中间那个字的选择是有不同理由的，它们对应
的其实是一串辅音丛。也就是说，如果"阿瑟那"反映的是类似于
Arsila 中的辅音丛 rṣ 的话，"阿失毕"则可还原成 *Arsipït，里面含
有同样的辅音丛。

以上的分析表明，"阿史"应该是一个常见的名词或形容词，通
过附加不同的后缀，包括 pati~vida~pït "主人"，来构成新词。这
个分析也可以从吉田丰和森安孝夫在《布古特碑》的读法中获得印
证，他们在 '('š)y(āshī) 和 n's(nās) 之间留了一个空。[1] 因此，我们可
以有把握地将"阿史那"视为一个由词根 ashi~arshi 加词尾 -na 的
合成词，而不是一个单一词。好在，还有一个结构相同的音译"阿
史德"。蒲立本构拟的中古音作 /ʔa-ṣi'tək/，柯尉南重构的西北方音
作 ʔa-ṣə-tək，晚唐吐蕃音译中作 "a-shi-tig。[2] "阿史德"的藏文音译
出现在 P. T. 1283 号文书中，文书内容是 750 年左右不同政治体的名
称及其构造。该件文书在前文讨论"舍利"（Shar）时就已经被使用
过。文书中提到东突厥的十二部，可以与汉文史料中的记载吻合。[3]
其中有 a-sha-sde'i sde-chig，意思是"A-sha-sde 的一部"。克劳森
（G. Clauson）已经指出，这个 A-sha-sde 或属格形式 A-sha-sde'i，就
是汉文史料中的"阿史德"。[4]

可以看出来，藏文的音译是有所变异的，但其变异的方向是很

---

[1] 吉田丰、森安孝夫 1999，第 123 页。
[2] 关于"阿"、"史"的读音，见上文。"德"字的读音，参 Pulleyblank 1991, p. 74. Coblin
     1994, pp. 411, 412; 高田时雄 1988，第 396、397 页。
[3] 《唐会要》卷七二，第 1307 页；卷七三，第 1315 页。《新唐书》卷四三下，第 1120 页。
[4] P. T. 1283, l. 9, Venturi 2008, p. 21.

清楚的，主要是第三个音节。首先，*sde* 本是一个藏语词汇，意思是"部分"等，用于人群时主要是指"部落"，实际上这份文书中的每一个部落名后都有这个字。既然 *sde~sde'i* 不是"德"字中古汉语的音译，而后者在其他文献中作 *teg* 或 *tig*，那么其原来形式一定是因受到了后接字 *sde* 的影响而变成了 *sde'i*（即 *sde* 的属格形式）。由于这件文书里的部落名称大部分都不是属格形式，只要那些跟 *sde chig* "一个部落"有关的地名是属格，我推测，这些属格形式都是后来变异的结果，要么是因为部落本来的名称而变异（就像 *teg* 变成 *sde'i*），要么是因其他范式而变异。藏文中的前两个音节 *a-sha* 还是较好地保留了"阿史"的音值。但值得注意的是，第二音节的元音也是可以变异的。在用印度文字书写的语言中，如藏语，*sha* 中的元音 *a* 通常不用元音符号标识出来，而第三个音节则有两个元音符号，其实只需要一个，也从侧面说明了这个属格是变异的结果。撇开元音符号不谈，我们可以将其还原成：*A-she-tig*，或者考虑到元音换位（也是因为要考虑到第三个音节 *sde*）：*A-shi-teg*。总之一句话，藏文转写中的第一个音节是可靠的，第二个音节除了元音（应该是 *e* 或 *i*，而非 *a*）之外也是可靠的，第三个音节则只有借助于其他文献才能解释得通。

　　用以音译"阿史德"第三个音节的 *teg* 或 *tig*，将"阿史那"和"阿史德"与突厥、回鹘的一对荣誉性名号联系了起来。这一对名号就是 *teng'ride* "在天上"和 *teng'ri teg* "像天一样"。这两者几乎是同义词，只是 *teng'ride* 的位阶似乎稍高。[1] 有一重要的现象，似

---

[1]　Pritsak 1985, p. 208: Rybatzki 2000, pp. 224–226，表格见 pp. 248, 249。

乎还没有人解释清楚，回鹘时代 *teng'ride* 中的从格 -*de* 不曾用类似的 -*de* 音译，而是用 *la*，如啰、逻、罗。这个 *teng'ri-la* 和 *teng'riteg* 的例子，正好可以从侧面印证我们 *ashi-na~ashiteg* 的观点，如果 -*na* 可以读成 -*la* 的话。[1]

那词根 *ashi~arshi* 到底是什么意思呢？突厥语中有一个常见词汇，在语义上与此匹配：*arshi* "神圣、贤明"，来自梵语的 *ṛṣi* "吠佗诗人、智者"，但很早就已经借入突厥语了，作 *arshi*, *irshi*, *rsi*, *rshi* 等。[2] 在回鹘语文书中，最常见的形式是 *arshi*，借入蒙古语中也作 *arshi*。我认为，除了这些相对晚期的形式之外，应该还存在一种早期的、更接近梵语原文的形式：*ashi*。该词根后来发展出诸如 *Ashi-la/Ashi-na*，*Ashi-teg* 和 *Ashi-pit* 等形式。

既然回鹘语的 *arshi* 派生自梵语的 *ṛṣi*，这个元音 *a*- 从何而来？回鹘语中的起始元音有 *a*-，*i*- 和 Ø- 三种，但是有 *a*- 在其他非梵语和非回鹘语文献中得到了证实。犍陀罗的印度俗语中有 *iṣi*，巴利语中有 *isi*。[3] 在吐火罗语两种方言中，也有几种来自梵语的形式，例如乙方言中 *ṛṣāke* "先知"，*ṛṣākañca* "女智者、女先知"，甲方言中 *riṣak* "智者"（复数 *riṣaki*）。[4] 对应的汉语词汇对我们的研究没有意义，因为都是意译而非音译。[5]

很明显，与吐火罗语中的对应词汇一样，回鹘语中的 *irshi*，*rsi* 和 *rshi* 也是从梵语中的"正确"形式中派生出来的。这说明了，回

---

[1] Rybatzki 2000, pp. 234-243，表格见 pp. 249-251，汉字索引见 nos. 43-112。

[2] Nadeliaev 1969, pp. 55, 212, 477.

[3] Brough 1962, §236 (*iṣayu iṣiṇa*), §196 *(rayerṣayu)*; *Pali-English Dictionary*, p. 123, *isi*.

[4] Adams 1999, p. 541; Ji Xianlin & Winter & Pinault 1998, p. 294.

[5] Soothill 1937, pp. 166, 334, "仙"、"神仙"。

鹘语中的 *arshi* 这个形式一定是来自某种俗语而非梵语。同样地，早期印度俗语中的形式也没有 *ṛ*。如果我们把这两种俗语的特点结合起来，可以构拟出一个早期的、不规则的、以印度俗语为基础的形式：*ashi*。后来的回鹘佛教徒将这个词梵语化，变成了 *arshi*，或更完整的 *irshi*，*ṛsi* 和 *rshi*。突厥名号中元音 *-a~-i* 之间的转换，还有一个类似的例子，保加尔国王的名号在希腊语中作 Asparoukh，亚美尼亚语中作 Asparhruk，保加利亚语中作 Isperikh。[1] 跟塞诺的观点一样，我认为这个词就是汉文史料中的突厥名号"沙钵略"（*ïshbara*），源自梵语的 *īśvara* "主人"。[2] 这个名号起始元音从 *-a* 到 *-i* 的转换（前者代表了通俗的读法，后者则是更"正确"的读音），与 *ashi-* 和犍陀罗俗语 *işi* 首元音之间转换的情况是一样的。

这种早期印度俗语和晚期梵语之间的差异正好可以解释 Ashina 和 Arshila(s) 之间的不同。从语源学角度看，Arshila 是正统的梵语形式，用于西部中亚绿洲居民，而 Ashina 则是世俗化的称谓，主要在蒙古草原东部和中国使用。希腊语史料中的 Arsilas，很显然是通过突厥汗国内的粟特译者之口辗转而来的。[3] 费尔干纳盆地一位国王的名号"阿瑟那"以及石国国王的名号"阿失毕"都是梵语的形式（大概是因为中国的缘故），即 Arsila 和 Arsipït，都有辅音丛。前面我已提到，用"瑟"或"失"来代替"史"，可能是考虑到要反映出

---

[1]　Golden 1992, p. 246.

[2]　Sinor 1985, p. 157, n. 10; Beckwith 2005, p. 17, n. 53.

[3]　或许会有人心生疑窦：为何偏偏是东部的形式被用于《布古特碑》中呢？这个情况跟 *shadapït* 一样。Bombaci 指出，*shadapït* 这个词来自印欧语，但在《布古特碑》中却是一个彻底突厥化的形式，没有受到伊朗语正字法的影响，见 Bombaci 1976, p. 37。这里的情况相同，一个印度—伊朗语词 Ashina 在《布古特碑》中出现的形式，不是来自粟特语翻译者，而是来自突厥的首领。

辅音丛 *ṛṣ*。这样一来，词根就非常接近 *arṣi* 了。石国国王"阿失毕"音译的应该是 *arshi-pït* 或梵语 *ṛṣipati* "圣王"。[1]

既然 *Ashi-~Arshi-* 是词根，那词缀是什么呢？上文已提及，与这里的情况相似，汉译回鹘名号时，与词根 *teng'ri* "天"相关的词缀有两个：*-la* 和 *-teg*。古代突厥语中 *teg* 的意思是"像……一样"，而 *-la* 则是副词性词尾，至少在一些学者眼中是如此。[2] 另外一些学者不认为 *-la* 是一个副词词缀[3]，而是对应回鹘名号中的位格 —— 向格 *-dA*。很可能，*-la* 和 *-teg* 是一对非突厥语的词缀。前者可能是梵语里的一个次级形容词词尾，而 *Arshila* 对应于梵语中某个尚未被证实的单词 *Ṛṣila*，意思是"神圣的"。[4] 还有另外一种可能性，即突厥语中对应的词缀可能表达了一种与"向格 —— 位格"意义相似的、表明"起源"的意思："有神圣起源的。"[5]

无论如何，从 *-la* 到 *-na* 的转变，极可能是在该词汇从西向东流传过程中发生的。众所周知，突厥语的 *-l* 到蒙古语中变成了 *-n* 的例子不在少数，最典型的是突厥语复数词尾 *lar* 到了蒙古语中成了 *nar*。[6] "阿史德"（*Ashiteg*）中的词尾 *teg* 似乎是内亚的一种原始形

---

[1]　注意 *pït* 仍然保留着源自印度俗语 *vida* 的"内亚化"特征。

[2]　Erdal 1998, p. 148; Tekin 1968, pp. 164, 165, 377, 378.

[3]　Tekin 1968, p. 163 没有列出，对 *birle* 的解释与后来 Erdal 的解释很不同。我很怀疑这个 *birle* 不是 *-la* 词缀，而是方向格 *-ra*（实例见 Tekin 1968, pp. 154, 155），但因跟在 *bir* 之后，*-r* 音就流音化变成了 *-l*。

[4]　感谢 Richard Nance 在一封电子邮件（2011 年 8 月 13 日）中提到："*ṛṣila* 中的 *-la*，可能就是一个次级的词缀……例如，*a.msa* 意思是'肩膀'，*a.msala* 意思是'壮、有力'，即'肩膀结实'；*kapi* 意思是'猴子'，*kapila* 意思是'棕色'，即'猴子的颜色'。"如果确实如他所说，*ṛṣila* 的意思也可以是"神圣"。

[5]　这是 *-de* 的"从格"意义，见 Tekin 1968, p. 134; Erdal 1998, pp. 377, 378。

[6]　Doerfer *TMEN*, §1728（Vol. 4, pp. 11-14）。

式，到了突厥语中变成了一个不受元音和谐律约束的后置词。"阿史德"*Ashiteg 可能是由一个早期的印度俗语 ashi 加上突厥语词尾 -teg "像"构成。[1] 这样一来"阿史那"（Ashina~Arshila）的意思是"神圣的"或"有神圣起源的"，而"阿史德"的意思是"像圣人一样的"。

我的结论是："阿史那"、"阿史那施"的确就是希腊语的 Arsilas。它们跟突厥语的 arslan "狮子"没有关系，而是梵语 ṛṣi 的同源词，意思是"圣人"。在中亚西部，该词根通常读作 Arshi-，而汉语音译则往往是源自另一种更古老的形式，即东部的读法 Ashi-。词根 arshi~ashi 也作形容词"神圣的"，用来构成新的词汇。很可能也是在内亚东部的语境中，后缀 -teg "像"被加在词尾，构成了汗室联姻家族的姓氏"阿史德"Ashiteg。与 -teg 相对的一个词缀 -la~-na 以同样的方式加在 teng'ri 后面，构成新词。在内亚西部，梵语的影响促成了 Arshila（或者加突厥语 -sh 这个部族词尾）这一形式的出现，而阿史那家族正是以这一形式被粟特译者所熟知的。源于这一词根的其他名号还有阿失毕（Arshi-Pït）"神圣的大人"。

射摩（Zhama）

"阿史那"不是一个地道的内亚部族名号，而是一个印度语修饰词，对此我们不必大惊小怪，尤其是考虑到这个统治家族还有另外一个名号"射摩"，也不是突厥语词。"射摩"不如"阿史那"常见，

---

[1] Tekin 1968, pp. 377, 378.

但也在几篇重要文献中出现过。该名号在藏文地理文书 P. T. 1283 号中出现过三次，总是跟在"可汗"一词之后，作 Zha-ma Kha-gan。[1] 如果从藏语的字面来看，这似乎是一种人称修饰语或者名号。

　　当然，这个名号对于可汗家族的意义，我们在上文中涉及突厥祖先传说的地方已经讨论过了。再强调一遍，突厥的先人称为"射摩"，与藏文 Zhama 完全匹配。[2] 值得注意的是，突厥可汗家族的名称，在这里被用作突厥祖先的名字。白桂思在 Ashina~Arshilas 的个案中所注意到的汗室家族名称和祖先名字一致的现象，与此不谋而合。"射摩"与"阿史那"一样，都是统治家族的名称，这一点可以从唐朝的制度中得到证实。据《旧唐书》，突厥王子有两等：一是"十姓摩阿史那兴昔可汗"，一是"三十姓左右贤王"。[3] "阿史那"上"摩"字乃"射摩"之省，"射"字脱。我们可以设想，这种可汗世系内排位的差异，应该在突厥汗国每年五月举办的年度大祭上也有所体现。[4] 大泽孝将"射摩"比定为《翁金碑》上的 yama，此前被学者读成 yamï。铭文是"我们的祖先射摩（Yama）可汗压制、威慑、驱赶、臣服四方"[5]。他进一步将此跟印度—伊朗语中的始祖

---

[1]　关于 Zha-ma Qaghan，参 P. T. 1283, II. 9, pp. 49, 50, 69, 70。参见 Venturi 2008, pp. 20, 21, 27, 29；森安孝夫 1977，第 3、5—7 页。

[2]　"射"字读音很多，但与这里有关的是 shè，见 Pulleyblank 1991, p. 279，早期中古汉语读音是 [ziah]。唐代读音可能是清化，如 [ṣfiia']，在吐蕃文献中作 sha，见 Coblin 1994, p. 364。"摩"字在蒲立本的字典里中古音是 [ma]，在柯蔚南的字典里西北方音是 *ma，唐代汉语读音是 mba，对应藏文 'ba 或 ma。（§0031, Coblin 1994, pp. 130, 131；高田时雄 1988，第 306、307 页）因此藏文 Zha-ma 可以和早期中古汉语（魏朝）"射摩"完全匹配，但和唐代的语音有差距，后者对应的藏文应该是 sha-'ba。

[3]　《旧唐书》卷二三，第 900 页。

[4]　《周书》卷五〇，第 910 页；《通典》卷一九九，第 5453 页。

[5]　Tekin 1968, p. 291.

Yima~Yama 联系起来。[1] 大泽孝的观点似乎是正确的，而这一名称的早期汉语和藏语写法都有首辅音 zh-，表明了统治家族的语言（非突厥语）中有这个形式。

关于 y~j~zh 之间的变换，我们在突厥名号中还可以找到另一个例子：yabghu，在《伊朗学大典》（Encyclopedia Iranica）中有精彩的提要。[2] 该名号最早出现于汉文史料，作"翕侯"*hip-go。[3] 可见对这个名号而言，首辅音最初的形式是 y-。虽然突厥语中常见的写法是 yabghu，在阿拉伯语中是 jabghūya。[4] 另外，还有粟特语形式 cpγw（读作 jabghu），摩尼教回鹘文作 jβγw（读作 zhavghu）。[5] 伯沃斯（C. Edmund Bosworth）令人信服地指出，这是一个突厥语方言之间差异（首辅音 y- 在乌古斯组和克普恰克组方言中分别作 j- 和 -zh-）在早期中古就已经出现的例子。这种方言的差异在今天土耳其语、维吾尔语和塔塔尔语、哈萨克语中还能看出来，"年"前者作 yıl/yil，后者作 jïl/zhïl。我认为，根据汉语音译我们也以找到突厥语 yüz "一百"这个词的对应形式，只不过首辅音是塞擦音 j，作 jüz。[6] 辛姆斯·威廉姆斯（Nicholas Sims-Williams）和魏义天（Étienne de la Vaissière）在《伊朗语大典》yaghu 词条中提供的证据表明，y- 和 j- 之间的切换发生的时代很早，彼时突厥语尚未出现方言。比较

---

[1] 大泽孝 2009, p. 401, n. 2。参考《翁金碑》F 1 行，参见 Tekin 1968, pp. 255, 291。关于 Yima~Yama 在印度—伊朗语宗教的涵义，参考 Azarnouche & Redard 2012。

[2] Sims-Williams 2007.

[3] Schuessler 2009, pp. 37-1 (354), 10-6 (146, 147).

[4] Bosworth 2007, p. 316; Minorsky 1970, p. 288 (§15).

[5] Sims-Williams 2007, p. 314.

[6] 这个结论的基础是《新唐书》卷二一五上，第 6048 页的"朱斯"，以及卷二一七下，第 6143 页的"炽俟"，当然两者是同一个词，我还将其跟沙陀的"朱邪"联系了起来，见 Atwood 2010, p. 600, n. 21。

语言学的研究说明，*y-* > *j-* 之间的切换确实很常见。[1] 例如，公元
1 世纪贵霜王朝丘就却时代的希腊语钱币上印度俗语作 *yavuga-* 或
yaüa-，而希腊文则是 *zaoou*（*zaoos 或 *zaoēs 的属格）。比较语言
学的证据表明，这个 *z-* 就是从 *j-* 或 *zh-* 衍生而来的。[2] 因此，Zhama
和 Yama，以及 *zhabghu* 和 *yabghu* 之间的转变并不是突厥语方言之
间的差异导致，而根本就是其他的语言。

　　或许有人会发现，*y-* 和 *j-* 之间的切换，在汉语音韵中也有，即
y- 声母和 *j-* 声母之间的变化，例如"射"字读 *yè~shè*，"叶"字读
yè~shè，"邪"字读 *yé~xié*，"蛇"字读 *yí~shé*，"拽"字读 *yè~zhuāi*。
这些例子中第二个读音都是来自中古或上古汉语的 *źi-, śi, zi-*，后者可
能都是来自 *j-*，即 *dź-*。[3] 由于中古汉语中的语音变化由上古汉语发展
而来，故"射摩"（Zhama）和"叶护"（Yabghu）都有两种读音绝非
偶然，即"射摩"作 *yama*，而"叶护"作 *zhabghu*。比丘林和沙畹都
将"叶护"读作 *shèhù*。[4] 汉字音译所反映的语音变化体现的正是突
厥汗国时代的特征。可能汉族音译者注意到了突厥语里读音的差异，
一是出现在突厥碑铭里的乌古斯方言，一是可汗家族阿史那氏的读音
（非突厥语），于是选择了同样是多音字的汉字来音译。

---

[1]　关于罗曼语族中的 y > j 的语音变化，以及伊朗语内部的变化，如阿维斯塔 Yima
　　(Khshaēta) 变成了 Jam (shed)，参 Boyce 1979, p. 88。

[2]　另外一个例子是，古代伊朗语的 *yātu* "魔法、魔术师"，古代突厥语 *yād*，蒙古语 *jada*
　　（劄答），意思都是"预测天气的石头"，参 Molnár 1994, pp. 113-116。

[3]　Pulleyblank 1991 相应部分；Coblin 1994, pp. 46, 47, 142, 143, §0064；高田时雄 1988，
　　第 308、309 页"蛇"字多音，与"射"字同。

[4]　我不晓得比丘林和沙畹是基于何种考虑做如此翻译的。但是，通常来讲，*y-* 的读法更
　　普遍（例如吐蕃的音译作 *yabgo*，见 Beckwith 1987, p. 68, n. 80），因此，我猜测"叶
　　护"（蒲立本拟音 [jiap-γɔh]，柯蔚南拟音 [iap-γo] §0566, §0107），应该是更普遍的读
　　法。但是，既然 *zhabghu* 的形式存在，读成 *shèhù* 也无妨。

结 论

总结一下，上述例子说明了一点，在突厥、回鹘时期的文献中寻找汉语音译内亚名号词源的工作还有很大的拓展空间。正如塞诺所指出的，新的线索必须要从非突厥语中寻找，特别是契丹和吐谷浑的语汇、吐蕃的铭文和印地语的词源。与此同时，还要重新审视汉语音译的连贯性和准确性。这项工作做好了，可以为早已消失了的一套内亚政治术语增添可观的信息。

参考文献

Adams, Douglas Q., 1999, *A Dictionary of Tocharian B*, Amsterdam: Rodopi.《吐火罗语乙方言字典》

Allsen, Thomas T., 1987, *Mongol Imperialism: The Policies of the Grand Qan Möngke in China, Russia and the Islamic Lands, 1251-1259*, Berkeley: University of California Press.《蒙古帝国主义：蒙哥大汗在中国、俄罗斯和伊斯兰地区的政策》

Atwood, Christopher P., 2012, "Huns and Xiōngnú: New Thoughts on an Old Problem" In *Dubitando: Studies in History and Culture in Honor of Donald Ostrowski*, ed. by Brian J., Boeck, Russell E., Martin and Daniel Rowland (Bloomington, IN: Slavica Publishers, 2012), pp. 27-52.《匈人和匈奴：对一个老问题的新思路》

Atwood, Christopher P., 2010, "The Notion of Tribe in Medieval China: Ouyang Xiu and the Shatuo Dynastic Myth" In *Miscellanea*

Asiatica: Festschrift in Honour of Françoise Aubin, ed. by Denise Aigle, Isabelle Charleux, Vincent Gossaert and Roberte Hamayon, pp. 593-621, Sankt Augustin: Insitut Monumenta Serica.《中古中国对部落的叙述：欧阳修与沙陀建国神话》

Azarnouche, Samra and Céline Redard, 2012, eds., *Yama/Yima: Variations indo-iraniennes sur la geste mythique*, Paris: Édition-Diffusion De Boccard.《Yama/Yima：有关神密手势的印度—伊朗变体》

Barthold W., 1968, *Turkestan Down to the Mongol Invasion*, 3rd ed., London: Luzac.《蒙古入侵前的突厥斯坦》

Beckwith, Christopher I., 1987, *Tibetan Empire in Central Asia: A History of the Struggle for Great Power among Tibetans, Turks, Arabs and Chinese during the Early Middle Ages*, Princeton: Princeton University Press. 《吐蕃在中亚：中古时期吐蕃、突厥、阿拉伯和中国的大国斗争史》

Beckwith, Christopher I., 2005, "The Chinese Names of the Tibetans, Tabghatch and Turks" In *Archivum Eurasiae Medii Aevi* 14, pp. 5-20.《吐蕃、拓跋和突厥的汉语名称》

Beckwith, Christopher I., 2009, *Empires of the Silk Road: A History of Central Eurasia from the Bronze Age to the Present*, Princeton: Princeton University Press.《丝路帝国：中央欧亚青铜时代至今的一部历史》

（唐）李延寿：《北史》，中华书局 1974 年版。

Blockley R. C., 1985, *The History of Menander the Guardsman*, Liverpool: F. Cairns.《弥楠窦史》

Bombaci, Alessio, 1976, "On the Ancient Turkish Title Šadapït",

Ural-Altaische Jahrbücher 48, pp. 32-41.《关于突厥名号 Šadapït》

Bosworth, C. Edmund, 2013, "Shughnān" *Encyclopaedia of Islam*, Second Edition, edited by P. Bearman, Th. Bianquis, C. E. Bosworth, E. van Donzel, W. P. Heinrichs. Brill Online.

Bosworth, C. Edmund, 2007, "Jabḡuya, ii: In Islamic Sources" In Yarshater, Ehsan (ed.), *Encyclopaedia Iranica*, Vol. 14/3, New York: Encyclopaedia Iranica Foundation Inc., pp. 316, 317.《叶护》

Boyce, Mary, 1979, *Zoroastrians: Their Religious Beliefs and Practices*, London: Routledge & Kegan Paul.《琐罗亚斯德教徒：宗教信仰和宗教实践》

Brough, John, 1962, *The Gāndhārī Dharmapada*, London: Oxford University Press.《犍陀罗语〈法句经〉》

Carling, Gerd, with Georges-Jean Pinault and Werner Winter, 2009, *Dictionary and Thesaurus of Tocharian A*, Wiesbaden: Harrassowitz Verlag.《吐火罗语甲方言的字典和语汇》

Carroll, Thomas D., 1953, *Account of the T'ù-yǜ-hún in the History of the Chin Dynasty*, Berkeley: University of California Press.《〈晋书〉吐谷浑史料编注》

Chavannes, Edouard, 1900, *Documents sur les T'ou-kiue (Turcs) occidentaux*, Paris: Adrien-Maisonneuve.《西突厥史料》

Chavannes E., 1912, "Épitaphes de deux princesses Turques de l'époque des T'ang" In *Festschrift Vilhelm Thomsen zur Vollendung des siebzigsten Lebensjahres am 25*, Januar 1912, by Vilhelm Thomsen, pp. 78-87, Leipzig: Otto Harrassowitz.《唐代两位突厥公主墓志》

陈三平 Chen, Sanping, 2002, "Son of Heaven and Son of God: Interactions among Ancient Asiatic Cultures Regarding Sacral Kingship and Theophoric Names" In *Journal of the Royal Asiatic Society*, ser. 3, 12 (3): 289-325.《"天之子"与"神之子"：古代亚洲关于神祇称谓的文化互动》

Clauson, Gerard, 1972, *An Etymological Dictionary of Pre-Thirteenth Century Turkish*, Oxford: Clarendon Press.《13 世纪之前的突厥语词源字典》

Coblin, W. South, 1991, *Studies in Old Northwest Chinese, Journal of Chinese Linguistics Monograph Series* 4, Berkeley: Project on Linguistic Analysis, University of California.《古代西北方言的研究》

Coblin, W. South, 1994, *A Compendium of Phonetics in Northwest Chinese, Journal of Chinese Linguistics Monograph Series* No. 7, Berkeley: Project on Linguistic Analysis, University of California.《西北方言读音字典》

Czeglédy K., 1983, "From East to West: The Age of Nomadic Migrations in Eurasia", trans. by P. B. Golden, *Archivum Eurasiae Medii Aevi 3*, pp. 25-125.《从东方到西方：欧亚大陆游牧民族迁徙的时代》

de Rachewiltz, Igor, trans. and ed. 2004, *Secret History of the Mongols: A Mongolian Epic Chronicle of the Thirteenth Century*, Leiden: E. J. Brill.《蒙古秘史：一部十三世纪的蒙古编年史诗》

Doerfer, Gerhard, 1963-1967, *Türkische und mongolische Elemente in Neupersischen*, Wiesbaden: Otto Harrassowitz.《新波斯语中的突厥语和蒙古语成分》

（唐）段成式：《酉阳杂俎》，台北远流出版事业股份有限公司 1982

年版。

Erdal, Marcel, 1998, "Old Turkic" In *The Turkic Languages*, ed. by Lars Johanson and Éva Á. Csató, pp. 138-157, London: Routledge.《古代突厥语》

Gharib B., 1995, *Sogdian Dictionary: Sogdian-Persian-English*, Tehran: Farhangan Publications.《粟特语字典：粟特语—波斯语—英语》

Golden, Peter B., 1992, *An Introduction to the History of the Turkic Peoples*, Wiesbaden: Otto Harrassowitz.《突厥语民族导论》

Golden, Peter, 2004, "Khazar Turkic Ghulâms in Caliphal Service", *Journal Asiatique* 192, pp. 279-309.《哈里发的可萨人侍从》

Golden, Peter, 2006, "Turks and Iranians: An Historical Sketch" In *Turkic-Iranian Contact Areas: Historical and Linguistic Aspects*, ed. by Lars Johanson and Christiane Bulut, Wiesbaden: Harrassowitz, pp. 17-38.《突厥人和伊朗人》

Holmgren, Jennifer, 1986, "Yeh-lü, Yao-lien and Ta-ho: Views of the Hereditary Prerogative in Early Khitan Leadership", *Papers on Far Eastern History* 34: 37-81.《耶律、遥辇与大贺：早期契丹部主的世袭特权观念》

Hsiao, Ch'i-ch'ing 萧启庆, 1978, *Military Establishment of the Yuan Dynasty*, Cambridge: Council on East Asian Studies, Harvard University.《元代军事制度》

Janhunen, Juha, 1996, *Manchuria: An Ethnic History*, Helsinki: Finno-Ugrian Society.《满洲：一部民族史》

贾敬颜：《圣武亲征录校本》，民族学院 1979 年版（油印本）。

（元）脱脱：《金史》，中华书局 1975 年版。

Ji Xianlin, with Werner Winter and Georges-Jean Pinault, 1998, *Fragments of the Tocharian A Maitreyasamiti-Nāṭaka of the Xingjiang Museum, China*, Berlin: Mouton de Gruyter.《中国新疆博物馆藏吐火罗语甲方言〈弥勒会见记〉残本》

（后晋）刘昫：《旧唐书》，中华书局 1975 年版。

Juvaini, 'Ala ad-Din 'Ata-Malik, trans. by John Andrew Boyle, 1958, *The History of the World Conqueror*, Cambridge: Harvard University Press.《世界征服者史》

Kane, Daniel, 2009, *The Kitan Language and Script*, Leiden: Brill.《契丹语言与文字》

Al-Kāšɣarī, Maḥmūd, Robert Dankoff ed. and trans. with James Kelly, 1985, *Compendium of the Turkic Dialects (Dīwān luɣāt at-Turk)*, Cambridge: Harvard University.《突厥语大字典》

Kljaštornyj S. G., 1994, "The Royal Clan of the Turks and the Problem of Early Turkic Iranian Contacts", *Acta Orientalia Hungarica*, 47.3, pp. 445-447.《突厥可汗家族及早期突厥语、伊朗语的接触》

Kljaštornyj and Livšic, 1972, "The Sogdian Inscription of Bugut Revisited," *AOH* 26, pp. 69-102.《粟特语〈布古特碑〉再考》

Kuwayama Shoshin 桑山正進, 1989, "The Hephthalites in Tokharistan and Northwest India" Zinbun, *Annals of the Institute for Research in the Humanities*, Kyoto University, Vol. 24, pp. 25-77.《吐火罗斯坦和印度西北部的嚈哒人》

（宋）李昉：《太平广记》，收入《笔记小说大观续编》，台北新兴书局 1962 年版。

（唐）姚思廉：《梁书》，中华书局 1973 年版。

（元）脱脱：《辽史》，中华书局 1974 年版。

Minorsky V. trans. and ed., 1970, *Ḥudūd al-'Ālam: 'The Regions of the World' A Persian Geography 372 A. H.-982 A. D.*, Cambridge: E. J. W. Gibb Memorial Trust.《世界境域志》

Molè, Gabriella, 1970, *The T'u-yü-hun from the Northern Wei to the Time of the Five Dynasties*, Rome: Insituto Italiano per il Medio ed. Estremo Oriente.《从北魏至五代时期的吐谷浑》

Molnár, Ádám, 1994, *Weather Magic in Inner Asia*, Bloomington: Research Institute for Inner Asian Studies.《内亚的天气异象》

Moriyasu Takao 森安孝夫 , 1977, "Chibetto-go shiryō chū ni arawareru Hoppō minzoku: Dru-gu to Hor チベット語史料中に現れる北方民族—Dru-gu と Hor", *Ajia Afurika gengo bunka kenkyū アジアアフリカ言語文化研究* 14: 1-48.《藏文史料所见北方民族 ——Dru-gu 和 Hor》

Moriyasu Takao, 1980, "La nouvelle interprétation des mots Hor et Ho-yo-hor dans le manuscript Pelliot tibétain 1283", *Acta Orientalia Academiae Scientiarum Hungaricae* 34: 171-184, Nadeliaev, V. M., et al., 1969, Drevnetiurkskii slovar', Leningrad: Nauka.《伯希和藏语文书 1283 号所见 Hor 和 Ho-yo-hor 新释》

（梁）萧子显：《南齐书》，中华书局 1972 年版。

（唐）李延寿：《南史》，中华书局 1975 年版。

Osawa Takashi 大泽孝 , 2009, "The Cultural Relationship between Old Turkic Kingship and Deer Image" In *Current Archaeological Research in*

Mongolia: Papers from the First International Conference on "Archaeological Research in Mongolia" held in Ulaanbaatar, August 19th-23rd, 2007, edited by Jan Bemmann, Hermann Parzinger, Ernst Pohl and Damdinsüren Tseveendorzh, pp.401-416, Bonn: Rheinische Friedrich-Wilhelms Universität.《古代突厥王权与鹿的形象》

（元）欧阳玄：《高昌偰氏家传》，载《圭斋集》卷十一，明成化刻本，商务印书馆 1922 年版，第 3a—13a 页。

Pali Text Society, 1972, *Pali-English Dictionary*, 1921-1925: rpt. Routledge & Kegan Paul.《巴利语 —— 英语字典》

Pelliot, Paul, 1921, "Notes sur les T'ou-yu-houen et les Sou-p'i", *T'oung Pao* 20, pp. 323-331.《吐谷浑与苏毗》

Pelliot, Paul, 1929, "Neuf notes sur des questions d'Asie centrale", *T'oung Pao* 26, pp. 201-265.《关于中亚问题的九条札记》

Pelliot, Paul, 1959, *Notes on Marco Polo*, 2 Vols, Paris: Imperimerie Nationale Librairie Adrien-Maisonneuve.《马可·波罗札记》

Pelliot, Paul, 1961, *Histoire ancienne du Tibet*, Paris: Libraire d'Amerique et d'Orient.《吐蕃史》

Pritsak, Omeljan, 1985, "Old Turkic Regnal Names in the Chinese Sources" In *Niǧuča Bičig/Pi Wên Shu: An Anniversary Volume in Honor of Francis Woodman Cleaves*, ed. by Joseph Fletcher, et al., Cambridge: Harvard University, pp. 205-211.《汉文史料中的突厥王号》

Pulley Blank, Edwin G., 1962, "*The Consonantal System of Old Chinese*", Asia Major 9: 58-144, 206-265.《上古汉语的辅音系统》

Pulley Blank, Edwin G., 1965, "The Chinese Name of the Turks",

Journal of the American Oriental Society 85 (2): 121-125.《突厥人的汉语名》

Pulley Blank, Edwin G., 1983, "The Chinese and their Neighbours in Prehistoric and Early Historic Times" In *The Origins of Chinese Civilization*, edited by David N. Keightley, pp: 411-466, Berkeley: University of California Press.《史前和上古时期中国与周边民族》

Pulley Blank, Edwin G., 1990, "The 'High Carts': A Turkish-Speaking People before the Türks", *Asia Major*, 3rd Ser. 3: 21-26.《高车：突厥之前的操突厥语的民族》

Pulley Blank, Edwin G., 1991, *Lexicon of Reconstructed Pronunciation in Early Middle Chinese, Late Middle Chinese, and Early Mandarin*, Vancouver: UBC Press.《早期中古汉语、晚期中古汉语和早期现代汉语的音值构拟表》

Rybatzki, Volker, 2000, "Titles of Türk and Uigur Rulers in the Old Turkic Inscriptions", *Central Asiatic Journal*, 44.2, pp. 205-292.《古突厥碑铭所见突厥和回鹘统治者名号》

Schuessler, Axel, 2007, *ABC Etymological Dictionary of Old Chinese*, Honolulu: University of Hawai'i Press.《古代汉语词源学基础字典》

Schuessler, Axel, 2009, *Minimal Old Chinese and Later Han Chinese: A Companion to Grammata Serica Recensa*, Honolulu: University of Hawai'i Press.《上古汉语和东汉时期的汉语》

Shimunek, Andrew E., 2007, "Towards a Reconstruction of the Kitan Language, with Notes on Northern Late Middle Chinese Phonology", M. A. thesis, Indiana University.《契丹语言的重构：关于晚期中古汉语北

方方言的札记》

（汉）司马迁：《史记》，（宋）裴骃集解，（唐）司马贞索隐，（唐）张守节正义，中华书局 1982 年版。

Sima Qian, trans., Burton Watson, 1993, *Records of the Grand Historian*, Vol. I, Qin Dynasty; Vol. II, parts 1 and 2: Han Dynasty, revised edition, New York: Columbia University Press.《一代史家司马迁》

Sims-Williams, Nicholas, 2013, "Palaeography, Chronology, and Geography of the Bactrian Documents (4th- 8th Centuries CE)", lecture at Peking University, Beijing, China, November 4.《大夏语文书（4 至 8 世纪）的文字学、年代学和地理学研究》

Sims-Williams, Nicholas, 2003, "Ancient Afghanistan and Its Invaders: Linguistic Evidence from the Bactrian Documents and Inscriptions" In *Indo-Iranian Languages and Peoples*, edited by Nicholas Sims-Williams, Nicholas, 225-242, Oxford: Oxford University Press.《古代阿富汗及其入侵者：大夏语文书与铭文的语言学证据》

Sims-Williams, Nicholas, and Étienne de la Vaissière, 2007, "Jabḡuya, i: Origin and early history" In Yarshater, Ehsan, ed., *Encyclopaedia Iranica*, Vol. 14/3, New York: Encyclopaedia Iranica Foundation Inc., pp. 314-316.《"叶护"考》

Sinor, Denis, 1985, "Some Components of the Civilization of the Türks" In *Altaistic Studies*, ed. by Gunnar Jarring and Staffan Rosén, Stockholm: Almqvist & Wiksell, pp. 145-159.《突厥文明的要素》

Sinor, Denis, 1982, "The Legendary Origin of the Türks" In *Folklorica: Festschrift for Felix J. Oinas*, edited by Egle Victoria Žygas and Peter Voorheis, 223-253, Bloomington: Research Institute for Inner Asian Studies, Indiana University.《突厥起源传说》

（梁）沈约撰：《宋书》，中华书局 1974 年版。

Soothill, William Edward, and Lewis Hodous, 1937, *A Dictionary of Chinese Buddhist Terms*. London: Kegan Paul, French, and Trübner.《汉传佛教术语词典》

（唐）魏徵等：《隋书》，中华书局 1973 年版。

Takata Tokio 高田時雄 , 1988, *Tonkō shiryō ni yoru Chūgokugo shi no kenkyū: kyu, jisseiki no Kasei hōgen* 敦煌史料による中國語史の研究 ——九·十世紀の河西方言，Tokyo: Sōbunsha.《敦煌史料所见汉语史的研究 ——9、10 世纪的河西方言》

（宋）王溥撰：《唐会要》，商务印书馆 1936 年版。

Tekin, Talât, 1968, *Grammar of Orkhon Turkish*, Bloomington: Indiana University.《古代突厥语语法》

（唐）杜佑撰：《通典》，中华书局 1988 年版。

Uray, Géza, 1978, "Annals of the 'A-ža Principality: The Problem of Chronology and Genre of the Stein Document, Tun-huang, Vol. 69, fol. 84" In *Proceeding of the Csoma de Kőrös Memorial Symposium*, edited by Louis Ligeti, 541-578, Budapest: Akadémia Kiadó.《阿柴王国（吐谷浑国）编年史：斯坦因敦煌文书 Vol. 69, fol. 84 的年代学和类型学问题》

王国维：《蒙古史料四种》，台北正中书局 1962 年版。

王仁波等主编：《隋唐五代墓志汇编》卷 27 "山西卷"（张希舜主编），天津古籍出版社 1991 年版。

（北齐）魏收撰：《魏书》，中华书局 1974 年版。

Wilkinson, Endymion, 2000, *Chinese History: A Manual*, Revised edition, Cambridge: Harvard University Press.《中国简史》

Wittfogel, Karl A., and Chia-sheng Feng 冯家昇 , 1949, *History of Chinese Society*: Liao, 907-1125, Philadelphia: American Philosophical Society.《辽代社会史》

Venturi, Federica, 2008, "An Old Tibetan Document on the Uighurs: A New Translation and Interpretation", *Journal of Asian History* 42: 1-35. 《关于回鹘的一件藏文文书》

（宋）欧阳修、宋祁撰：《新唐书》，中华书局 1975 年版。

（唐）玄奘、辩机著：《大唐西域记校注》，季羡林等校注，中华书局 2000 年版。

姚薇元：《北朝胡姓考（修订版）》，中华书局 2007 年版。

姚景安编：《元史人名索引》，中华书局 1982 年版。

Yoshida, Yutaka 吉田豊 and Takao Moriyasu 森安孝夫, 1999, "Buguto himon ブグト碑文" In モンゴル国現存遺跡・碑文調査研究報告 / Provisional Report on Researches on Historical Sites and Inscriptions in Mongolia from 1996 to 1998, edited by Takao Moriyasu and Ayudai Ochir, 122-125, Osaka: Society for Central Eurasian Studies.

Yu Taishan 余太山 , 2011, "History of the Yeda Tribe (Hephthalites): Further Issues" In *Eurasian Studies*, ed. by Yu Taishan and Li Jinxiu, Vol. I, Beijing: The Commercial Press.《嚈哒史再研究》

（元）苏天爵编：《元文类》，《国学基本丛书》，商务印书馆 1958 年版。

（唐）令狐德棻等：《周书》，中华书局 1971 年版。